En l'honneur d'Élie Chamberod.

1912-1993

Caporal-chef artilleur pointeur au fort du Télégraphe durant la bataille des Alpes au mois de juin 1940, résistant mauriennais membre des Forces françaises de l'intérieur, mon arrière-grand-père.

À la mémoire de Jean-Pierre Deléglise.

1948-2021

Ancien 1er adjoint au maire d'Orelle, auteur de trois livres d'histoire sur la commune d'Orelle, créateur du blogue « Orelle d'Antan », amoureux de l'histoire locale et passionné par la transmission de la connaissance du patrimoine et de la vie d'autrefois.

Baptiste Chamberod

# Maurienne
# 1939-1945

## Combats
## Occupation
## Résistance
## Libération

## Orelle

**Saint-Michel-de-Maurienne Valloire Modane Fourneaux**
**Valmeinier Saint-Martin-la-Porte Saint-Martin-d'Arc**
**Saint-André Freney Saint-Jean-de-Maurienne**

1re édition
© 2024 Baptiste Chamberod et Kindle Direct Publishing - publication indépendante
Code ISBN : 9798340994066
Tous droits réservés.

Au souvenir du père Étienne Albanel.

1919-2020

Prêtre dans le diocèse de Maurienne depuis 1944, abbé des paroisses Saint-Maurice d'Orelle et Sainte-Marguerite de Bonvillard-sur-Orelle jusqu'en 2020, illuminateur des archives d'Orelle et des Sentiers de la Résistance.

## Thèse d'Histoire

Les civils dans l'occupation allemande,
entre combats, Résistance et Libération
durant la Seconde Guerre mondiale
dans la vallée de la Maurienne

Orelle
Saint-Michel-de-Maurienne Valloire Modane Fourneaux
Valmeinier Saint-Martin-la-Porte Saint-Martin-d'Arc Saint-André Freney
Saint-Jean-de-Maurienne

Vallée alpine de la Maurienne, verrou de la Résistance.

# Remerciements

J'adresse mes remerciements les plus sincères à tous ceux qui m'ont soutenu dans ce projet, prêté leurs photographies, mis à disposition leurs archives, offert leurs témoignages, autorisé d'utiliser leurs données, transmis leurs contacts ou conseillé dans la réalisation de cet ouvrage.

David et Marie-Agnès Chamberod, Pauline et Louise Chamberod, Régine et Bernard Chamberod ; Marie-Ange et Jean Kubiak ; Lilou Rossero ; Aurélie Bermond ; Alexis Rossero ; Françoise Rey.

Michel Aguettaz ; Étienne Albanel ; Alexandre Albrieux ; Josiane et Georges Amevet ; Stéphane Aubert ; Roland Avenière ; Denise et Louis Bard ; Charline Bardet ; Guy Bellet ; Anne-Marie Bincaz ; Céline Bouvier ; Stéphane Boyer ; Nathan Bozon-Viaille ; Florence Buttard ; Stéphane Canalis ; Joëlle Chamberod-Chourgnoz ; Daniel Charvoz ; Angeline Chatel ; René Chemin ; Danièle et Michel Chinal ; Christian Chiale ; Fanny Clappier ; Élisabeth et Guy Claus ; Marie Colliot ; Maëva Collombet ; Christiane et Bernard Deboutin ; Tarhia Deboutin ; Catherine Deléglise ; Patrick Deléglise ; Roger Deléglise ; Jean-Michel Deléglise ; Jérôme Deléglise ; Christophe Deléglise ; Jean-Pierre Deléglise ; Laurent Demouzon ; Patrice Deymonnaz ; Pierre Dompnier ; Sandrine Dupuis ; Christian Ehlig ; Denise Favier ; Cédric Favre ; Emmanuelle Fessemaz ; Annick Fontaine ; Annie Franck ; Ghislain Garlatti ; Claude Garnier ; Jean-Noël Gayrard ; Andrée Giacone ; Georgette et Ermin Girard ; Hervé Girard ; André Grange ; Marie-Noëlle et Daniel Gros ; Simone Assier ; Paulette et Guy Henry ; Ilona Holló ; Guy Jacquemard ; Philippe Julliard ; Richard Klein ; Pierre Lallement ; Gérard Lanfrey ; Yvonne Lathoud ; Marine Lepage ; Cyrille Le Quellec ; Alban Levet ; Fabienne Magnin ; Gaëtan Mancuso ; Jacky Martin ; Pierre Martinet ; Armelle Mascia ; Noëlle Mazzotta ; Pierre Meynard ; Luc Ollier ; Annie et Jean-Claude Pennetier ; Aimé Perret ; Mireille Perret ; Valérie Perret ; Vanessa Perret ; Alain Perouffe ; Virginie Petinot ; Françoise Pierrehumbert ; Maryse Pierrehumbert ; Rose-Marie Ponce ; Guy Ratel ; Anaïs Reynaud ; Martine Roset ; Noël Rossero ; Philippe Rossi ; Jean-Pierre Rougeaux ; Jérémy Sartres-Deléglise ; Paul Serain ; Laurent Tessier ; Cécile Tessitore ; Claudine Théolier ; Yvonne et Jean-Marc Thomas ; Monique Thomasset ; Victorine et Aimé Traversaz ; Anne Tribouillard ; Morgane Turon ; Frédéric Vanhems ; Adrien Voirin ; Agnès de Zolt.

Orelle Patrimoine ; Amis du Noiray ; Anciens combattants d'Orelle ; Anciens militaires d'Orelle ; Sauvegarde du Patrimoine de Saint-Michel-de-Maurienne ; Sauvegarde du Patrimoine du Thyl ; Amis de Beaune ; Valloire Patrimoine & Culture ; Moulins et Patrimoine de Saint-André ; Sauvegarde et Valorisation du Patrimoine de Valmeinier ; Sauvegarde du Patrimoine de Saint-Martin-d'Arc ; Anciens combattants de Saint-Michel-de-Maurienne ; Anciens combattants de Valloire ; Pour un Maitron des fusillés et exécutés ; WikiMaginot ; Comité du Souvenir français de Saint-Jean-de-Maurienne ; Comité de la Maurienne de la Société des membres de la Légion d'honneur.

Mairie d'Orelle ; Mairie de Saint-Michel-de-Maurienne ; Mairie de Saint-Martin-la-Porte ; Mairie de Valloire ; Mairie de Saint-Martin-d'Arc ; Mairie de Valmeinier ; Mairie de Freney ; Mairie de Saint-André ; Communauté de communes Maurienne-Galibier ; Communauté de communes Haute Maurienne Vanoise.

Fondation pour l'action culturelle internationale en montagne ; Fondation pour la Mémoire de la Déportation ; Bibliothèque municipale d'Orelle ; Bibliothèque municipale de Saint-Michel-de-Maurienne ; Médiathèque municipale « Louise de Savoie » de Saint-Jean-de-Maurienne ; Office de tourisme d'Orelle ; Office de tourisme de Valloire ; Office de tourisme intercommunal Maurienne-Galibier à Saint-Michel-de-Maurienne ; Musée de l'aluminium « Espace Alu » à Saint-Michel-de-Maurienne ; Musée de la Résistance en Maurienne à Villargondran « Rosine-Perrier », Muséobar de la Frontière à Modane ; Société nationale des chemins de fer français-Auvergne-Rhône-Alpes ; *Le Dauphiné libéré* ; *La Maurienne* ; *Terra Modana* ; Électricité de France-Maurienne ; Institut national de l'information géographique et forestière ; Institut pour l'histoire de l'aluminium ; Établissement d'hébergement pour personnes âgées dépendantes de la Provalière à Saint-Michel-de-Maurienne.

Archives municipales d'Orelle ; Archives paroissiales d'Orelle ; Archives municipales de Saint-Michel-de-Maurienne ; Archives communautaires de Saint-Jean-de-Maurienne ; Archives départementales de la Savoie ; Archives départementales et métropolitaines du Rhône ; Services du Mémorial de l'Oppression et de la délégation régionale du Service de recherche des crimes de guerre ennemis ; Division des archives des victimes des conflits contemporains et Service historique de la Défense.

# Avertissement

Cet ouvrage contient les noms de plusieurs personnes, communes et villages impliqués dans la guerre contre l'Axe puis sous les occupations étrangères de la vallée de la Maurienne. Il porte sur des événements qui se sont notamment déroulés dans les communes savoyardes d'Orelle, de Saint-Michel-de-Maurienne, de Valloire, de Modane, de Fourneaux, de Valmeinier, de Saint-Martin-la-Porte, de Saint-Martin-d'Arc, de Saint-André, de Freney et de Saint-Jean-de-Maurienne.

Néanmoins, ce livre n'est pas un inventaire exhaustif : des éléments qui se sont déroulés peuvent manquer ou ne pas être décrits de manière assez précise. D'une part, parce qu'il faut allier les témoignages avec les écrits de l'époque, ce qui nécessite un travail conséquent de tri d'informations et de vérifications ; d'autre part, parce que les recherches, minutieusement menées, n'ont pas pour but de s'éterniser sur tous les passages de cette période, plus ou moins flous soient-ils, mais permettent présentement de décrire certains faits sélectionnés et de donner le ton général d'un cadre fait d'horreurs et de joies dans cette terrible guerre.

Les sites militaires cités pour l'explication des combats du mois de juin 1940 sont des zones dangereuses. Des obus ou des objets coupants peuvent s'y trouver : l'auteur ne peut pas être tenu pour responsable de quelque accident survenu en lien avec les lieux indiqués par ce livre.

Il est nécessaire de garder à l'esprit que le centre de ce livre est la Maurienne-Galibier, ses villages et ses civils. Forcément, il est impossible d'expliquer ce qu'il s'y est passé sans évoquer le contexte de la guerre, et de manière plus détaillée les faits géographiquement proches. C'est à ce titre que les communes aux alentours des communes citées ci-dessus sont aussi concernées par cet ouvrage, même si les informations données peuvent manquer de précision.

Pour consulter d'autres ouvrages sur ce thème, qui s'étendent plus largement à la Maurienne ou bien qui se concentrent sur certains villages en particulier, il convient de se reporter à la bibliographie.

L'auteur remercie par avance le lecteur pour sa compréhension.

# Préface

La Maurienne, aussi loin que le temps soit remonté, est une terre convoitée et oppressée. La période romaine, les dominations médiévales, les rafles sarrasines, les incursions militaires étrangères, les occupations françaises et enfin l'annexion à la France font des habitants de cette vallée un peuple martyr. Pourtant, la vie semble déjà bien rude à cette altitude. Pauvres colporteurs, bergères et chevriers, sans cesse malmenés par la misère qui les guette, l'âpreté de leurs terres et la chasse par les étrangers. Il n'y aura pour eux de répit sacré que dans la vertu et dans le lien impérissable qui les unit à leur foyer, car les Mauriennais sont de ces peuples indissociables de leur passé millénaire dont la souffrance mêlée d'espérance sont intemporelles. C'est la vallée rebelle qui les habite. Un sentiment qui guide chacun de leurs choix et qui les force à vouloir rester qui ils sont dans l'ombre de leurs montagnes, dans la joie de leurs pâturages et dans les pas de leurs pères.

Voilà pourquoi les Mauriennais, fidèles à leurs valeurs locales et reconnaissants envers la Nation française, à l'aube d'un atroce conflit mondial, se préparent à l'union sacrée et à la dévotion patriotique. Ils font partie du combat contre l'Occupant. Ces gens d'ici n'ont déjà pas grand-chose, si ce n'est le cœur et l'honneur. C'est finalement tout ce qui compte dans la lutte commune contre l'ennemi : la fidélité, la cohésion et la bravoure ; mettre de côté ses propres divergences pour lutter ensemble contre les envahisseurs. Certains paieront de leur vie leur courage et leur engagement ; mais ceux qui reviendront raconteront à leur place comment ils ont servi la France contre la trahison, l'occupation et la disparition de la Patrie. Ceux qui ne sont pas revenus sont morts parce qu'ils voulaient que leurs enfants vivent dans un pays libre, souverain et sûr. Des innocents subiront une cruauté inhumaine.

*Il ne reste aujourd'hui qu'une seule condition pour que tous les gens du pays qui vivaient ici, avant nous, dorment en paix. Ne pas les oublier. Se souvenir d'eux. Rappeler aux enfants le sacrifice de leurs aïeuls. Il se joue la prospérité vitale de la Nation par l'honneur mémoriel. Afin de ne pas oublier les souffrances, l'héroïsme et les succès des Français et plus étroitement du peuple de la Maurienne dans la Seconde Guerre mondiale, lisez ce livre, lisez-le à vos enfants, lisez-le à vos petits-enfants, et eux se chargeront par fierté et par adoration de transmettre l'héritage et les valeurs de la Résistance face à l'Oppresseur.*

*La Maurienne se souvient, les Mauriennais n'oublient rien.*

**Baptiste Chamberod**

# À Vous, Compagnons d'armes mauriennais

*Juin 1940*

*Des plaines agricoles, des villages millénaires,*

*Des montagnes secrètes, des forêts extraordinaires,*

*Tous sont venus sans une ombre dans leur cœur,*

*Fiers, ils contemplent avec un enfantin bonheur*

*Les insignes de l'armée française à tout moment,*

*Sur leur uniforme, cousus en lettres d'argent*

*Qui font de leur poitrine un bouclier inaltérable.*

*L'armée des Alpes est l'armée imprenable,*

*Celle qui tient les cols et les plus hautes vires,*

*20 ans en 1940, c'est comme une promesse d'avenir*

*Preuve que la patrie ne tombera pas, qu'ils sont partants,*

*Les yeux vers le ciel, le souffle court et le cœur battant*

*Ils jurent qu'ils défendront leurs positions*

*Car ils le savent, il faut sauver toute une Nation.*

## Août-septembre 1944

Certains sont partis pour d'autres rives, au nom d'un idéal permanent

Et ceux qui restent les portent dans leur mémoire, à chaque instant,

Le pays natal de Maurienne les a secrètement cachés,

Eux seuls connaissent leurs actes héroïques durant ces quatre années,

24 ans en 1944, c'est déjà toute une histoire, une vie bien menée

Et pourtant devant l'Afrika Korps, il ne faudra pas trembler

Chaque accrochage sera une journée de gagnée,

Pour qu'avancent davantage nos frères, nos alliés,

Aujourd'hui ceux qui vont mourir te saluent, Maurienne,

Pays qui les a portés pour que la liberté revienne,

Qu'importe la fin et le sacrifice, il fallait bien qu'il y en eut

De ces aigles des hautes cimes, gardiens de leurs terres et de leurs nues,

Mais beaucoup tombèrent, la plupart furent oubliés,

## *Aujourd'hui*

*Passant, regarde ce matin autour de toi ces chemins ignorés*

*Autrefois ils furent ceux de ces téméraires Résistants*

*Ceux que l'on empruntait d'un pas endurant*

*Au clair de lune, d'un souffle court, le soir,*

*Le fusil à la main, le ventre vide, le cœur plein d'espoir,*

*Regarde bien, cette nuit claire tu les verras passer*

*Ils étaient jeunes, pauvres mais plein de rêves espérés*

*Fais-les revivre, parcours aussi ces chemins de la Résistance,*

*Ressens ce vent de camaraderie au nom de la France*

*Et tu comprendras pourquoi ces garçons du pays ont donné leur vie,*

*Les aigles des hautes cimes planent de leur vol perpétuel,*

*Ils parcourent les grands espaces, telles des sentinelles.*

*Pense à eux, en leur mémoire.*

**David Chamberod**

# Sommaire

## Chapitre I : Contexte de la Seconde Guerre mondiale



## Chapitre II : Occupation et Libération



## Chapitre III : Bilan des Français victimes nés ou en lien avec Orelle

# Chapitre I : Contexte de la Seconde Guerre mondiale

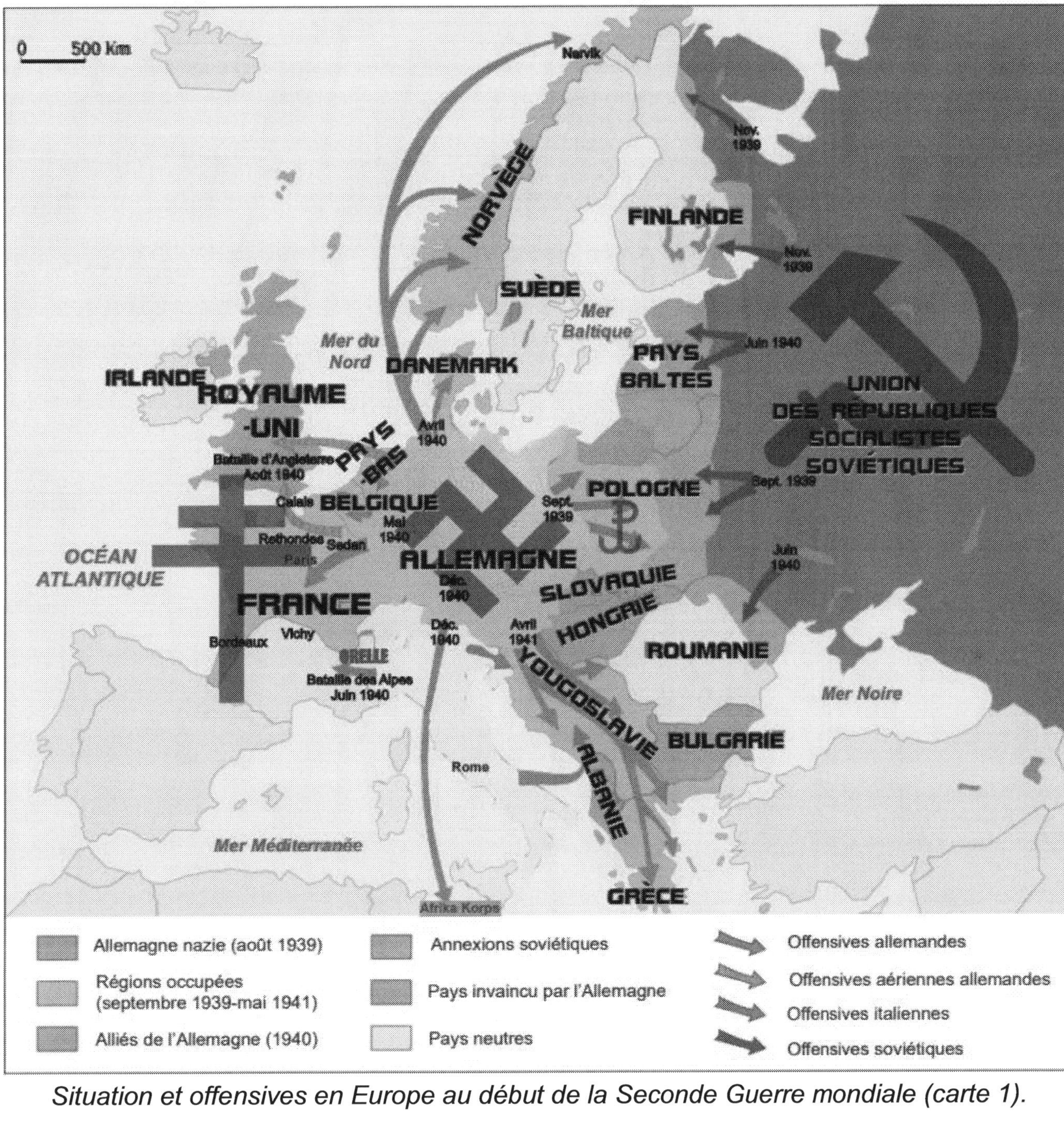


*Situation et offensives en Europe au début de la Seconde Guerre mondiale (carte 1).*

# Le déclenchement de la guerre

Au printemps 1939, l'imminence d'un nouveau conflit après la Première Guerre mondiale est inéluctable.

Dans la nuit du 23 au 24 août 1939, Joachim von Ribbentrop et Viatcheslav Molotov se rencontrent. Respectivement, ils sont ministre national socialiste des Affaires étrangères du Troisième Reich et ministre communiste de l'Union des républiques socialistes soviétiques (URSS). Ils signent le pacte germano-soviétique qui engage mutuellement les deux empires à ne pas s'agresser. Ce pacte oblige également Joseph Staline, le chef bolchévique (socialo-communiste) de l'Union soviétique, à fournir une aide politique, militaire et économique à l'Allemagne nazie. Enfin, ce plan entame la préparation de la conquête et du contrôle partagé secret des territoires d'Europe de l'Est entre Adolf Hitler, le chef national-socialiste de l'Allemagne, et Joseph Staline.

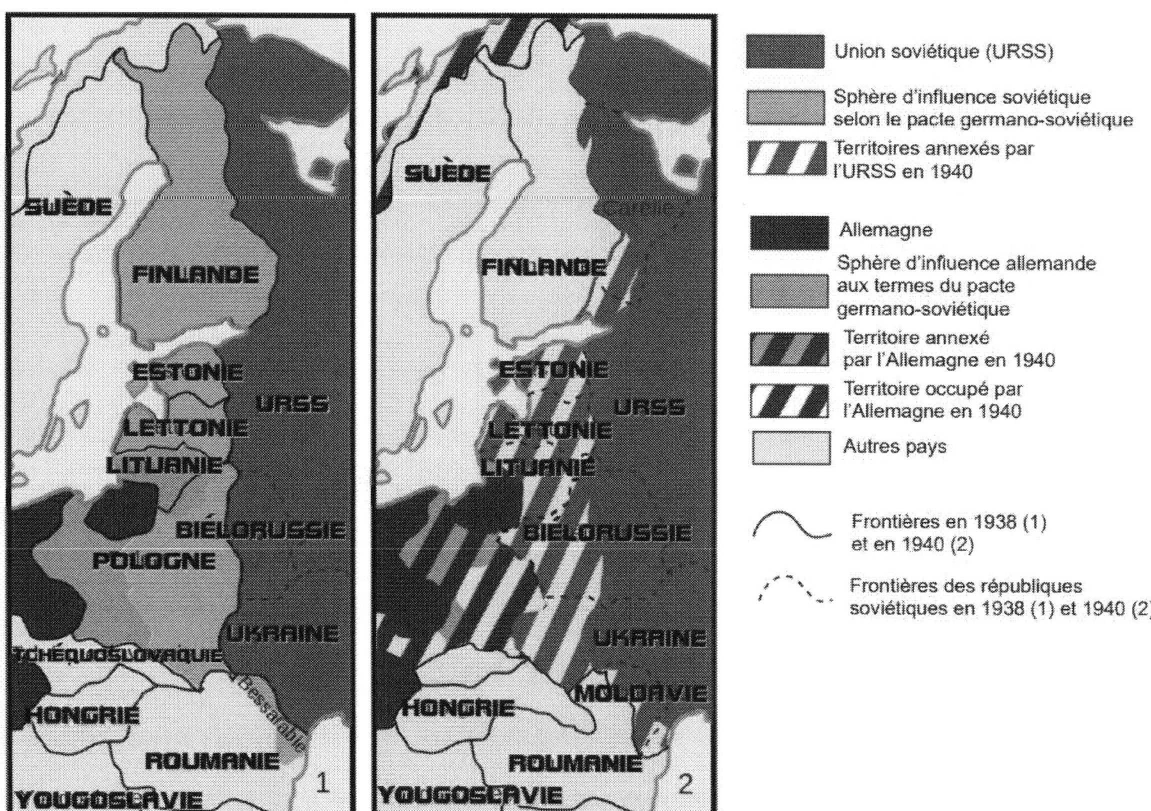


*Modifications territoriales prévues par le pacte et finalement effectuées (carte 2).*

Le 29 août 1939, Adolf Hitler lance un ultimatum à la Pologne ; le 1er septembre à l'aube, la frontière germano-polonaise est franchie par la Wehrmacht, l'armée du Troisième Reich. Les appels à la paix du pape Pie XII, de Benito Mussolini (le chef fasciste du gouvernement italien) et de Franklin Roosevelt (le président démocrate des États-Unis) sont vains. Le 1er septembre 1939, l'Allemagne nazie envahit la Pologne ; le 3 septembre, honorant leur garantie de la protection des frontières de la Pologne, le Royaume-Uni et la France déclarent la guerre à l'Allemagne ; le 17 septembre, l'Union soviétique envahit la Pologne. Ainsi se déroule l'entrée en guerre de l'Europe, qui sera suivie de celle des Nations du monde entier, dans la terrible Seconde Guerre mondiale.

Le 10 mai 1940, l'armée allemande lance la bataille de France en envahissant les Pays-Bas, la Belgique et le Luxembourg ; par la suite, ils parviennent à pénétrer en France par Sedan (Ardennes) pour rejoindre l'Oise et la Somme. Le 27 mai, les Allemands atteignent Calais (Pas-de-Calais). L'avancée de l'armée allemande est inexorable : les troupes du gouvernement français reculent jusqu'à Bordeaux (Gironde) et l'Italie déclare la guerre à la France le 10 juin 1940.

*Défilé nazi à Strasbourg (Bas-Rhin) lors de l'annexion.*

À Orelle, comme en Savoie, l'imminence d'un nouveau conflit trotte dans les esprits. Le 21 septembre 1938 déjà, les jeunes hommes de la classe 36 sont appelés dans les régiments qui correspondent au groupe de soldats où ils ont fait leur service militaire l'année précédente. La défense aérienne du territoire mobilise les anciens soldats de la réserve militaire. Sur la commune, l'usine de Prémont conserve des besoins de manutention importants qui permettent aux ouvriers de ces âges de rester affectés à l'usine.

En avril 1939, la défense aérienne du territoire réquisitionne toutes ses forces militaires. Le 24 août, les hommes des fascicules 2, 3 et 4 du secteur de la Savoie sont rappelés. Après le déclenchement de la guerre le 3 septembre, la mobilisation générale fait revenir un nombre important de jeunes hommes qui sont spécialement affectés à l'usine de Prémont.

*Saint-Michel-de-Maurienne.*

*Valloire.*

*Saint-Martin-d'Arc.*

*Le chef-lieu de Saint-André à gauche et le village de Freney à droite.*

*Valmeinier.*

*Saint-Martin-la-Porte.*

Le 24 septembre 1938, la sous-préfecture de Saint-Jean-de-Maurienne transmet plusieurs messages écrits à Zéphirin Chinal, maire de la commune d'Orelle. Ce sont des ordres qui émanent du Service de la Défense nationale concernant l'évacuation des populations civiles en cas de guerre. Orelle étant une commune savoyarde frontalière de l'Italie, elle fait partie des localités impliquées dans ce plan, qui est classé « secret ». La commune d'Orelle est divisée en secteurs qui reçoivent chacun des instructions précises.

Les jeunes hommes âgés de 16 à 20 ans non mobilisés doivent être conduits au lieu de leur destination sous la conduite d'un chef et d'un sous-chef de groupe ; ils bénéficient ainsi d'instructions données par la Gendarmerie nationale française. Les jeunes hommes âgés de 14 à 16 ans peuvent se porter volontaires pour les accompagner, munis du consentement de leurs parents. Il en est de même pour les habitants de la commune de sexe masculin. Ceux qui ne peuvent pas être mobilisés assurent la surveillance et la sauvegarde des biens particuliers.

Tous les évacués doivent porter sur des cartes personnelles leur nom de famille, celui du département et celui de la commune de résidence. Ces cartes doivent être préparées par la mairie et doivent être classées par famille et par hameau. Les évacués doivent emporter avec eux un bagage qui se tient à la main, contenant des effets personnels, bijoux de valeur ainsi que trois ou quatre jours de vivres (conserves, biscuits, légumes secs, lait concentré pour les enfants) avec une ou deux couvertures et un couvert individuel. L'évacuation se fait par la voie ferroviaire ; si ce n'est pas possible, elle s'effectue par les routes d'Orelle à Saint-Martin-la-Porte dans un premier temps, puis de Saint-Martin-la-Porte à Saint-Jean-de-Maurienne dans un second temps. Le point de rassemblement général est donc Saint-Jean-de-Maurienne et les communes de recueil assignées à la population d'Orelle sont celles d'Arvillard (dans la partie savoisienne de la chaîne de Belledone) et de Détrier (à l'entrée du val Gelon, en bordure de la combe de Savoie).

Les bestiaux doivent être évacués en même temps que la population par les soins de leurs propriétaires, et sous la surveillance d'une commission de repliement de bétail, composée d'un conseiller municipal, délégué par le maire, et de deux autres membres désignés en raison de leur connaissance en matière de bétail. En cours de route, le Service de l'intendance procède éventuellement à des achats par l'intermédiaire des commissions de réception et d'achat. Toutefois, le maire doit constituer un troupeau de vaches en lactation destinées à procurer du lait durant le trajet et au centre de recueil, dans le but nécessaire d'alimenter les enfants, les malades et les vieillards.

Les véhicules non réquisitionnés doivent être rangés par les soins de leurs propriétaires. Le maire peut demander à tout propriétaire de véhicule de transporter, avec lui s'il en a la possibilité, les vieillards, les infirmes et les enfants. Les automobiles ou voitures appartenant aux officiers ministériels, aux magistrats et aux fonctionnaires qui évacuent les minutes (actes notariés) ou les archives de leur charge, les voitures du corps médical transportant du matériel ou des médicaments, les voitures appartenant au personnel des établissements financiers et des beaux-arts ou mises à leur disposition sont exemptés. Le maire et son délégué doivent veiller personnellement à l'évacuation de toutes les denrées alimentaires existant dans la commune, notamment les produits d'épicerie. Le maire doit assurer l'acheminement des archives et registres d'état-civil vers le centre de recueil.

Sous Préfecture
de
St JEAN DE MAURIENNE
SERVICE DE LA DEFENSE NATIONALE

Le 24 Septembre 1938

SECRET

Evacuation des populations civiles
en cas de guerre

COPIE

Le Sous-Préfet de St Jean de Maurienne
à Monsieur le Maire d'ORELLE

BONVILLARD

Les Services de la Défense Nationale ont mis au point, en ce qui concerne les communes frontières de la Savoie, un plan dont j'ai l'honneur de vous communiquer ci après certaines dispositions essentielles:

I.-EVACUATION DE LA POPULATION.-

Jeunes gens de I6 à 20 ans et mobilisables non mobilisés: A grouper et à conduire au lieu de leur destination sous la conduite d'un chef et d'un sous Chef de groupe. Des instructions spéciales vous seront données à cet effet, le moment venu par la Gendarmerie.-

Note importante: Pourront se joindre à ce premier groupe, les jeunes gens âgés de I4 à I6 ans munis du consentement de leurs parents.

Autres habitants de la commune, à l'exception de quelques hommes non mobilisables dont les noms vous seront indiqués en temps utile, et qui resteront sur place, pour assurer la surveillance et la sauvegarde des biens particuliers.

A diriger vers l'arrière suivant l'itinéraire indiqué ci-dessous.

IDENTIFICATION.- Chacun des évacués (hommes, femmes, ou enfants) devra porter au revers de son vêtement une petite carte d'identité mentionnant son nom, le nom du département et de la commune.

Vous aurez dès maintenant, à préparer ces cartes à les classer par famille et par hameaux et à les conserver en Mairie. Il conviendra d'utiliser un carton rigide comportant un système d'attache facile à fixer.

BAGAGES A MAINS ET VIVRES DE VOYAGE.- A leur départ, les évacués emporteront avec eux un bagage à main contenant effets personnels, bijoux et valeurs ainsi que trois ou quatre jours de vivres de réserve (Conserves, biscuits, légumes secs, lait concentré pour les enfants etc) avec une ou deux couvertures et un couvert individuel.

ITINERAIRE.-GITES D'ETAPES.-POINTS DE DESTINATION.-CENTRE DE RECUEIL

L'évacuation des deux groupes indiqués au paragraphe I aura lieu de la façon suivante:

| | | | |
|---|---|---|---|
| Iere étape | ORELLE à St Martin la Porte. | | |
| 2° étape | St MARTIN la PORTE | à | St JEAN DE MAURIENNE |
| 3° étape | | à | |
| 4° étape | | à | |
| 5° étape | | à | |

En empruntant les routes ci-après: d'ORELLE à St JEAN DE MAURIENNE par St MARTIN LA PORTE.

*Le plan d'évacuation du village de Bonvillard (recto, 24 septembre 1938).*

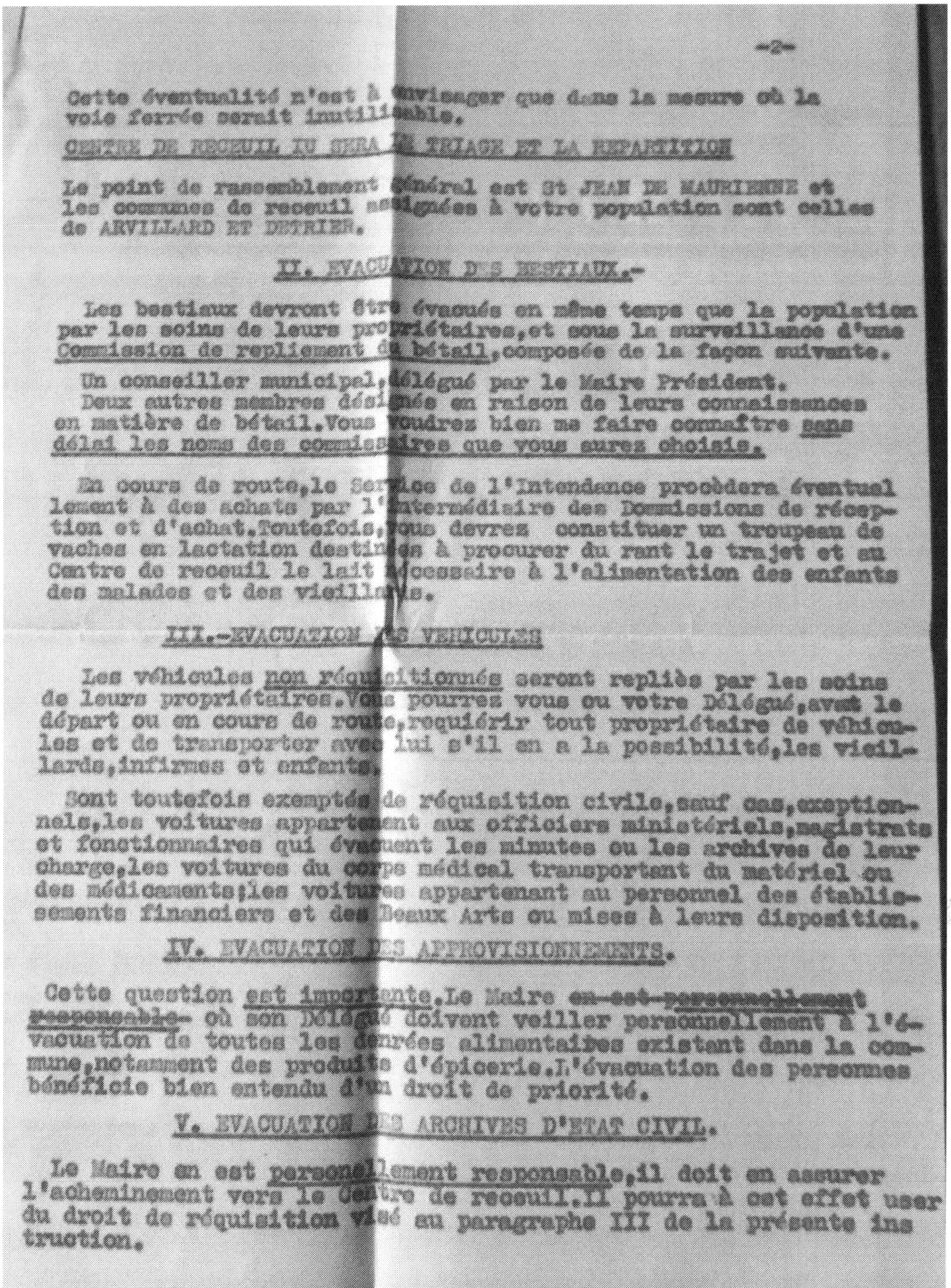

-2-

Cette éventualité n'est à envisager que dans la mesure où la voie ferrée serait inutilisable.

CENTRE DE RECEUIL IU SERA LE TRIAGE ET LA REPARTITION

Le point de rassemblement général est St JEAN DE MAURIENNE et les communes de receuil assignées à votre population sont celles de ARVILLARD ET DETRIER.

II. EVACUATION DES BESTIAUX.-

Les bestiaux devront être évacués en même temps que la population par les soins de leurs propriétaires, et sous la surveillance d'une Commission de repliement du bétail, composée de la façon suivante.

Un conseiller municipal, délégué par le Maire Président.
Deux autres membres désignés en raison de leurs connaissances en matière de bétail. Vous voudrez bien me faire connaître sans délai les noms des commissaires que vous aurez choisis.

En cours de route, le Service de l'Intendance procèdera éventuellement à des achats par l'intermédiaire des Commissions de réception et d'achat. Toutefois, vous devrez constituer un troupeau de vaches en lactation destinées à procurer du rant le trajet et au Centre de receuil le lait nécessaire à l'alimentation des enfants des malades et des vieillards.

III.-EVACUATION DES VEHICULES

Les véhicules non réquisitionnés seront repliès par les soins de leurs propriétaires. Vous pourrez vous ou votre Délégué, avant le départ ou en cours de route, requiérir tout propriétaire de véhicules et de transporter avec lui s'il en a la possibilité, les vieillards, infirmes et enfants.

Sont toutefois exemptés de réquisition civile, sauf cas, exceptionnels, les voitures appartenant aux officiers ministériels, magistrats et fonctionnaires qui évacuent les minutes ou les archives de leur charge, les voitures du corps médical transportant du matériel ou des médicaments; les voitures appartenant au personnel des établissements financiers et des Beaux Arts ou mises à leurs disposition.

IV. EVACUATION DES APPROVISIONNEMENTS.

Cette question est importante. Le Maire ~~en est personnellement responsable~~ où son Délégué doivent veiller personnellement à l'évacuation de toutes les denrées alimentaires existant dans la commune, notamment des produits d'épicerie. L'évacuation des personnes bénéficie bien entendu d'un droit de priorité.

V. EVACUATION DES ARCHIVES D'ETAT CIVIL.

Le Maire en est personellement responsable, il doit en assurer l'acheminement vers le Centre de receuil. Il pourra à cet effet user du droit de réquisition visé au paragraphe III de la présente instruction.

*Le plan d'évacuation du village d'Orellette (verso, 24 septembre 1938).*

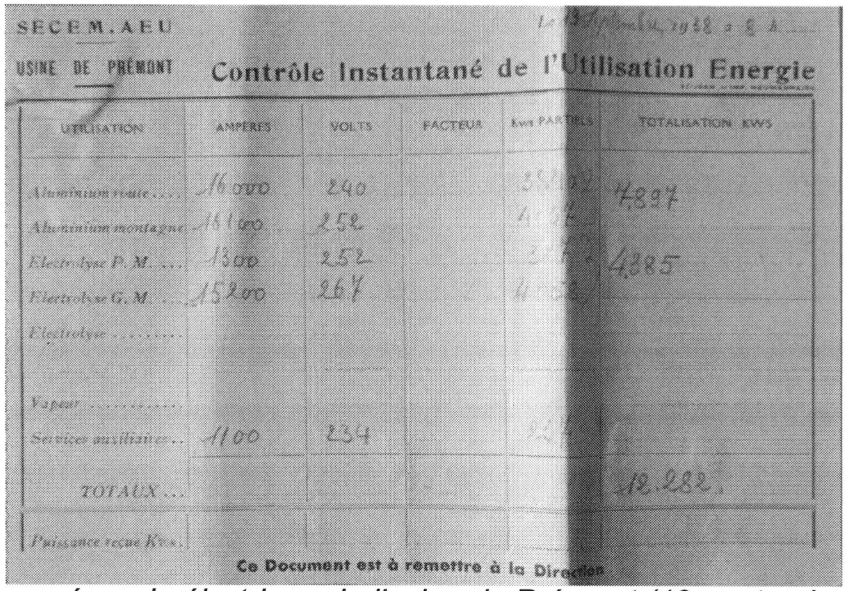

SECEM.AEU

Le 19 Septembre 1938 à [illegible]

USINE DE PRÉMONT

**Contrôle Instantané de l'Utilisation Energie**

| UTILISATION | AMPÈRES | VOLTS | FACTEUR | Kws PARTIELS | TOTALISATION KWS |
|---|---|---|---|---|---|
| Aluminium route | 16 000 | 240 | | [illegible] | 4.897 |
| Aluminium montagne | 16 000 | 252 | | [illegible] | |
| Electrolyse P. M. | 1300 | 252 | | [illegible] | 4.885 |
| Electrolyse G. M. | 15200 | 267 | | [illegible] | |
| Electrolyse | | | | | |
| | | | | | |
| Vapeur | | | | | |
| Services auxiliaires | 1100 | 234 | | [illegible] | |
| TOTAUX | | | | | 12.282 |
| Puissance reçue Kws | | | | | |

Ce Document est à remettre à la Direction

*Besoins en énergie électrique de l'usine de Prémont (19 septembre 1938).*

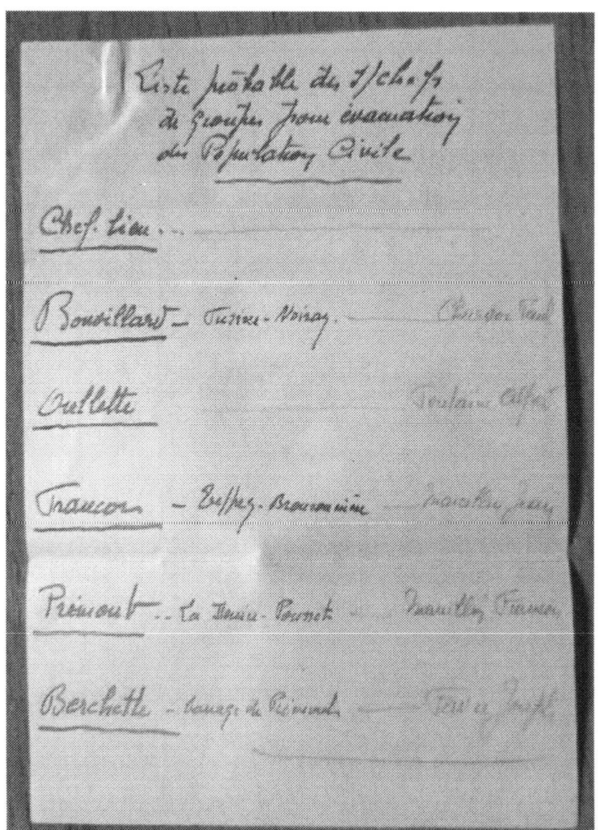

Liste probable des s/chefs de groupe pour évacuation de Population Civile

Chef. lieu ...

Bouvillard – [illegible] – [illegible]

Ouellette – [illegible]

[illegible] – [illegible] – [illegible]

Prémont – [illegible] – [illegible]

Berchette – [illegible] – [illegible]

*Liste des sous-chefs de groupe en cas d'évacuation de la population (fin septembre 1938).*

Un contrôle instantané de la capacité de l'usine de Prémont est effectué le 19 septembre 1938 afin de connaître ses besoins en utilisation d'énergie, puis il est transmis aux services de l'État français compétents. Elle a besoin de 12 282 kWh au total.

Les secteurs habités de la commune d'Orelle ainsi que leurs sous-chefs de groupe respectifs sont au nombre de six : Orelle (chef-lieu), Zéphirin Chinal (maire) ; Bonvillard (la Fusine, le Noiray), Paul Charvoz ; Orellette, Alfred Fontaine ; Francoz (le Teppey, la Bronsonnière), Jean Marcellin ; Prémont (la Denise, le Poucet), François Marcellin ; Berchette (les Chèvres), Joseph Favre. Chaque homme concerné reçoit des explications et surtout des instructions à appliquer sur l'organisation de son hameau. Les points de rassemblement se trouvent dans le secteur de la Denise, à l'extrémité ouest de la commune d'Orelle. Les habitants doivent se réunir sur les bas-côtés de l'actuelle route départementale 1006, c'est-à-dire la route de Saint-Michel, encadrés par des véhicules. Il s'agit à l'époque de la route nationale n° 6. Les animaux domestiques de chaque village doivent être amenés sur la route d'Orelle, au niveau du tronçon de route entre le Poucet et la Denise (rue du Four également). D'autres emplacements sont prévus en rive gauche de la rivière de l'Arc à la Denise, après le pont homonyme, contre le réseau ferroviaire de la Compagnie des chemins de fer de Paris à Lyon et à la Méditerranée (PLM).

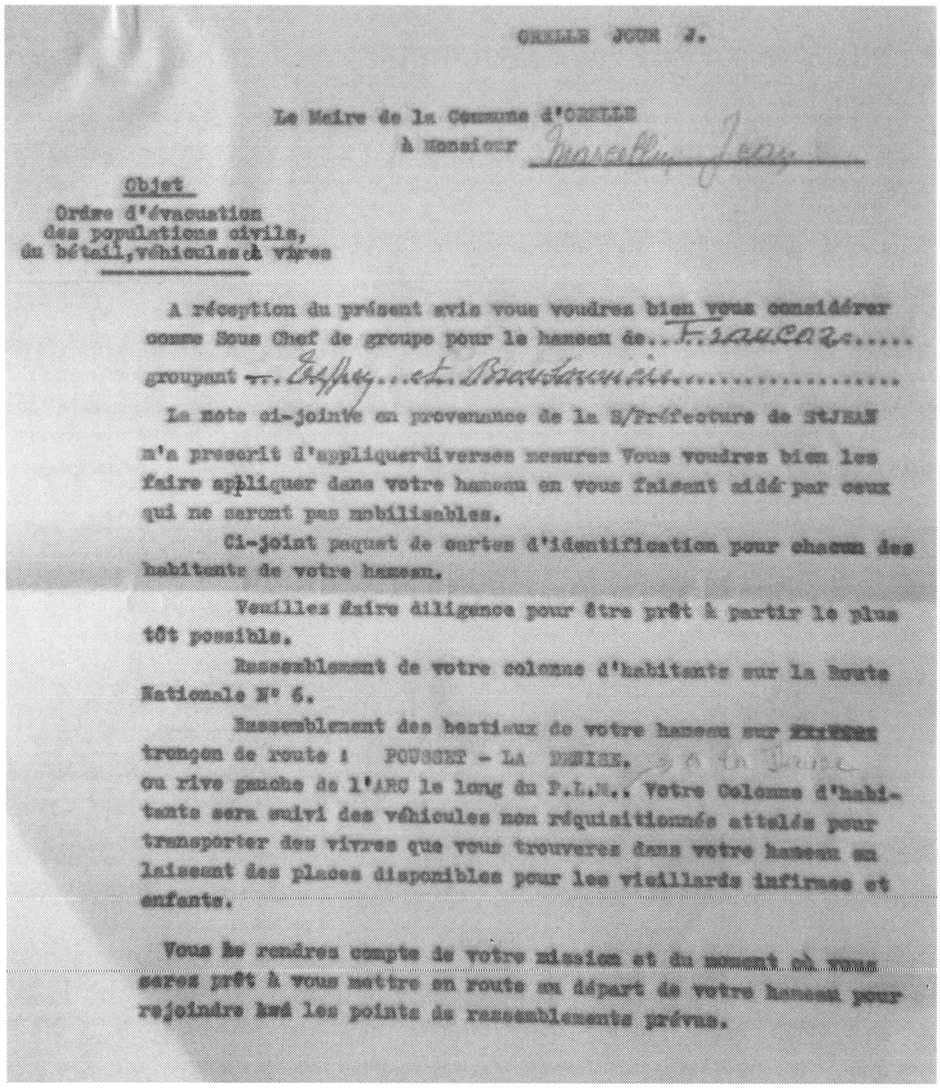

ORELLE JOUR J.

Le Maire de la Commune d'ORELLE
à Monsieur [illegible]

Objet
Ordre d'évacuation
des populations civils,
du bétail, véhicules et vivres

A réception du présent avis vous voudrez bien vous considérer comme Sous Chef de groupe pour le hameau de ..Francoz.....
groupant ...Effey...et...[illegible]...............

La note ci-jointe en provenance de la S/Préfecture de StJEAN m'a prescrit d'appliquerdiverses mesures Vous voudrez bien les faire appliquer dans votre hameau en vous faisant aidé par ceux qui ne seront pas mobilisables.

Ci-joint paquet de cartes d'identification pour chacun des habitants de votre hameau.

Veuillez faire diligence pour être prêt à partir le plus tôt possible.

Rassemblement de votre colonne d'habitants sur la Route Nationale N° 6.

Rassemblement des bestiaux de votre hameau sur XXXXXX tronçon de route : POUSSET - LA DENISE.
ou rive gauche de l'ARC le long du P.L.M.. Votre Colonne d'habitants sera suivi des véhicules non réquisitionnés attelés pour transporter des vivres que vous trouverez dans votre hameau en laissant des places disponibles pour les vieillards infirmes et enfants.

Vous me rendrez compte de votre mission et du moment où vous serez prêt à vous mettre en route au départ de votre hameau pour rejoindre les points de rassemblements prévus.

*Lettre du maire d'Orelle au responsable du secteur de Francoz (fin septembre 1938).*

Pendant la guerre, c'est Zéphirin Chinal qui est maire de la commune d'Orelle. De 1944 à 1947, c'est au tour de Gaston Fontaine de le devenir. En 1947, Donat Chinal est le maire d'Orelle. Celui-ci est le chef des services techniques de la défense passive durant la guerre. Armand Fontaine et Félix Ancelin sont alors respectivement chargés de la défense passive du chef-lieu et du Noiray. Ces trois hommes sont proposés, le 22 novembre 1951, à la figuration pour l'extension du droit au port de la médaille commémorative de la guerre de 1939-1945. Ils sont décorés pour avoir honoré la commune d'Orelle en veillant sur ses hameaux « durant l'occupation par les troupes russes, italiennes puis allemandes desdites localités ».

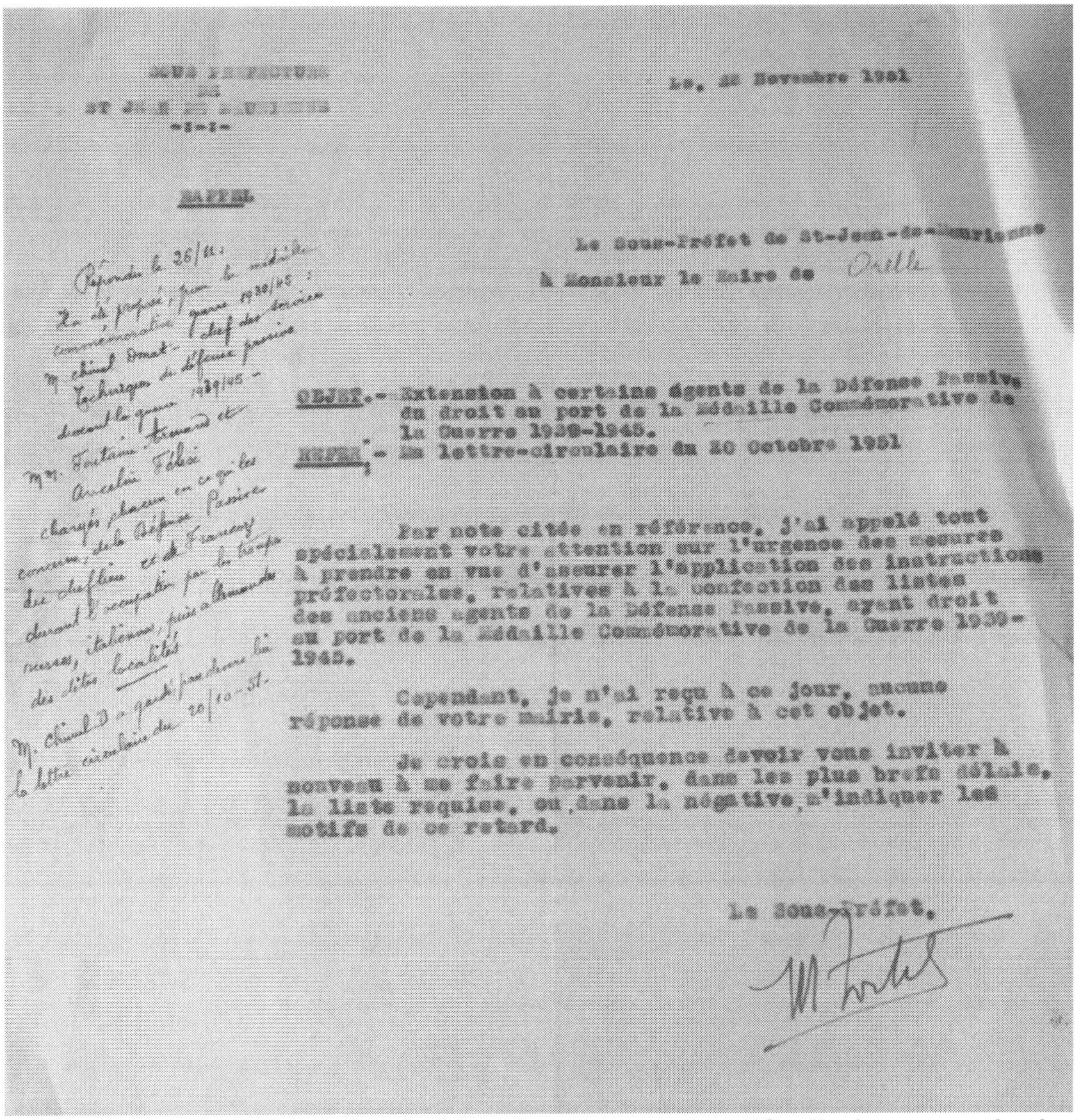

SOUS PRÉFECTURE
DE
ST JEAN DE MAURIENNE
-:-:-

Le, 22 Novembre 1951

RAPPEL

Le Sous-Préfet de St-Jean-de-Maurienne

à Monsieur le Maire de Orelle

OBJET.- Extension à certains agents de la Défense Passive du droit au port de la Médaille Commémorative de la Guerre 1939-1945.

REFER.- Ma lettre-circulaire du 20 Octobre 1951

Par note citée en référence, j'ai appelé tout spécialement votre attention sur l'urgence des mesures à prendre en vue d'assurer l'application des instructions préfectorales, relatives à la confection des listes des anciens agents de la Défense Passive, ayant droit au port de la Médaille Commémorative de la Guerre 1939-1945.

Cependant, je n'ai reçu à ce jour, aucune réponse de votre mairie, relative à cet objet.

Je crois en conséquence devoir vous inviter à nouveau à me faire parvenir, dans les plus brefs délais, la liste requise, ou, dans la négative, m'indiquer les motifs de ce retard.

Le Sous-Préfet,

M Portet

Répondu le 26/11 : Ont été proposés, pour la médaille commémorative guerre 1939/45 : M. Chinal Donat, chef des services techniques de défense passive durant la guerre 1939/45 – MM. Fontaine Armand et Arcelin Félix chargés chacun en ce qui les concerne, de la Défense Passive des chefs-lieux et de Francoz durant l'occupation par les troupes [illegible], italiennes, puis allemandes des dites localités. M. Chinal D. a gardé pour donner lieu la lettre circulaire du 20/10-51.

*Lettre du sous-préfet de Saint-Jean-de-Maurienne au maire d'Orelle à propos du droit au port de la médaille commémorative de la guerre de 1939-1945 (22 novembre 1951).*

*Revers de la médaille commémorative de la guerre de 1939-1945.*

## La bataille des Alpes

En 1939, la 28e division d'infanterie alpine est basée à Chambéry, commandée par le général Georges Eugène Lestien. Ses soldats sont envoyés dans les Vosges, sur la ligne Maginot, dans la mesure où il n'y a pas de frontière à protéger contre l'Italie car celle-ci ne s'est pas encore engagée contre la France. Les 13e, 53e et 67e bataillons des chasseurs alpins sont envoyés en Norvège où ils participent à la bataille de Narvik (Nordland), puis ils sont expédiés *via* le Royaume-Uni en France pour participer à la bataille de France, en mai.

Le 10 juin 1940, Benito Mussolini déclare la guerre à la France sans l'attaquer, profitant de la position défavorable de l'armée française. Le 17 juin, le gouvernement français à Bordeaux demande un armistice à l'Allemagne ; celui-ci sera signé le 22 juin. En tout cas, pour espérer avoir une place conséquente lors des négociations, Benito Mussolini est contraint d'attaquer les Alpes françaises. La Savoie est prise entre deux étaux et les combats débutent. L'armée italienne, commandée par le prince héritier Humbert II et le général Alfredo Guzzoni, formée par 22 divisions d'un peu moins de 350 000 hommes, se lance sur les secteurs des cols du Petit-Saint-Bernard et du Mont-Cenis. Il faut aussi faire face aux *Panzerkorps* allemands (corps blindés) qui prennent en tenaille les Français.

Face à cette force, les 176 000 hommes du général René Olry réussissent à résister, notamment à l'aide de la puissance de l'artillerie française et grâce aux nombreuses fortifications de la ligne Maginot et du système Séré de Rivières. Les sections d'éclaireurs-skieurs sont une centaine du côté français, sachant que chaque unité est composée d'une trentaine d'experts de la montagne (skieurs et alpinistes). Ces troupes sont un atout précieux durant les combats car ils observent les positions et les déplacements ennemis. Le fort français de la Turra, près du col du Mont-Cenis, repousse toutes les attaques en provenance de l'Italie. Dans la vallée, les Allemands passent le fleuve du Rhône à Culoz (Ain) et entrent dans Aix-les-Bains en Savoie ; la ville de Chambéry n'est pas encore tombée.

Le I^er corps d'armée italien est composé des divisions d'infanterie *Superga*, *Cagliari* et *Brennero*. Il est chargé de s'emparer de Modane pour entamer l'offensive sur la Maurienne et conquérir Chambéry et Grenoble. La Maurienne est défendue quant à elle par la 66^e division d'infanterie commandée par le général Boucher, renforcée par trois bataillons alpins de forteresse et de dix sections d'éclaireurs-skieurs.

*Fort de la Turra à Lanslebourg-Mont-Cenis (années 2020, photographie monochromatique).*

*Bataillon français en déplacement entre la Praz (Saint-André) et Orelle près du pont des Chèvres (octobre 1939) (cote 1).*

Le 21 juin 1940, la division italienne *Brennero* attaque par le col du Mont-Cenis. Le fort de la Turra et son artillerie puissante déciment les attaquants italiens. Plus bas, l'ouvrage des Revets repousse diverses attaques italiennes, et les sections d'éclaireurs-skieurs des 11$^{e}$ et 15$^{e}$ bataillons alpins de forteresse, installées sur les versant opposés, immobilisent les infiltrations. Le 22 juin, les chars adverses ne parviennent pas à pénétrer la défense bleu-blanc-rouge. En revanche, le bataillon *Alpini Susa* arrive à Bessans depuis la vallée du Ribon et les Chemises Noires italiennes pillent le village. Dans le vallon d'Ambin, c'est la division *Cagliari* qui attaque les positions françaises défendues par des soldats peu nombreux : les six bataillons de chasseurs alpins italiens affrontent trois sections françaises d'éclaireurs-skieurs du 99$^{e}$ régiment d'infanterie alpine ainsi qu'une demi-compagnie du 343$^{e}$ régiment d'infanterie. Après un combat intense, les soldats français de forteresse se rendent tandis que les soldats skieurs se replient vers Modane. Pendant ce temps, les combats font rage au mont Froid et au Planay.

*Groupe de positions de défense près de l'actuel refuge d'Ambin (2024) dans le lieu-dit des Baraques de Corneille.*

Les troupes de l'armée française défendant la Haute-Maurienne sont en grande partie évacuées sur Modane. La ville est protégée par 122 pièces d'artillerie qui bloquent l'avancée italienne.

Le 22 juin 1940, la division *Superga* attaque la France par les cols de la Roue, du Fréjus et de la Vallée-Étroite. Les Italiens sont de toute part repoussés par les avant-postes et sont écrasés par l'artillerie de campagne ou celle des ouvrages fortifiés du Lavoir, du Pas du Roc et du Sapey. Les pertes sont très lourdes chez les *Alpini*. Une incursion est tentée sur Valmeinier : elle est stoppée par le fort du Télégraphe.

L'armistice avec l'Italie est pourtant signé le 24 juin 1940.

Un symbole mauriennais de la guerre, antérieur et un peu différent des innombrables victoires françaises remportées grâce aux fortifications militaires de la vallée de l'Arc, est le crash du bombardier allemand Junkers 88 A1 sur Bramans.

Revenant non sans dommage matériel de Marseille, ville qu'il a bombardée, il veut retourner en Allemagne discrètement. Or, il est touché par la défense anti-aérienne de Chambéry et se dirige en direction de l'Italie par la Maurienne. Le fort du Télégraphe, ayant repéré le bombardier allemand, fait feu de toutes ses positions sur l'appareil. Celui-ci arrive à Modane suivi d'une épaisse colonne de fumée grise. Le fort du Replaton surplombant la ville tire également sur l'appareil. Arrivé à Bramans, en Haute-Maurienne, le pilote décide en dernier recours d'emprunter le resserré couloir du vallon d'Ambin, où l'équipage s'écrase quelques minutes plus tard à cause du manque de puissance et d'altitude de l'avion très endommagé. C'était le 2 juin 1940.

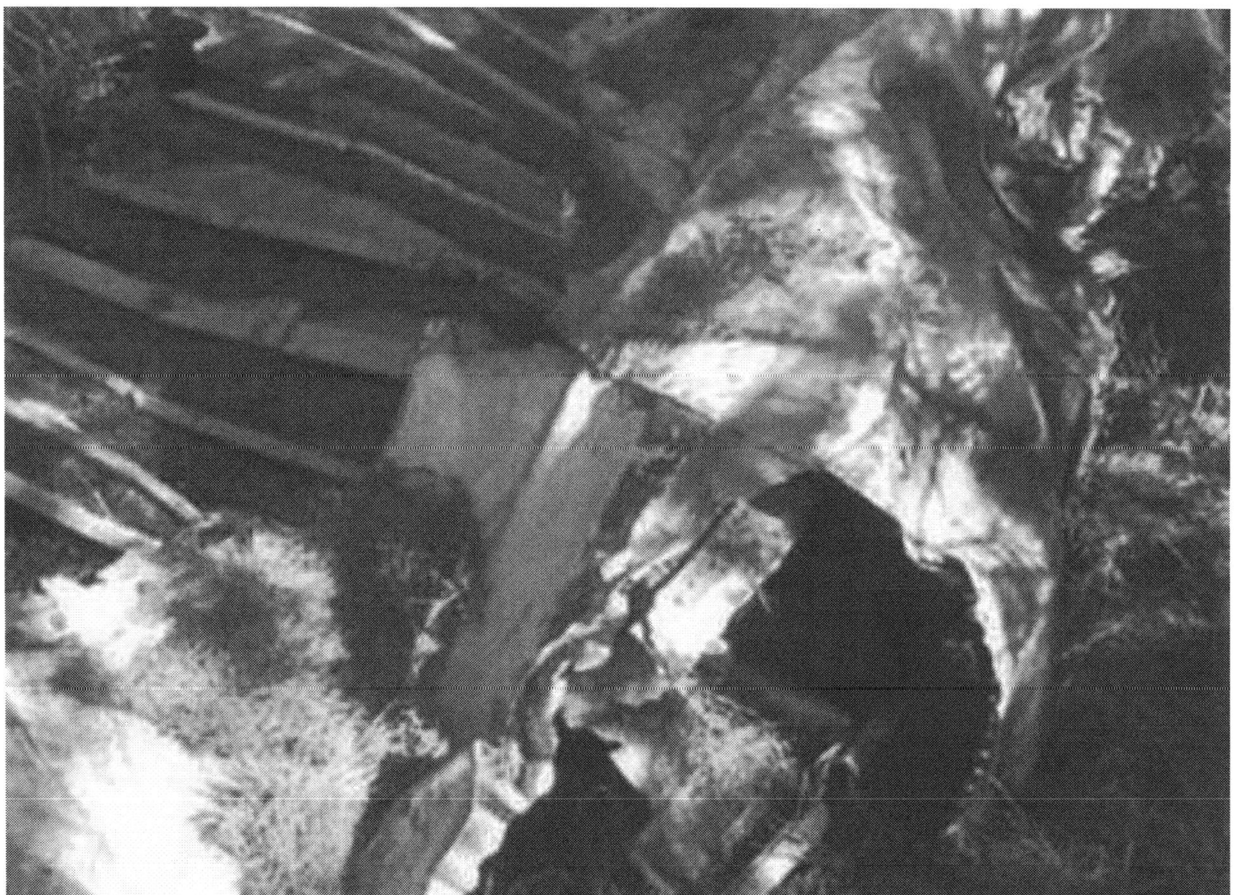

*L'épave de l'avion allemand qui s'est écrasé à Bramans en 1940.*

En tout état de cause, la défense française peut compter sur les fortifications valléennes et alpines de la Maurienne qui sont utilisées par l'infanterie de forteresse où des unités plus mobiles. Entre Aussois et Sollières-Sardières se trouvent les batteries de la Turra et de la Loza. Entre Aussois et Avrieux, il y a la barrière de l'Esseillon formée du fort Marie-Christine, du fort Charles-Albert, la batterie d'artillerie de Champ-Berou, le fort Charles-Félix et la redoute Marie-Thérèse. À Aussois, le pont du Diable est dominé par le fort Victor-Emmanuel. La ville de Modane est protégée par le fort du Replaton ainsi que les ouvrages du Sapey (fort, redoute et défense Maginot) de Saint-André.

Toujours dans le secteur de Modane, les ouvrages Maginot de Saint-Gobain, d'Amodon et du Sapey veillent sur la porte de la Haute-Maurienne, tout comme les défenses fortifiées de Saint-Antoine, les blockhaus de Rieux-Roux et l'ouvrage Maginot de Plan-Marin (qui observent le tunnel ferroviaire du Fréjus). Au-dessus de Modane et Valfréjus, l'ouvrage Maginot du Lavoir, l'avant-poste de la Vallée-Étroite, le point d'appui de la Replanette, les ouvrages Maginot d'Arrondaz, du Fréjus, du Pas du Roc et du col de la Roue rendent imprenable la frontière française.

À Valmeinier, les blockhaus de Notre-Dame-des-Neiges et les divers points d'appui en pierres sèches défendent l'entrée dans la Moyenne-Maurienne. Il en est de même pour le point d'appui des Marches à Orelle avec les emplacements défensifs des Bataillères, du Creuzet et des Marches. Plus à l'ouest, à Valloire, c'est l'iconique fort du Télégraphe qui veille sur le canton de Saint-Michel-de-Maurienne tandis que les positions du Galibier interdisent l'accès à la Maurienne. Le rôle de cette forteresse durant cette période est notamment visible dans les films *La Montagne aux Mille regards* (2017) ainsi que *Deux semaines de Juin* (2021). Il y a aussi les positions du Grand Plateau, de la Pissine et de Plan-Lachat, sans oublier l'ouvrage Maginot des Rochilles et l'avant-poste de l'aiguille Noire. Enfin, entre Saint-Michel-de-Maurienne et Saint-Martin-la-Porte se tient le barrage de Saint-Michel-de-Maurienne avec les blocs et pilules du Pas de la Porte ainsi que les casemates du Pas du Roc.

Sur le Pas du Roc, le 24 mai 1944, plusieurs enfants jouent dans la prairie d'altitude, jusqu'à ce qu'un obus allemand explose. Le film *Jeux d'Avions*, sorti en 2016, réalisé par Bastien Verney et écrit par David Chamberod, permet de remémorer ce triste moment à travers une fiction. Un mémorial à leur mémoire s'y trouve également ; les inscriptions mentionnent les noms de : « Louis Albrieux, 14 ans ; Séraphin Albrieux, 8 ans ; Fernand Excoffier, 8 ans ; Jean Ratel, 9 ans et René Ratel, 15 ans ».

*Le mémorial du Pas du Roc (photographié avant 2020).*

À Orelle, en 1940, la section d'éclaireurs-skieurs du 81e bataillon alpin de forteresse commandée par l'aspirant Botte tient le secteur fortifié du vallon de Bissorte, appelé le « point d'appui des Marches ». Il y a en fait dans cette zone huit points d'appui principaux.

Le point d'appui des Marches (nord), situé aux chalets des Marches près de l'actuel refuge des Marches, est le poste de commandement. Les chalets occupés sont défendus par des positions en pierres sèches dans les parages.

Le point d'appui du Creuzet, aussi appelé le point d'appui des Marches (sud), est la position défensive la plus conséquente, installée à 2 330 m d'altitude aux alentours d'une proéminence rocheuse. Il possède deux abris Adrian en tôle et en béton ainsi que plusieurs emplacements de tirs en pierres sèches réparties dans la zone plus au sud.

Le point d'appui des Bataillères se trouve sous le lac des Bataillères. Il comporte des positions défensives rocheuses et un abri Adrian en tôle.

Les deux points d'appui du lac de Bissorte (Bissorte-droite et Bissorte-gauche) sont situés en rives gauche et droite du lac de Bissorte à 2 100 m d'altitude. La 11e compagnie du IIe/343e régiment d'infanterie y est installée, sous le commandement du lieutenant Bousquet.

Le 7 juin 1940, deux câbles principaux sont tendus par le génie militaire français sur le lac de Bissorte pour empêcher l'utilisation potentielle d'hydravions par l'ennemi. Cela permet d'empêcher les Italiens de débarquer de façon aérienne. Le premier câble est fixé à 100 m en amont du barrage en travers du lac (au niveau des chalets de Bissorte) tandis que le second câble est tendu encore 1 000 m supplémentaires en amont (au niveau des chalets du Vallon). Ils sont à 80 cm de la surface de l'eau. D'autres câbles sont suspendus depuis les deux principaux dans l'axe du lac, tous les 40 m et davantage serrés au niveau du milieu de la retenue. Tous ces câbles sont prêtés par la Société hydro-électrique de Savoie, qui conseille aussi leur pose. Cette dernière opération est assurée par le génie militaire, qui dirige une main-d'œuvre militaire de quinze hommes provenant du 343e régiment d'infanterie, et par Monsieur Verdier, le directeur de l'usine hydro-électrique de Bissorte située à Bissortette. Le 343e régiment d'infanterie, commandé par le capitaine Blanc (responsable du quartier défensif de Bissorte), est chargé de la surveillance du dispositif de protection contre les saboteurs parachutés ennemis.

Un canon de 37 mm du IIIe/343e régiment d'infanterie est positionné près du barrage. Il y a aussi une section de mitrailleuses de la 2e compagnie d'accompagnement de bataillon ainsi qu'un groupe de mitrailleuses de la 3e compagnie d'accompagnement de bataillon.

Il faut au préalable acheminer tout ce matériel à dos de mulets. Certains matériaux lourds étaient montés par les bêtes d'habitants de Bonvillard. Les abris Adrian servaient également à granger les animaux.

Pour renforcer les positions dans le vallon, trois autres points d'appui mobiles sont installés au pas du Grand Filon (2 783 m), sous la pointe des Sarrasins (2 963 m) avec un refuge en pierres sèches, et au col des Sarrazins (2 844 m). Le 14 juin 1940, Émilien (ou Émile) Grange, membre du 4e génie militaire, est accidentellement blessé à Bissortette (Orelle), en face de la Praz (Saint-André). Il est hospitalisé à Chambéry.

Le 21 juin 1940, la 273e compagnie italienne du bataillon *Alpini Val Fassa* débouche à Orelle par le col du Peyron (2 851 m, frontière franco-italienne) et atteint celui du Cheval Blanc (2 791 m). Dans un premier temps, les Italiens souhaitent emprunter l'itinéraire des lacs Sainte-Marguerite pour gagner l'ouvrage de la Vallée-Étroite ; or, des rafales de mitrailleuses stoppent leur progression très rapidement. Les Italiens sont arrêtés par les tirs de la 7e batterie du IIIe/114e régiment d'artillerie lourde hippomobile positionnée dans la vallée, à Saint-André. En effet, dans le village du Villard sont positionnées quatre pièces de 155 mm (modèle 77/14) faisant partie de la 8e batterie du IIIe/114e régiment d'artillerie lourde hippomobile. Une seconde batterie est située au Villeret, à l'ouest du Villard : il s'agit de quatre pièces de 155 mm (modèle 77/14) de la 7e batterie du IIIe/114e régiment d'artillerie lourde hippomobile. Les hommes de ces deux positions sont aux ordres du chef d'escadron Vachon.

En conséquence, le commandant de la compagnie italienne replie ses soldats en direction du col des Bataillères (2 804 m) pour saturer la défense française par le vallon de Bissorte. À leur arrivée au col, les Italiens sont immédiatement repérés par les sentinelles des Bataillères et la section d'éclaireurs-skieurs du 81e bataillon alpin de forteresse du point d'appui des Marches (sud), située quelques centaines de mètres en contrebas. À 22 h 17, la 7e batterie du IIIe/114e régiment d'artillerie lourde hippomobile de Saint-André fait feu sur l'ennemi. Le brouillard installé dans le vallon de Bissorte est épais en cette nuit de juin, ce qui empêche l'observation de résultat.

Le Ier/92e régiment d'infanterie italien est envoyé dans le secteur pour renforcer les effectifs des *Alpini* durant la nuit, en franchissant le col du Peyron.

Le 22 juin 1940, à l'aube, le Ier/91e régiment d'infanterie italien atteint le Cheval Blanc (3 020 m) et la dent de Bissorte (3 016 m). Il descend les pentes escarpées pour gagner le lac des Bataillères (2 422 m), tandis que ses éclaireurs progressent vers les chalets des Marches. Les Français attendent que les Italiens soient à portée de tir.

Ils sont notamment postés au point d'appui des Bataillères, comptant plusieurs positions en pierres sèches et un abri Adrian en tôle, construit avec plusieurs tôles métalliques acheminées à dos de mulet, avec deux extrémités en pierres sèches permettant de loger une dizaine d'hommes (l'intérieur est alors équipé de couchettes et d'un poêle à bois).

Les Français sont surtout positionnés au point d'appui du Creuzet (Marches sud) où se trouvent plusieurs emplacements de tir, deux abris Adrian (dont l'un est enterré) et une position en pierres sèches avec une dalle en béton.

*Vue de la zone en aval du lac des Bataillères où des positions sont tenues (2019).*

*Vue du refuge d'infanterie du point d'appui des Bataillères en aval du lac des Bataillères (2022).*

*L'abri Adrian des Bataillères vu du dessus (2022).*

*L’assemblage des tôles en demi-cylindre aux Bataillères (2022).*

*L’intérieur de l’abri Adrian des Bataillères avec le dallage visible au sol (2022).*

*Le point d'appui du Creuzet (Marches sud), principale zone de fortification du vallon de Bissorte et donc du point d'appui général des Marches ; les deux abris Adrian (2022).*

*Point d'appui du Creuzet : abri Adrian est et ses positions de défense, vus depuis l'entrée amont (2022).*

*Point d'appui du Creuzet : abri Adrian est, vu depuis l'entrée aval (2022).*

*Porte-fusils installés au point d'appui du Creuzet (2022).*

*Intérieur de l'abri Adrian est du point d'appui du Creuzet (2022).*

*Vue amont de l'abri Adrian ouest du point d'appui du Creuzet (2022).*

*Intérieur de l'abri Adrian ouest du point d'appui du Creuzet (2022).*

*Un emplacement de tir au point d'appui du Creuzet (2022).*

*Une autre position défensive du point d'appui du Creuzet (2022).*

*Un emplacement de défense au point d'appui du Creuzet surplombant le vallon (2022).*

*Un muret de protection pour un emplacement de tir au point d'appui du Creuzet (2022).*

*Zone de stockage d'artillerie, pièces défensives et munitions (2022).*

*Vestiges d'un réseau militaire réuni au point d'appui du Creuzet (2022).*

*Vue du lac de Bissorte depuis les chalets des Marches où se trouve le point d'appui des Marches (nord), en 2020.*

*Le refuge militaire sous la pointe des Sarrasins en ruines, à 2 920 m.*

Aux ordres de l'aspirant Botte, le soldat chargé d'actionner le fusil mitrailleur qui doit donner le signal hésite à tirer sur les Italiens. L'officier prend brusquement sa place au créneau de tir et vide son chargeur.

Entendant ce signal, la section d'éclaireurs-skieurs du 81ᵉ bataillon alpin de forteresse ouvre le feu sur l'ennemi : les Français tirent sur les ennemis avec des fusils mitrailleurs et des mousquetons. On dit alors qu'un Alpin nommé *Tavel* vise et touche un Italien à une distance de 500 m. De plus, le 114ᵉ régiment d'artillerie lourde hippomobile bombarde d'obus de mortiers les éclaireurs italiens descendant vers les chalets des Marches. La méthode précise utilisée n'évite pas le plongeon en geysers de quatre obus dans le barrage de Bissorte !

*Les chasseurs alpins français en entraînement au tout début du XX$^e$ siècle au col des Sarrazins (cote 2).*

Cependant, les soldats italiens s'obstinent. Avec des mitrailleuses, ils appuient les troupes en contrebas depuis le col du Cheval Blanc. Une compagnie d'*Alpini* encercle la position française en mouvement circulaire.

À 17 h, la situation de la section alpine française devient critique ; l'aspirant Botte décide de se replier avec deux groupes sur le barrage sous la protection du troisième groupe du sergent Socquet qui doit tenir 30 minutes. À 20 h, l'objectif est atteint et les deux groupes occupent les alentours du barrage de Bissorte rapidement. Le troisième groupe du sergent Socquet, encerclé, repousse plusieurs attaques ennemies. Une confusion s'empare des chasseurs alpins au barrage car le brouillard rend les observations impossibles. Des soldats italiens sont de plus repérés sur les rives du lac de Bissorte.

Pendant ce temps, le colonel Laflaquière qui commande la 30e demi-brigade alpine de forteresse expédie deux sections de la 6e compagnie du 343e régiment d'infanterie en renfort grâce au téléphérique de service du barrage de Bissorte. Ces soldats sont sous les ordres du capitaine Maraval.

D'ailleurs, à Bissortette se trouve la position d'artillerie lourde sur voie ferrée d'Orelle-la Praz. C'est la position de rechange de celle de Modane-Fourneaux et elle est affectée à la 2e section de la 7e batterie du 2e groupe du 372e régiment d'artillerie lourde sur voie ferrée, aux ordres du lieutenant Janssen. La position est construite dès 1934 mais ne sera pas utilisée pendant le conflit.

À 20 h 45, l'aspirant Botte et ses hommes reçoivent l'ordre d'organiser une contre-attaque et partent à la recherche du groupe du sergent Socquet. Les éclaireurs, pourtant exténués, repartent dans la nuit en emportant avec eux des munitions dans leurs sacs et leurs poches ainsi que dix fusils mitrailleurs. Ils atteignent les chalets des Marches et le point d'appui du même nom sans difficulté, puis poursuivent sur leur ancienne position au Creuzet.

*Pierres gravées par les soldats de l'armée française retrouvées dans le vallon de Bissorte, ici réunies près du refuge des Marches (2022).*

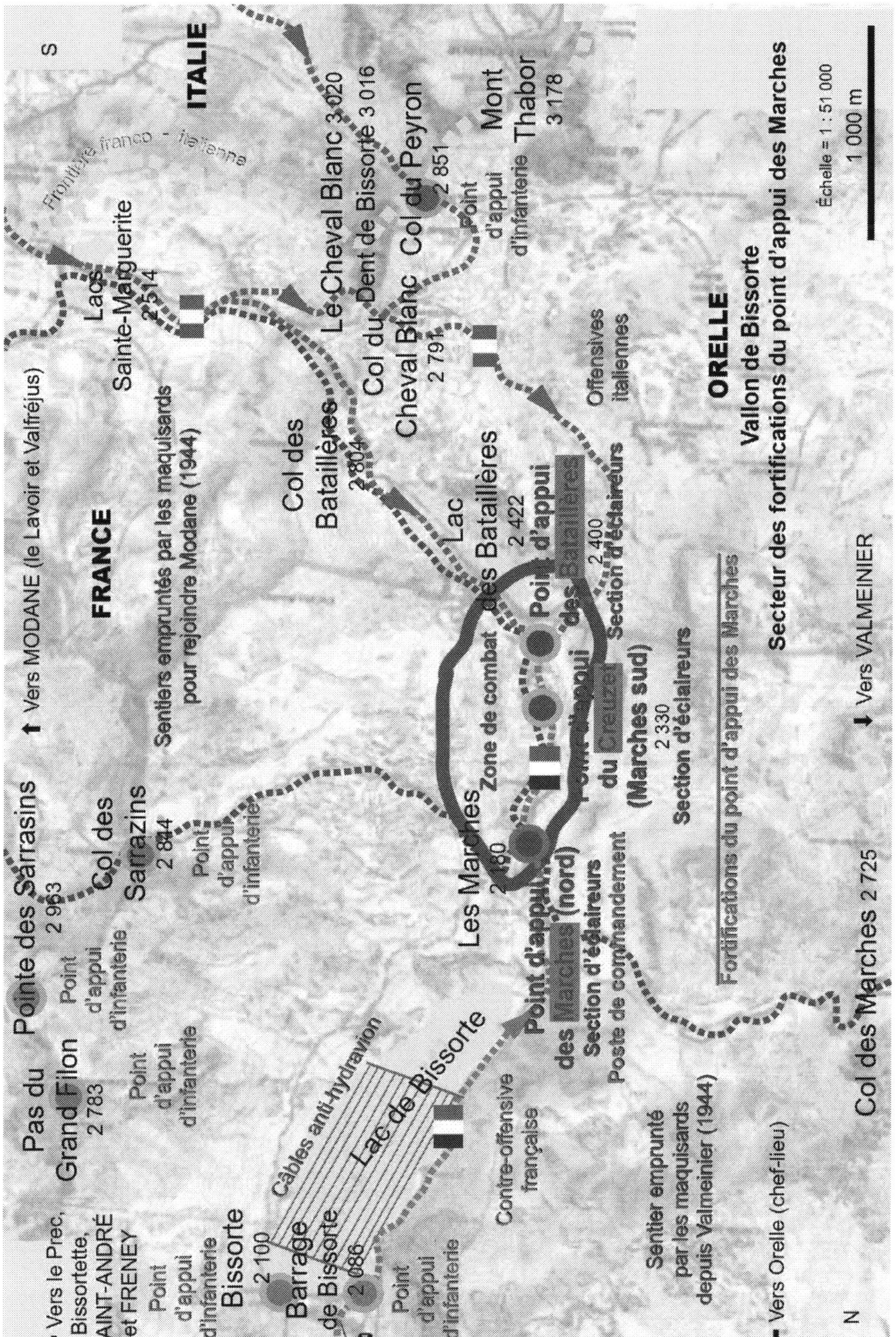


*L'offensive italienne et la défense française en 1940 dans le secteur fortifié du vallon de Bissorte ainsi que les itinéraires maquisards de 1944 (carte 3).*

Au point d'appui du Creuzet (ou des Marches sud), ils retrouvent les défenseurs exténués. Dans un état catastrophique, le sergent Socquet leur apprend qu'ils sont totalement encerclés et qu'ils résistent tant bien que mal aux assauts ennemis. Les éclaireurs n'arrivent pas à repartir à cause des attaques italiennes ; ils sont contraints de combattre au côté du troisième groupe.

Les deux sections de la 6e compagnie du 343e régiment d'infanterie montent le vallon de Bissorte au côté des troupes de l'aspirant Botte. Les Italiens, n'ayant pas réussi à prendre les fortifications du point d'appui des Marches, étant sous le feu de l'artillerie française et voyant le renfort arriver, se replient enfin sur la frontière au niveau des cols des Bataillères et du Cheval Blanc. Les blessés sont très gravement touchés, surtout qu'il fait très froid à cette altitude. Il faut des heures pour les mettre en sécurité et sous soin.

*Un canon de 145/155 L16 de la 3e batterie du 164e régiment d'artillerie de position installé à Saint-André (début des années 1930).*

*Le téléphérique d'accès au chantier du barrage de Bissorte au début des années 1930.*

*Le lac des Bataillères en 2019.*

*Des chasseurs alpins du 99e régiment d'infanterie alpine devant le barrage de Bissorte (en construction à partir de 1930).*

*Les environs des cols du Cheval Blanc et des Bataillères en 1937 vus depuis une position défensive de l'ouvrage militaire de la Vallée-Étroite.*

*Le 71^e^ bataillon alpin de forteresse sur les hauteurs de Modane dans le secteur des Terres froides en entraînement (vers 1938) avant la guerre (l'homme au-dessus de la pointe de stylo est Fernand Bonin).*

## La collaboration Pétain-Hitler

Le président du Conseil des ministres, Paul Reynaud, démissionne le 16 juin 1940. Le président de la République française, Albert Lebrun, nomme le maréchal Philippe Pétain à la tête du nouveau gouvernement. Celui-ci demande aussitôt l'armistice, lequel est signé le 22 juin 1940 avec l'Allemagne nazie (à Rethondes) et le 24 juin 1940 avec l'Italie fasciste (près de Rome).

L'armistice parvient à limiter l'occupation de la France dont le territoire métropolitain est coupé en deux. Il y a la zone nord qui est la « zone occupée », administrée par la Wehrmacht, ainsi que la zone sud qui est la « zone libre », restant sous contrôle de l'État français. Pour le département de la Savoie, c'est la présence de l'Axe déléguée à l'Italie qui occupe le territoire. La France conserve son empire colonial, sa marine, une armée de 100 000 hommes ainsi que sa monnaie (le franc). Par cet accord, deux millions de prisonniers le restent jusqu'à la paix et la France doit payer l'entretien des forces d'occupation allemandes. Le 2 juillet 1940, le maréchal Pétain déplace le gouvernement français de Bordeaux (Gironde), qui est dans la zone occupée, pour l'établir à Vichy (Allier).

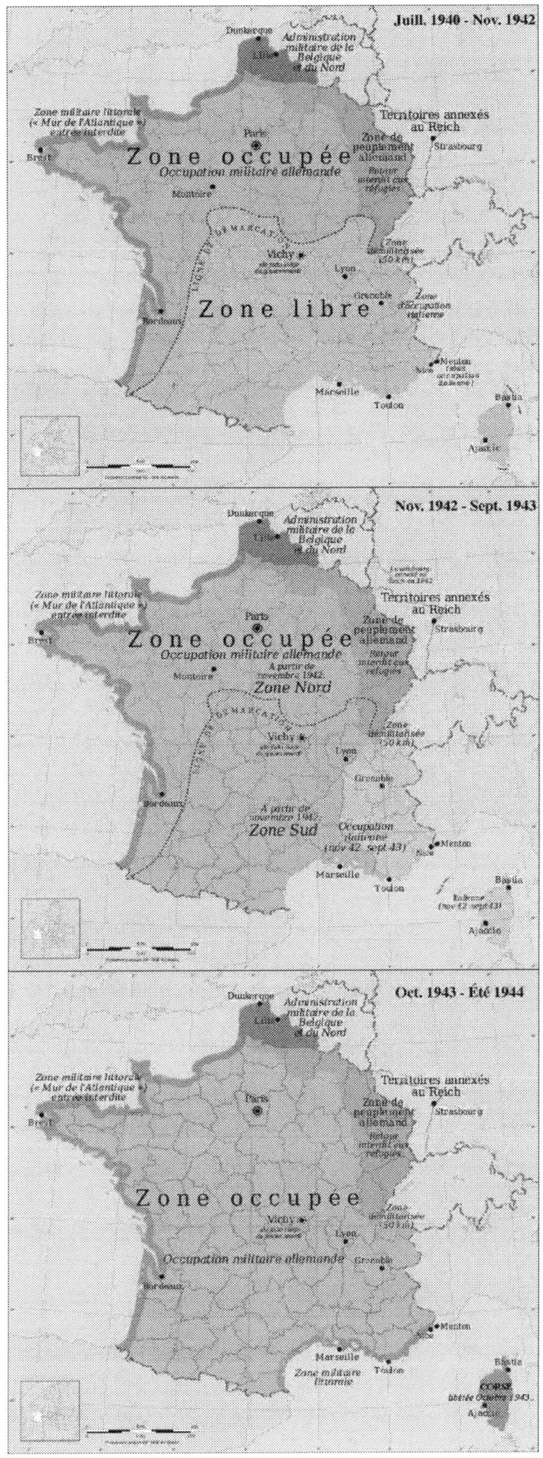


*Zones d'occupation en France (1940-1944) : la Savoie est occupée par l'Italie (carte 4).*

Les élections ne sont pas possibles car les combattants français sont prisonniers ou déplacés. Le 10 juillet, le président Albert Lebrun convoque les deux chambres réunies en une Assemblée nationale qui vote des pleins pouvoirs constituants à Philippe Pétain (pour : 569 voix, 85 % ; contre : 80 voix, 12 % ; abstention : 20 voix, 3 %) afin « de promulguer une nouvelle Constitution de l'État français ». Désormais le « chef de l'État français », Philippe Pétain s'attribue la totalité du pouvoir législatif et du pouvoir exécutif, ajourne les deux chambres du Parlement et nomme Pierre Laval (ancien membre de la Section française de l'Internationale ouvrière (SFIO) du Parti socialiste) vice-président du Conseil : c'est la fin de la Troisième République et le début du régime de Vichy…

Cependant, une lumière jaillit dans la pénombre et sauve l'honneur de la Patrie française. Depuis Londres (Angleterre), le général Charles de Gaulle lance son « appel du 18 Juin » où il indique son refus de l'armistice et appelle à continuer le combat aux côtés du Royaume-Uni : c'est la naissance de la *France libre*. Au cours de l'été 1940, il obtient le ralliement d'une partie de l'Empire colonial français avec l'Afrique-Équatoriale française, les établissements en Inde, Tahiti et la Nouvelle-Calédonie.

*L'affiche « À tous les Français », placardée le 5 août 1940 en France.*

## L'occupation en Savoie

Après la bataille des Alpes, la signature de l'armistice du 22 juin 1940 met fin aux combats.

En Savoie, le second armistice du 24 juin 1940 est signé entre la France et le royaume d'Italie, représentés respectivement par le général Charles Huntziger et le maréchal Pietro Badoglio, à la villa Incisa près de Rome. L'accord exige l'occupation italienne de plusieurs zones frontalières. Benito Mussolini exige la flotte et l'aviation françaises, et veut occuper la France jusqu'au fleuve du Rhône. Il souhaite annexer Nice (Alpes-Maritimes), la région historique de la Savoie (dont les deux départements), la Corse, la Tunisie française, Djibouti, les villes d'Alger, d'Oran (Algérie française) et de Casablanca (Maroc français). Adolf Hitler détourne le chef italien de ses souhaits qu'il considère comme démesurés.

En tous cas, par ledit accord, certaines communes de la Haute-Tarentaise proches du col du Petit-Saint-Bernard, comme Séez, sont occupées. Il en est de même pour plusieurs communes de la Haute-Maurienne avec Avrieux, Aussois, Bonneval-sur-Arc et Bessans, ainsi que les anciennes communes de Bramans, Sollières-Sardières, Termignon-la-Vanoise, Lanslebourg-Mont-Cenis et Lanslevillard, aujourd'hui intégrées dans la commune nouvelle de Val-Cenis. Cette annexion s'opère en parallèle de la démilitarisation de la frontière. L'administration de ces communes est transférée à Turin et les Italiens remettent des cartes d'identités italiennes aux habitants mauriennais concernés. En novembre 1942, par représailles à la suite des victoires alliées en Afrique du Nord, l'intégralité de la Savoie est placée sous l'occupation italienne.

Sous l'occupation allemande après la capitulation italienne du 8 septembre 1943, de nombreux villages dont ceux de la haute vallée de l'Arc subissent d'atroces représailles et des destructions de la part des occupants, voulant punir les mouvements de résistance. La région est le théâtre de massacres, et les villages tels que Lanslebourg et Bessans sont incendiés lors du retrait des troupes allemandes en 1944. Un camp de concentration à destination des réfractaires est même construit à Modane !

*Arrivée du commandement allemand à Orelle dans le secteur de Prémont en août 1943.*

*Les soldats allemands qui affluent en août 1943, en passant ici près de la déviation de l'Envers (Prémont), pour remplacer les positions italiennes.*

Les nazis commettent des crimes de guerre délibérés en Maurienne. Dans les villages de la vallée, ils n'hésitent pas à frapper les villageois, à violer des femmes ou encore à fusiller des civils au motif que les Mauriennais ne dénoncent pas les résistants. Les civils connaissent souvent les gens du maquis et ne les dénoncent jamais pour la grande majorité d'entre eux. Les Allemands tirent aussi au canon sur des villages entiers et brûlent des centaines de villages en Maurienne. Ils pillent les maisons, dérobent les objets de valeur aux habitants et prennent les animaux utiles à leurs besoins.

*Le village de Bessans en Haute-Maurienne réduit en cendres en 1944 par les nazis.*

La persécution des Juifs est présente en Savoie ; néanmoins, il faut dire que la population civile de la Maurienne a fait preuve d'une remarquable humanité. Très souvent, les Juifs étaient cachés par les villageois. La proximité de la zone avec la Suisse et le nombre important de cachettes dans des lieux escarpés ont été bénéfiques pour la population juive qui a pu, en majorité, fuir les représailles. Toutefois, et cela déjà sous l'occupation des Italiens, un nombre important de Juifs est capturé dans le secteur de Saint-Michel-de-Maurienne pour être envoyé à l'hôpital psychiatrique de Bassens.

Au mois de septembre 1943, un détachement allemand parcourt les environs de Saint-Michel pour capturer des Juifs. Il monte à Valloire du 10 au 13 septembre 1943 pour les traquer. En accord avec les autorités locales, deux assistantes sociales israélites partent de Lyon et s'installent à Valloire avec leur colonie juive. Parmi cette centaine de personnes, il y a des Juifs originaires de France, mais aussi d'Ukraine, de Hollande ou encore de Pologne.

Les occupants réquisitionnent les biens des Mauriennais. En 1942, les Allemands prennent tous les objets en bronze, cuivre, étain, nickel, argent et bien sûr or pour soutenir l'économie de guerre du Reich. Ils dérobent des alambics et des pièces de lampadaires, déboulonnent les statues et profanent les ornements des chapelles. Aussi, les denrées alimentaires se font rares. Le rationnement oblige les commerçants à donner une partie de leurs provisions aux occupants allemands. Plus tard, après la Libération, ceux qui tiennent des épiceries doivent donner au Ravitaillement général pour distribuer les vivres dans toutes les régions, ou bien reçoivent des commandes et des renforts quantitatifs pour nourrir la population locale.

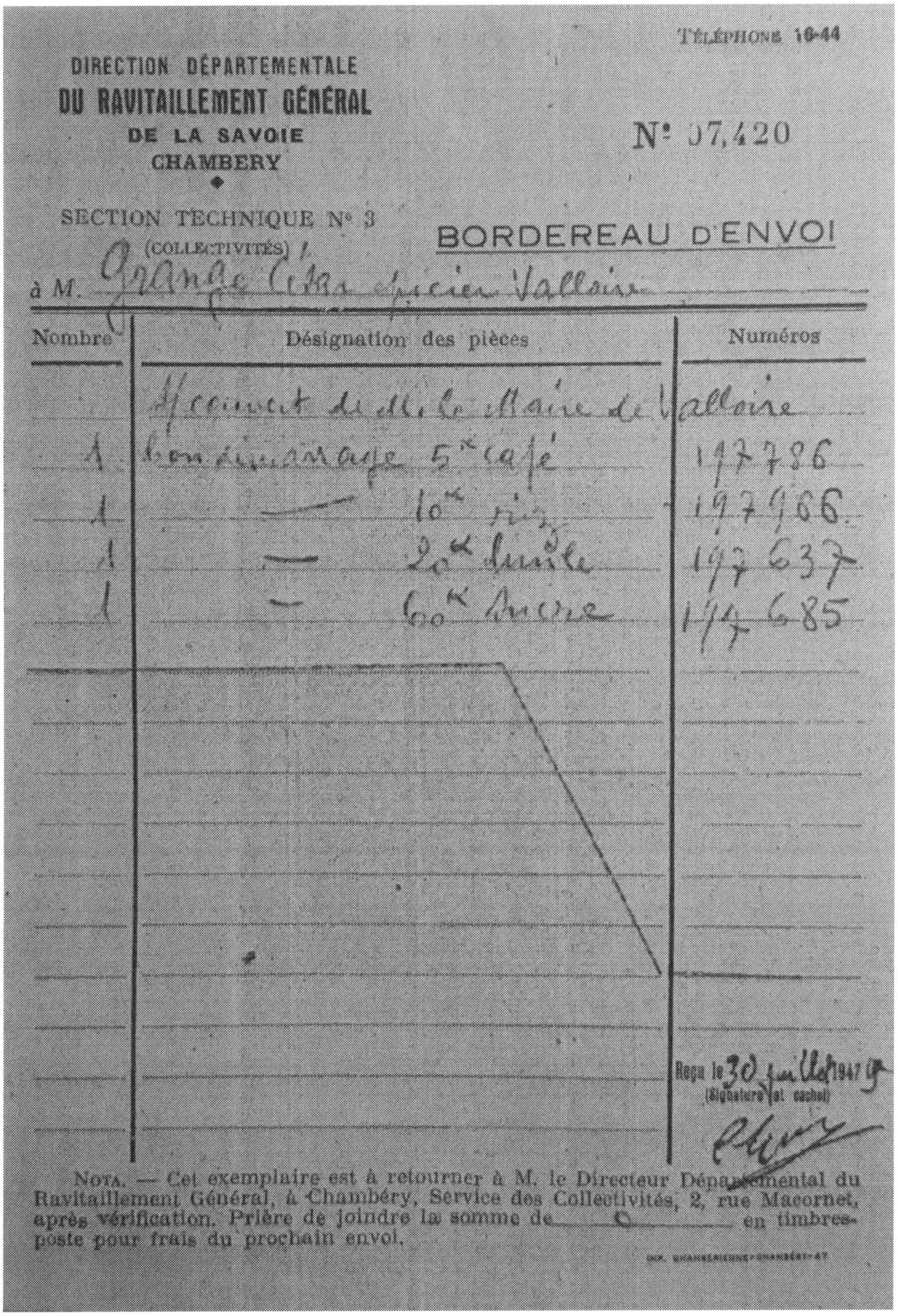

TÉLÉPHONE 16-44

DIRECTION DÉPARTEMENTALE
**DU RAVITAILLEMENT GÉNÉRAL**
DE LA SAVOIE
CHAMBERY

N° 07,420

SECTION TECHNIQUE N° 3
(COLLECTIVITÉS)

BORDEREAU D'ENVOI

à M. Grange César épicier Valloire

| Nombre | Désignation des pièces | Numéros |
|---|---|---|
| | Agrément de M. le Maire de Valloire | |
| 1 | bon [illegible] 5k café | 197786 |
| 1 | — 10k riz | 197966 |
| 1 | — 20k huile | 197637 |
| 1 | — 60k sucre | 197685 |

Reçu le 30 juillet 1947
(Signature et cachet)
[illegible]

NOTA. — Cet exemplaire est à retourner à M. le Directeur Départemental du Ravitaillement Général, à Chambéry, Service des Collectivités, 2, rue Macornet, après vérification. Prière de joindre la somme de 0 en timbres-poste pour frais du prochain envoi.

*Désignation des pièces du Ravitaillement général à l'attention du commerce valloirin de César Émilien Grange, ce dernier ayant par ailleurs reçu la croix de Guerre pour ses actes de résistance.*

## La résistance savoisienne

Grâce à sa position géographique et sa proximité avec l'Italie et surtout la Suisse, la Savoie connaît une forte activité en matière de résistance contre l'occupation italienne puis allemande. La Résistance permet alors le passage de nombreux réfugiés, notamment juifs, la répression étant bien moins forte dans le royaume transalpin.

La résistance est également présente dans les vallées alpines, dont les ressources industrielles et hydroélectriques sont importantes. Les usines sidérurgiques, les ponts, les lignes à haute tension et les voies ferrées de la Tarentaise et de la Maurienne sont à maintes reprises sabotées par des résistants voulant retarder la production de guerre allemande. Un musée de la résistance a été inauguré dans chaque vallée, à Moûtiers en Tarentaise et à Villargondran en Maurienne. Il est courant de croiser au fil des randonnées en montagne de nombreuses stèles à la mémoire des résistants fusillés par les Allemands.

La Haute-Maurienne a été au cœur d'un des plus célèbres combats de la résistance française dans les Alpes. Sur les hauteurs de la commune de Sollières-Sardières s'est déroulée la bataille du mont Froid à 2 819 m d'altitude, entre les chasseurs alpins et les forces allemandes au cours du mois d'avril 1945. Ces combats livrés dans des conditions extrêmes sont devenus l'un des symboles de la résistance dans les Alpes.

À la suite de cette bataille, le traité de Paris du 10 février 1947 est venu rectifier ce qui a été considéré comme une faiblesse géo-stratégique et une erreur historique en réintégrant la totalité du plateau du Mont-Cenis en France, jusqu'alors en territoire italien depuis le découpage de la Savoie durant son annexion en 1860. Ainsi, à la sortie de la guerre, la carte de la Haute-Maurienne s'est vue agrandie d'une superficie de presque 82 $km^2$. Les communes de Sollières-Sardières, Lanslebourg-Mont-Cenis et Lanslevillard ont retrouvé la pleine jouissance de leurs alpages séculaires jusqu'alors en territoire italien bien qu'ayant toujours historiquement été leur propriété.

*Le groupe des résistants « Faure-Brac »,*

*le maquis de Saint-Michel-de-Maurienne (août 1944).*

*Un maquisard savoisien en position d'éclaireur près d'un col enneigé (1944).*

*Les résistants postés sur les crêtes près de la frontière franco-italienne en Savoie (1944).*

*Un petit groupe de résistants savoyards attendant les convois ennemis (1944).*

La Résistance mauriennaise est sous les ordres du général Gerlotto. L'abbé Roger More, de Beaune, est le chef de la résistance du maquis de Saint-Michel-de-Maurienne. C'est ce dernier qui donne les ordres dans le secteur où le territoire d'Orelle est concerné. Gabriel Charvoz est un bras-droit de l'abbé More qui accomplit des opérations dans le canton. Le maquis des Rochilles, sur les hauteurs de Valloire, est également célèbre.

*« Mon papa, Gaby (Gabriel) Charvoz, a œuvré pour la Résistance sur Saint-Michel sous l'Occupation. Il était natif de la Buffaz et était un adjoint de l'abbé More. Ce dernier a coordonné beaucoup d'opérations de résistance entre les maquisards de la vallée. Il y avait une organisation qui descendait des hameaux en montagne pour opérer en plaine, c'était très risqué. Gaby habitait la Buffaz : une nuit (1943), avec l'équipe du maquis de Saint-Michel, ils sont descendus et ont abattu les pylônes électriques qui transportaient l'électricité, pour compliquer les manœuvres du camp ennemi. C'était une équipe de durs. Plus tard, mon papa n'en parlait jamais, sauf avec l'abbé More. Une fois par mois, il venait nous rendre visite à notre chalet de Termignon. On prenait le repas et ensuite les deux compères reparlaient de ce qu'ils avaient accompli avec une passion qui donnait l'impression qu'ils avaient vécu cela hier. J'attendais donc ces visites avec impatience, puisque j'étais âgé d'une dizaine d'années et que je savourais la moindre péripétie de leurs récits passionnants. »*

*Daniel Charvoz, 9 juillet 2024.*

Au mois de mai 1943, le maquis de la Buffaz (Saint-Michel) détruit les pylônes de transport de courant électrique de la Société nationale des chemins de fer français de la zone. Les Allemands devront ainsi faire fonctionner des groupes électrogènes jusqu'à leur retraite du territoire.

La commune d'Orelle voit passer un nombre important de maquisards. Elle doit cet honneur à la pente de ses versants, à l'éparpillement des habitations, à l'altitude considérable de ses sentiers de bergers ainsi qu'à la complicité des Orellins. Pour se déplacer, le maquis emprunte des sentiers d'altitude, forestiers ou isolés. De ce fait, la méconnaissance allemande de leur trajet permet à ces hommes de mener à bien leurs objectifs, en toute discrétion… ou presque.

Depuis Avrieux, les résistants empruntent les sentiers suspendus pour atteindre Saint-André, Freney, puis Orelle par le village des Champs et le sentier de Leschaux. Le maire du Thyl, Rémi Bard, délivre parfois de fausses cartes d'identité au curé de Beaune. Ce dernier est passé, sous l'occupation italienne, à la Denise : il avait avec lui des cierges utiles au maquis, mais les Italiens n'ont pas perçu le danger et l'ont salué.

Après l'arrivée de l'occupation allemande, les jeunes de la Maurienne sont concernés par le Service du travail obligatoire. Les jeunes hommes de la commune de Valmeinier refusent d'exécuter les ordres et forment un premier maquis. Aussi, le clocher de Beaune sert de point de repère de la progression allemande par Roger More. Des postes radioélectriques sont fixés dans les parages.

Alexandre Dumas, surnommé *Ajax*, *Perret*, *Gibral* ou encore *Simplet*, a 42 ans et est le chef de la gare de la Société nationale des chemins de fer français à Saint-Michel-de-Maurienne en 1940. Responsable du maquis, il est arrêté par la Gestapo le 12 mai 1944 à Saint-Michel, puis interné à Chambéry, à la prison Montluc de Lyon et Compiègne ; il est déporté le 15 juillet au camp de concentration de Neuengamme (Allemagne), dans le *kommando* de Brême-Blumenthal, puis le 15 avril 1945 dans celui de Sandbostel. Il est décédé en déportation le 25, en qualité de sous-lieutenant. Après son enlèvement par les Allemands, le chef du secteur de Saint-Michel-de-Maurienne devient Roger More, vers le 15 mai 1944. Entre Monsieur Chambaz, vétérinaire, et Monsieur Gerlotto, professeur de mathématiques, c'est le second qui officialise cette montée en grade.

La résistance est aussi formée sur Orelle, avec la section de la Denise notamment. Ses hommes ont fait une « action d'éclat », selon le curé More. Après avoir saoulé les gardes et caporaux lors d'une soirée, les maquisards sectionnent les fils téléphoniques et piègent les ennemis. Ils ont fait déserter une dizaine de Russes de l'armée allemande avec, pour chef, un Modanais nommé *Mariz*, ou plutôt *Marisa*… Cependant, le cerveau de l'opération est aussi un Russe qui a déserté pour rejoindre les Français. Il se nomme *Caspine*.

La commune de Saint-Martin-la-Porte est passée très près de l'incendie général. Pour faire exploser le barrage de Bissorte à Orelle, les Allemands volent tous les mulets possibles pour acheminer les matières explosives à Bissortette et la Praz, près de Saint-André et Freney. Après que les résistants ont empêché ce projet, les soldats allemands réquisitionnent de plus belle les bestiaux en guise de revanche sur la population civile.

Le 23 août 1944, les soldats allemands tuent le docteur Plaisance, résidant à la Praz et étant sur le chemin de Saint-André pour aller soigner un malade. Il était un acteur important du soutien médical des partisans de la Libération tout au long de la période de l'Occupation. Il a été aperçu dans le hameau de Bonvillard pour la dernière fois sur Orelle quelques jours avant son assassinat.

Valloire aussi est un village qui est en proie à la fureur des Allemands. Par chance, les chalets de la commune ne sont pas tous incendiés, mais de nombreux otages sont pris, comme le maire, le médecin, l'abbé Rosset, enfermés dans la maison cantonnière du camp du Télégraphe.

*Le lieu-dit de Leschaux en avril 2024, près de la falaise d'escalade, avec une vue sur le sentier emprunté pendant l'Occupation.*

*Le maquis de Saint-Michel-de-Maurienne au lendemain de la libération de la ville.*

*Messe célébrée au maquis des Avanières en août 1943.*

*Vue de Saint-Michel-de-Maurienne en 1944, dans la rue principale.*

Une opération est menée à Saint-Martin-d'Arc le 11 août 1944 par l'Armée secrète du camp des Rochilles. Dans ce village, les soldats allemands ont enfermé un nombre important de chevaux qu'ils ont volés dans la vallée. Ils les élèvent dans un camp de base. Le lieutenant Viaud, ses hommes et deux déserteurs russes se rendent près de l'église. Les deux Russes indiquent aux gardiens qu'une bataille sanglante se prépare : les adversaires se rendent aux Français au nombre de cinq. Une dizaine de chevaux sont libérés.

Le 22 août 1944, les résistants tirent sur les soldats allemands entre Saint-Michel-de-Maurienne, Valloire et Saint-Martin-d'Arc, vers Calypso : l'un d'entre eux est tué par balle, c'est Edmond Gros, qui venait de perdre son père, lui aussi tué par les Allemands près de Saint-Jean-de-Maurienne, le 10 juillet. Un mémorial près des tunnels du Pas du Roc à Saint-Martin-la-Porte commémore son souvenir. Il s'agissait d'un membre des Forces françaises de l'intérieur du maquis des Rochilles (Valloire).

*Mémorial près des tunnels ferroviaires du Pas du Roc au souvenir d'Edmond Gros.*

Le 23 août 1944, les Allemands se replient en Italie et la libération de Saint-Michel ne saurait tarder. Les maquis de Saint-Martin-d'Arc et de Valmeinier tirent sur les milices et détachements allemands qui affluent en convois motorisés. Les Allemands sont stoppés et retournent à Saint-Michel où ils tirent sur tout ce qui bouge. Ils séquestrent les ouvriers de l'usine de la Saussaz, pillent les magasins et les maisons de la ville, fusillent leurs prisonniers et exécutent des hommes, des femmes, des adolescents.

*Les maquisards reprenant le contrôle de la Savoie dès le printemps 1944.*

*L'ampleur des destructions photographiées au centre de Saint-Michel-de-Maurienne (1944).*

Le 3 septembre 1944, les Allemands organisent des rafles à Saint-Martin-la-Porte dans le but d'exécuter des résistants qui s'y cachent. Des combats féroces se déroulent. Joseph Marie Charvoz, un cheminot résistant des Forces françaises combattantes, est abattu après que les nazis sont entrés à son domicile. Il était homme d'équipe à Saint-Michel. Il était marié, père de six enfants et âgé de 48 ans. André Nicolas Grave, né à Sedan (Ardennes), a lui aussi trouvé la mort à Saint-Martin-la-Porte lors du raid allemand du 3 septembre. Il avait également 48 ans et était membres des Forces françaises de l'intérieur. Sept autres résistants sont tués par les forces allemandes au combat : Marcel Auguste Aubriot (43 ans, né en Meurthe-et-Moselle, membre des Francs-tireurs et partisans français) ; Noël François Ferroux (25 ans, né à Villard-Léger, membre des Forces françaises de l'intérieur) ; Alphonse Jacques Gresse (34 ans, né à Bourg-Saint-Maurice, membre des Francs-tireurs et partisans français) ; André Marcel Guméry (20 ans, né à Bellecombe, membre des Forces françaises de l'intérieur) ; Pierre Alphonse Guméry (38 ans, né en Savoie, membre des Forces françaises de l'intérieur) ; Henri Jules Maire (22 ans, né à Aigueblanche, membres des Forces françaises de l'intérieur) ; Maurice Orcet (17 ans, né dans l'Ain, membre des Forces françaises de l'intérieur). Ce massacre de Saint-Martin-la-Porte mérite d'être reconnu comme la preuve du courage des partisans de la Libération.

*Mémorial en l'honneur des membres des Forces françaises de l'intérieur à Saint-Martin-la-Porte (2023).*

Le 8 septembre 1944, 70 hommes d'une compagnie des Francs-tireurs et partisans français (92-10) patrouillent aux Avanières (près de Beaune). Le 9 septembre 1944, 12 de ces membres maquisards effectuent une mission de renseignement à Orellette. Ensuite, les maquisards mauriennais courent vers Modane : le 10 septembre 1944, ils atteignent le col des Marches (2 725 m) entre Valmeinier et Orelle. Les mulets de Valloire ont été réquisitionnés pour transporter du matériel. Arrivés près du barrage de Bissorte, les Français dorment dans une bergerie à plus de 2 200 m d'altitude où ils gèlent de froid. Le 11 septembre 1944, un groupe aurait franchi le col des Sarrazins (2 844 m), un autre celui du Cheval Blanc (2 791 m) ; ils se rejoignent au hameau du Lavoir puis atteignent Valfréjus au-dessus de Modane. Ils contribueront à libérer la ville du 13 au 14 septembre 1944.

Lors de la retraite allemande au début du mois de septembre 1944, l'ancien canton de Saint-Michel-de-Maurienne est un verrou de la résistance. Sur la rive gauche de l'Arc, plusieurs sections de l'Armée secrète des Rochilles sont regroupées. Au village de la Saussaz, il y a le groupe *Viaud*, avec le sergent Combaz, douze Français et deux Russes. Ils ont trois fusils-mitrailleurs et de l'armement individuel. Le groupe protège la zone de l'usine de la Saussaz. Aux Sordières, le groupe *Bochu* protège le pont de la Denise. Sur la rive droite de l'Arc, le maquis des Avanières dirigé par l'abbé More est en position. Cette zone de tir s'étale ainsi entre les communes de Saint-Martin-la-Porte, Saint-Michel, Valloire, Valmeinier, Saint-Martin-d'Arc et Orelle.

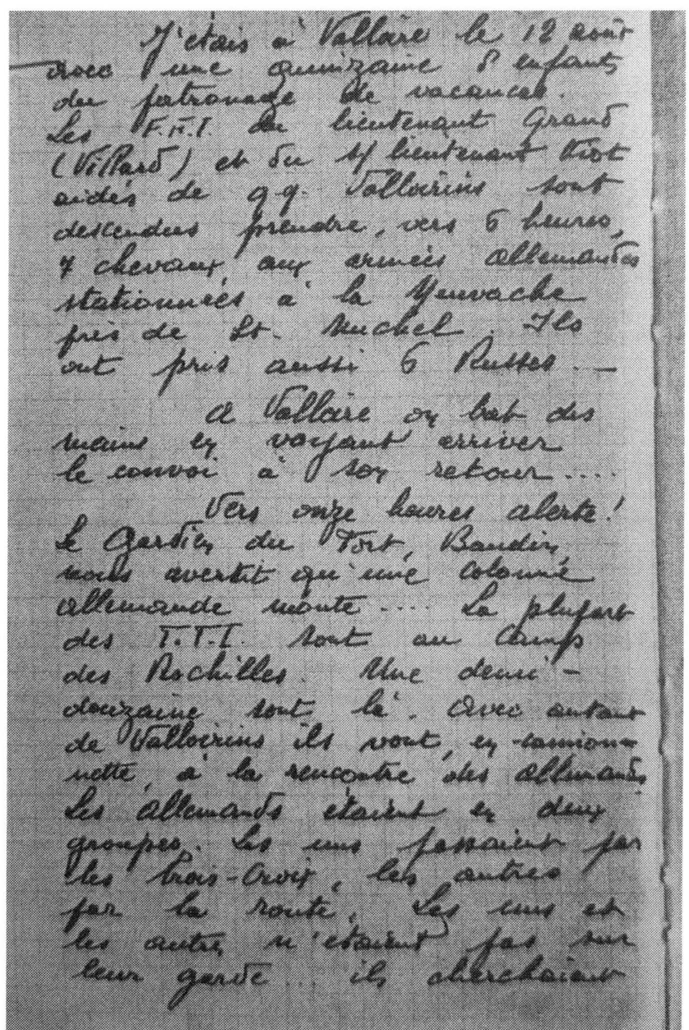
J'étais à Valloire le 12 août
avec une quinzaine d'enfants
du patronage de vacances.
Les F.T.P. du lieutenant Grand
(Villard) et du s/ lieutenant [illegible]
aidés de q.q. Valloirins sont
descendus prendre, vers 6 heures,
7 chevaux aux armées allemandes
stationnées à la Genevache
près de St. Michel. Ils
ont pris aussi 6 Russes. —
À Valloire on bat des
mains en voyant arriver
le convoi à son retour...
Vers onze heures alerte!
Le Gardien du Fort, Baudin,
nous avertit qu'une colonne
allemande monte... La plupart
des F.T.P. sont au Camp
des Rochilles. Une demi-
douzaine sont là. Avec autant
de Valloirins ils vont, en camion-
nette, à la rencontre des allemands.
Les allemands étaient en deux
groupes. Les uns passaient par
les Trois-Croix, les autres
par la route. Les uns et
les autres n'étaient pas sur
leur garde... ils cherchaient

*Carnet de notes d'un Valloirin impliqué dans la guerre écrit après la Libération (1).*

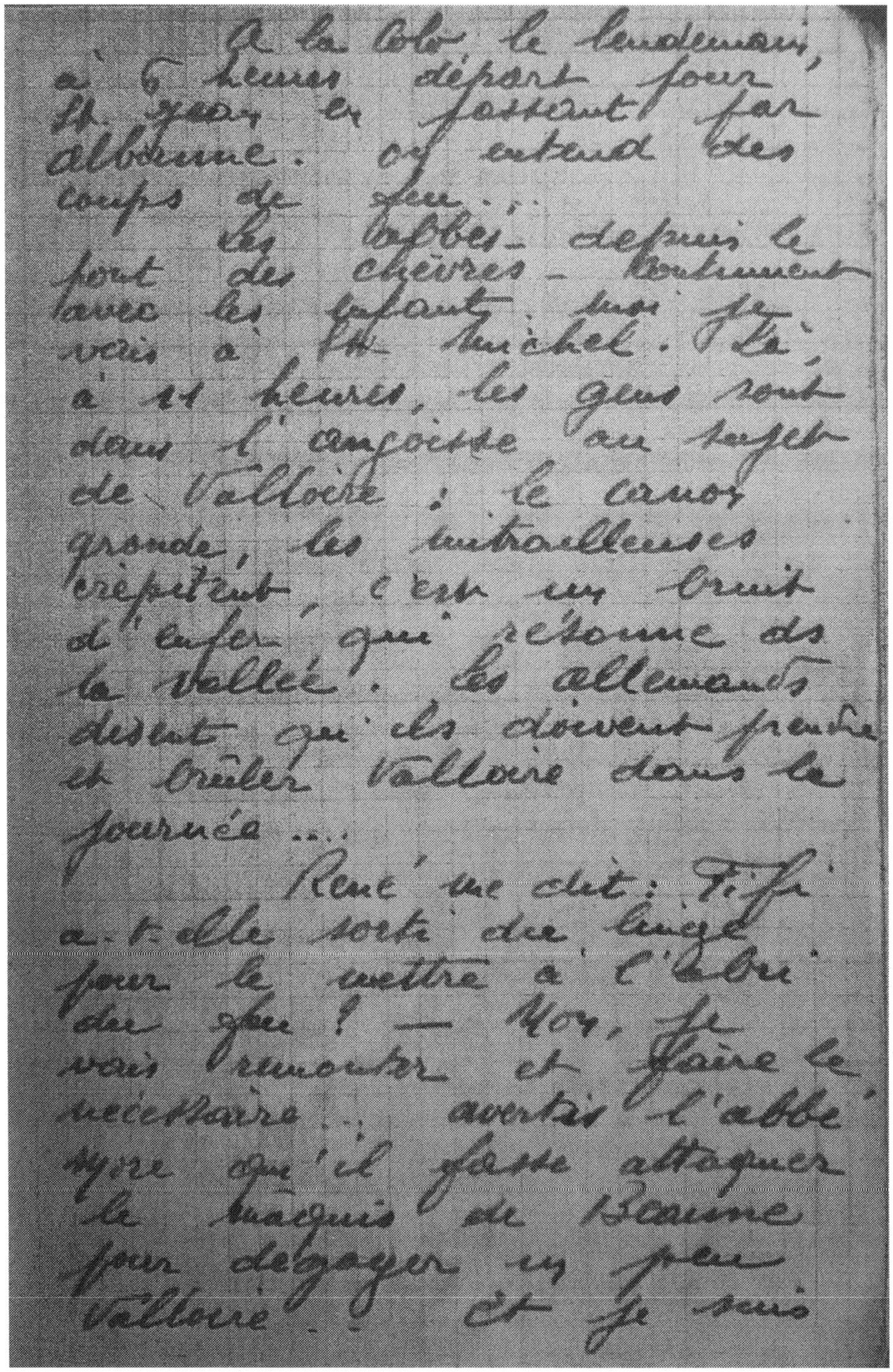

À la Colo le lendemain,
à 6 heures départ pour
St Jean en passant par
Albanne. On entend des
coups de feu...
Les abbés - depuis le
pont des chèvres - continuent
avec les enfants, moi je
vais à St Michel. Là,
à 11 heures, les gens sont
dans l'angoisse au sujet
de Valloire : le canon
gronde, les mitrailleuses
crépitent, c'est un bruit
d'enfer qui résonne dans
la vallée. Les allemands
disent qu'ils doivent prendre
et brûler Valloire dans la
journée...
René me dit : Fifi
a-t-elle sorti du linge
pour le mettre à l'abri
du feu ! — Moi, je
vais remonter et faire le
nécessaire... avertis l'abbé
Ayre qu'il fasse attaquer
le maquis de Beaume
pour dégager un peu
Valloire. Et je suis

*Carnet de notes d'un Valloirin impliqué dans la guerre écrit après la Libération (2).*

# Valloire

Valloire est sans doute la plus ancienne station de tourisme (été et hiver) de Maurienne. Son coquet village étalé sur la route de Saint-Michel-de-Maurienne au col du Galibier, est accueillant et sympathique. J'y ai passé une grande partie de l'hiver 1943-44. J'étais professeur au collège de St-Jean. Les allemands avaient réquisitionné en grande partie ce collège, les grandes classes (3e, 2e, 1e et terminales) sont allées s'installer à la colonie de vacances « les Ecureuils » à Valloire. Cette colonie était prévue pour l'été, les lavabos se composaient d'un cheneau où coulait l'eau venant du ruisseau voisin. L'hiver, cette eau était gelée et les enfants devaient casser la glace pour se laver. Inutile de dire qu'ils ne se lavaient pas et attentaient d'aller chez eux le Dimanche pour faire leur toilette. Une fin d'après-midi, on frappe à la porte. Je vais ouvrir et me trouve en face d'Allemands. Je dirigeais la résistance en Maurienne, je pensais donc qu'ayant été dénoncé, ils venaient m'arrêter. Pour m'en sortir, J'appliquai la méthode qu'à exposé Edgar Poe dans « la lettre volée » où il démontre que pour empêcher qu'on ne trouve quelque chose, il faut le mettre en évidence. Pendant tout le temps qu'ils restèrent au collège, je suis donc resté parmi eux. Ils ont vérifié les papiers de tout le monde sauf de moi. Ils ont fouillé tout le monde sauf moi. Avant de partir, ils ont arrêté deux professeurs : le père Favre parce qu'il avait des chargeurs italiens, et Monsieur Augert, qui professeur de grec, avait dans ses poches, des copies de thèmes grecs, que les Allemands ont dû prendre pour des messages chiffrés. Monsieur Augert fut relaché le lendemain, mais le père Favre fut conservé pendant cinq jours, aux fins d'interrogatoire, avec mise au secret. Valloire est le pays de Sainte-Thècle (ou tigre) qui rapporta d'Alexandrie, les trois doigts de St-Jean Baptiste vers 545. Pour honorer ces précieuses reliques, le roi Gontran érigea la ville de Maurienne (devenue St-Jean-de-Maurienne) en siège épiscopal vers 579. L'Eglise de Valloire où se trouve une belle statue en bois doré de Sainte-Thècle, a son intérieur en plus pur style rococo. La plupart de ses meubles sont classés. Au-dessus du village est la chapelle St-Pierre qui fut parait-il la première Eglise de Valloire, car le village était autrefois autour d'elle. A de nombreuses reprises des armées empruntèrent le Galibier pour envahir la Savoie par la Maurienne. Le 2 Septembre 1742, l'infant d'Espagne franchit le Galibier et descend sur Valloire. Il est parait-il convenu avec le curé que la vie des habitants serait épargnée, mais que les soldats auraient le droit de piller une heure par jour pendant leur séjour à Valloire. En 1793, les Français ayant occupé la Maurienne furent contre-attaqués par les Sardes qui les refoulèrent jusqu'à Aiguebelle. En septembre 1793, les Français reprennent la vallée dont Valmeinier qui fut incendié. Un de ses habitants qui souleva les paysans contre l'armée française fut exécuté. En 1815, Valloire est occupé par les Autrichiens. Il vécut en 1943-44 sous la menace de l'occupation allemande, les Allemands occupant la vallée de la Maurienne. Au début septembre 1944, il vit passer les premiers éléments la 1 Armée Française qui remontaient la route Napoléon, en flanc garde ; le 5 R.T.M. et le groupe d'artillerie coloniale, le 11 RACAOF qui venaient participer à la bataille de Modane. Le site de Valloire est magnifique. Du fort du télégraphe, la route remonte la vallée de la Valloirette, en face d'Albannette, longe les hameaux des Granges et des Choseaux. Après le village de Valloire, elle traverse Verney, La Ruaz, La Rivine et Bonnenuit où a été aménagé un petit terrain d'aviation et d'où l'on peut voir, si le temps s'y prête, les Aiguilles d'Arves. En continuant on arrive au Plan l'Achaz où l'on peut prendre la petite route militaire qui monte au camp des Rochilles, d'où l'on peut aller, après, à pied, aux lacs des Rochilles. C'est une très jolie promenade, que l'on peut faire même avec des enfants. La route mène au col du Galibier. Attention ! les portes du tunnel sont fermées pendant les mois d'hiver. Du col, l'été, on peut aller au Grand Galibier et redescendre sur le lac des Cerces. Valloire est environné de remonte-pentes. L'hiver, toutes les pentes sont sillonnées de skieurs qui, comme des fourmis descendent et remontent, inlassablement. On les imagine, le soir, fatigués, allongés sur des fauteuils, dans les nombreux hôtels ? se désaltérant, sans soif, et pensant aux exploits qu'ils accompliront le lendemain. Quelles belles vacances, d'été ou d'hiver on passe à Valloire !

Maurice GERLOTTO

## En MAURIENNE

### Une Cérémonie du Souvenir

Dimanche 28 Avril dernier, la France a célébré la journée des déportés, en souvenir du sacrifice des hommes qui, ayant été déportés en Allemagne pendant la guerre, ont souffert dans leur corps des tortures affreuses qu'ils ont subi et dont beaucoup sont morts avant d'avoir revu leur pays. Ce jour là, St-Jean a montré qu'il se souvenait par une très simple cérémonie devant

*Message du général Gerlotto portant sur les communes autour de Valloire dans le journal* La Maurienne *(4 mars 1974).*

Dégâts routiers et ferroviaires à Prémont observés lors des réparations de 1945.

## L'occupation de la Maurienne

La vallée de la Maurienne est un temps épargnée par les combats entre les Français et les Allemands qui se déroulent sur le front. En 1940, l'Italie occupe les communes de la Haute-Maurienne tandis que le reste du département de la Savoie fait partie de la « zone libre ».

Les patrouilles italiennes sont dispersées en Savoie, mais des violences sont fréquentes contre la population civile. Le 17 août 1943, les soldats italiens traquent les résistants dans les villages de Tigny et du Pontet (Valloire). Ils arrêtent Adrien Magnin dans son sommeil ; au Pontet, Auguste Magnin et son beau-frère nommé *Berthieux* sont également arrêtés. Les maisons sont fouillées jusqu'aux Verneys et beaucoup sont pillées au-dessus des Clos. Les Italiens pillent plusieurs maisons à Albanne et à Valmeinier. À Valmeinier, le jour du lundi de Pâques, la même année, ils séquestrent la population sur la place de l'église et frappent les hommes.

Le 11 novembre 1942, en réponse au débarquement des Alliés en Afrique du Nord, les Allemands occupent cette zone libre. En Savoie, ce sont les troupes italiennes qui s'installent sur tout le département et qui instaurent une occupation jugée modérée. À l'époque, la frontière avec l'Italie n'est qu'à quelques kilomètres de la commune d'Orelle car cette délimitation territoriale (datant de l'annexion de 1860) ne reprend pas les frontières historiques du duché de Savoie. La partie italienne du massif du Thabor est donc très proche de la France et d'Orelle.

En 1940, la commune d'Orelle voit passer les populations de la Haute-Maurienne qui fuient l'annexion et donc l'occupation italienne. La plupart embarque en gare de Saint-Michel-de-Maurienne pour rejoindre la Drôme ou la Loire. Le territoire d'Orelle aurait figuré sur la liste des conquêtes italiennes abouties si les Alpins n'avaient pas repoussé les attaques sur les crêtes montagneuses, étant pratiquement tous Savoyards.

Toutefois, les localités frontalières restent très surveillées et sont appelées « *Alpen Sperson* ». Dans les zones de Bissorte, Valmeinier et Valloire, il faut un laissez-passer pour évoluer en montagne.

La démobilisation de juillet 1940 montre que la plupart des Orellins a combattu en tant que soldats des Alpes. Cela explique le nombre peu élevé de prisonniers de guerre. Il y en a huit au total : trois de Bonvillard (Francis Charvoz, René et Robert Vignoud), un de Prémont (Dupré Latour), deux de Francoz (Alphonse Léger et Clément Marcellin) et deux du chef-lieu (Armand et Georges Fontaine).

Dès 1941, les restrictions se font sentir et les terrasses cultivées sont de nouveau utilisées. Les familles dont les hommes travaillent à l'usine de Prémont bénéficient pendant les années 1941, 1942 et 1943 de quelques kilogrammes de pommes de terre. Ces victuailles proviennent des stocks prévus par la direction de l'usine qui travaille alors pour les Allemands. Un autre aspect alimentaire est essentiel : les dirigeants de l'usine de Prémont ont loué des champs à cultiver à Orelle, Chamoux-sur-Gelon et Saint-Pierre-d'Albigny. Ceci fournit un apport de nourriture très apprécié par les Orellins.

En 1942, ce sont les chantiers de jeunesse qui apparaissent. Les jeunes d'Orelle nés à partir du mois de juillet 1920 doivent accomplir huit mois de service dans ces colonies organisées. Ils sont alors dans le même groupement de jeunes où ils partagent la même vie ; cet élément de la guerre est fondamental pour comprendre pourquoi les oppositions entre les familles de différents villages vont par la suite s'apaiser.

En Maurienne et plus particulièrement dans le secteur d'Orelle, entre Saint-Michel-de-Maurienne et Bissortette, près de la Praz (Saint-André), après l'investissement de la vallée par les troupes allemandes, les habitants sont soudés. Ils résistent tant bien que mal aux représailles qu'ils subissent pour ne pas dénoncer les positions des résistants.

Les scènes épouvantables de violences et de pillages sont nombreuses dans la vallée. Mais les Mauriennais n'ont pas dit leur dernier mot : ils comptent bien aider les maquisards bientôt soutenus par les soldats français, britanniques et américains en 1944.

Dans la vallée, les procès-verbaux des gendarmes français et les témoignages récoltés recensent des atrocités commises à l'égard des Mauriennais par les nazis. Voici, de manière non exhaustive, certains faits marquants dans l'ordre alphabétique des communes de l'époque qui se sont déroulés dans la vallée de la Maurienne ailleurs qu'à Orelle, au Thyl et à Saint-Michel, en 1944. La Maurienne doit figurer parmi les régions martyres où les civils ont le plus souffert de la Seconde Guerre mondiale.

— Aiguebelle : Le 11 avril 1944, les soldats allemands et la Gestapo volent Lucia Pramayon et Angèle Solnik, arrêtent Benjamin Solnick. Entre le 24 et le 25 juin 1944, ils tuent Julien Veuillermet. Entre le 21 et le 26 août 1944, les soldats allemands incendient les maisons d'Antoine Brun (21 août), Elvire Christin, Jeanne Falcoz, Marie Gobbo, Séraphin Lucet, Victor Rosset, Jean-Marie Salomon et Jean-Baptiste Vinit (24 août). Ils pillent les propriétés de Marceau Bernard, Angèle Sevestre, Louise Thurel (24 août), André Chastan, Louis Chinal, Ferréol Finas, Joseph Lambert, Adèle Meunier, Fernand Micheland et Félix Prallet (25-26 août). Ils tuent Séverin Joseph Marie Meunier le 24 août et tentent de violer une femme le même jour.

— Aiton : Le 25 août 1944, les soldats allemands incendient 45 bâtiments dont ceux de François Adolphe Berthet, Marie Bertrand, Clément Clavel, François Frison, Angèle Grandmaison, Joseph Grandmaison, François Perroud, Angèle Philippon, François Richard, Marie-Louise Richard, Clotilde Veuillen et Victor Veuillen.

— Albiez-Montrond : Le 1er septembre 1944, les soldats allemands tuent Pierre Jean Louis Constantin.

— Argentine : Le 28 mars 1944, les soldats allemands volent, incendient les propriétés, arrêtent et déportent des villageois parmi lesquels il y a Ernest Bellemin, Émile Bricotte, Abel Brun, Marcel Meunier, Jules Pommier et Émile Thurel. Du 27 juin au 25 août 1944, ils tuent Jean François Anselme, Élie Bouclier, Joseph François Christin, Fernand Marcel David (arrêté à Montgilbert), Aimé Marcel Durand, Félicien Durand, Eugène Calixte Falcoz, Anselme Fournier, Félicien Georges, Antoine Lambert, André Julien Lonjin, Armand Mariguet, Maurice Rechu, André Joseph Rechu, Jean Rosset et Fernand Vinit. Beaucoup d'entre eux étaient des habitants de Bourgneuf. Du 24 au 30 août 1944, les nazis volent Germain Cabrin, Louis Denat, Alice Fournier et Jean Sulpice. Ils tuent Joseph Fournier, Antoinette Germanaz, Francisque Germanaz, Jérémie Victor Germanaz, Joséphine Germanaz, Joseph Guillermand, Marcel Guillermand, René Guillermand, Alexandre Hamm, Lucien Raymond, Stéphane Rochette, Barthélemy François Pitton, Jean Pitton, Raymonde Viallet et Jean Villiot. Leurs habitations sont incendiées.

— Bramans : Le 13 septembre 1944, les soldats allemands du Deutsches Afrikakorps tuent Jean-François Félix Favre.

— Épierre : Le 28 mars 1944, les soldats allemands volent Jeanne Baron, Albert Bouvier, Marie Christin, Salomon Korner et Jean Pasquier. Ils arrêtent Georgette Cherouze, Joseph Cherouze, Cyrille Covet, Jean Martinatto, Charles Nicolas, Antoine Personnaz et Pierre Vernier. Le 24 août 1944, ils tuent Louise Célestine Fessemaz, Eugénie Élise Pierron, Célestin François Piot et Arthur François Vellut. Entre le 24 et le 30 août 1944, les nazis pillent et incendient les propriétés d'Yvonne Cimetta, Jean-Baptiste Émery, Georges Gillardy, Jean Milleret, Jean-Marie Novel-Cattin, Jean-Baptiste Ottomelli, Augustine Pillon, Paul Poncin, André Thiabaud et Marceline Vellut. Ils détruisent les ponts.

— Fourneaux : Le 13 septembre 1944, les soldats allemands tuent les lieutenants des Forces française de l'intérieur Maurice Barriac et Charles Saley.

— Hermillon : Le 27 août 1944, les soldats allemands incendient 135 maisons. Tout est détruit ; ils violent une femme.

— La Chapelle : Le 7 avril 1944, les soldats allemands volent et incendient les maisons de Joseph Cohendet et Mélanie Francoz. Le 22 août 1944, ils donnent des coups et blessent Francis Francoz et Joseph Portaz. Le 24 août 1944, les nazis tuent Julien Cohendet.

— Lanslebourg-Mont-Cenis : Du 24 août au 20 septembre 1944, les soldats allemands du Deutsches Afrikakorps réquisitionnent les habitations et brûlent 285 maisons et chalets. Ils arrêtent et déportent Antoine Bouvier, Flore Bouvier, Jean-Baptiste Bouvier, Joseph Bouvier, Ephrem Burdin, Louis Burdin, Séraphin Burdin, Justin Dame, André Dinez, Martin Gagnaire, Jean-Baptiste Gravier, Martin Gravier, Joseph Guglielmo, Alexandre Jorcin, Alexis Jorcin, Séraphin Jorcin, Bernard Ponte, Aurèle Rey, Lino Riffero, Antoine Rosa-Brusin, Adrien Suiffet, Joseph Marius Suiffet et Zéphirin Suiffet.

— Les-Chavannes-en-Maurienne : Le 15 avril 1944, les soldats allemands incendient les propriétés de Camille Berger, Charles Berger, Eugénie Berger, Jeanne Berger, Jules Berger, Abelle Boch, Jérôme Campomard, Céline Durand, Françoise Favre, Martin Favre, Victoria Gaudet, Auguste Gravier, Marie Sovy et une nommée *Platet*.

— Modane : Le 23 août 1944, les soldats allemands tuent le docteur Plaisance, résidant à la Praz et étant sur le chemin de Saint-André pour aller soigner un malade. Le 14 septembre 1944, ils tuent Georges Joseph Ancelin. Ceci comme si les bombardements aériens des 17 septembre 1943, 11 novembre 1943 et 27 juillet 1944 ne suffisaient pas en terme de démoralisation civile…

— Montgellafrey : Le 11 mai 1944, les soldats allemands incendient le hameau du Mollaret dont les maisons de Félicitée Chevessand et Marie Cohendet.

— Montgilbert : Du 27 juin au 25 août 1944, les soldats allemands volent François Buet, François Gay, Louis Duc, Maurice Gustin, Ida Bourette et le père Oreste Trivero.

— Montricher-Albanne : Le 29 janvier 1944, les soldats allemands arrêtent et déportent Édouard Carraz, Julien Carraz, Juste Carraz, Louis Laurent, Paul Laurent et Antoinette Voûtier. Entre le 24 et le 26 août 1944, ils pillent les maisons et les incendient, notamment au Bochet. Le 24, les nazis torturent et tuent Théophile Arbrun, Émile Effrancey et René Verney.

— Pontamafrey-Montpascal : Du 10 août au 1er septembre 1944, les soldats allemands organisent des tortures, tuent Albert Papoz (maire de la commune, arrêté le 10 août), pillent et brûlent le village.

— Randens : Le 25 août 1944, les soldats allemands pillent et incendient le village, dont les maisons de Paul Brunier, Claudius Dame, Joséphine Danche, Joseph Domeignoz, Joséphine Filion, Jean-Pierre Fournier, Charles Girardin, Germain Guillet, Victorine Maillet, Joseph Peronon, Gaston Perrier, Jean-Félix Perrier, Jean-Marie Perrier, François Pommier et Amédée Tollardo. Ils tuent Alphonse César Pompée.

— Saint-Alban-des-Hurtières : Du 25 au 28 août 1944, les soldats allemands incendient les maisons de René Bonnot, Léon Chamberod, Ferdinand Dame, Louise Donnet, Hippolyte Henry, Victor Henry, Célina Jacob, Joseph Mermoz, Charles Nantermet, Marguerite Novel-Cattin et Victor Prinaz. Ils tuent Anselme Maurice Fournier, Napoléon Pierre Hamm, Félicien Mermoz et Jean-Marie Oyant.

— Saint-Avre : Le 26 août 1944, les soldats allemands donnent des coups et blessent Joseph Exartier.

— Sainte-Marie-de-Cuines : Le 23 août 1944, les soldats allemands tuent Michel Bérard.

— Saint-Georges-des-Hurtières : Le 14 mars 1944, les soldats allemands incendient les habitations de Moïse André, Marius Bois, Célestin Cochet, Joseph Dufreney, Félicien Georges, Victorine Georges, François Fulgence Giraud, Alfred Neyret et Victorin Ruat. Ils arrêtent et déportent Camille Buttard, Émile Chevrier, Euphrasine Chevrier, Philibert Chevrier, Henri Lanthaume, Franceline Pichet et Joseph André Semillon. Les nazis tuent François Fulgence Giraud ainsi que huit hommes non identifiés. Du 24 au 28 août 1944, ils pillent les propriétés et brûlent 95 maisons et granges. Ils tuent Juliette Mellan (26 août), Théodule Pillet et Joséphine Ruggieri (27 août). Ces incendies sont allumés en guise de représailles contre la population car les maquisards ont été dénoncés dans le village ; ce que rapportent notamment les survivants originaires de Saint-Georges-des-Hurtières, comme les parents de Bernard Chamberod. Justement, le 27 août 1944, les Allemands tuent Marius Louis Auguste Pegaz-Beichon, membre des Forces françaises de l'intérieur.

— Saint-Jean-d'Arves : Le 26 mai 1944, les soldats allemands tuent James André Arnaud et Roger Serge Redon.

— Saint-Jean-de-Maurienne : Le 9 mars 1944, un douanier allemand tue Marcel Charles Auguste Barrey ; le 10 juin 1944, la Gestapo tue Manuel Saez. Le 10 et le 14 juillet 1944, les soldats allemands arrêtent Jean Alpe, Joseph Carraro, Henri Dentroux, Abdelkader Guebli, Albertine Lussat, Joanny Noël Lussat, Medhi ben Ali, Ahmed Molek, Alphonse Pernet, Lucie Pérod et un prénommé *Jacques*. Ils frappent et blessent Clélio Jean Borgo et Charles Gros. Les nazis tuent Céline Henriette Balmain, Bachir Bel Hadj, Jean-Claude Fraisse, Aimé Victor Gros, Jean-François Lombardet, Étienne Albert Marcoz et un homme non identifié. Le 27 juillet 1944, un soldat allemand occasionne des coups et des blessures à Alfred Charles Ravoire près du pont d'Hermillon ; le 21 août 1944, un autre torture puis tue Joseph Desogus et le lieutenant Jean de Styczinski. Le 22 août 1944, la Gestapo de Grenoble vole, frappe et blesse Paul Deville. Le 23 août 1944, les soldats allemands tuent Émile Bochet, Paul Joseph Marie Chavanne, Alfred Fernand Empereur et Cyprien Albert Taravel. L'horreur continue : après avoir pillé et incendié des bâtiments et du matériel des établissements *Perruccio* et *Michelon*, le 27 août 1944, un soldat allemand tente de violer, frappe et blesse une femme le 28 août 1944.

Le 1er et le 2 septembre 1944, les soldats allemands du Deutsches Afrikakorps volent et pillent les maisons, blessent Césarine Bellet et Constant Rol, tuent Ismaël Bellet et violent deux femmes.

*« L'Occupation en Maurienne me dit quelque chose, c'est le cas de le dire. Notre grand-père paternel, Ismaël Bellet, qui habitait dans la rue du Collège à Saint-Jean-de-Maurienne, a été tué par les Allemands, à son domicile, le vendredi 1er septembre 1944. Notre grand-mère en ayant réchappé en sautant par une fenêtre, lui entraînant des blessures irréversibles. Encore aujourd'hui, parce que la Mémoire est fondamentale, nous disposons d'attestations (dont une rédigée par le Maire de l'époque) et des extraits d'articles de presse évoquant ce tragique événement familial dans l'occupation allemande. »*

*Guy Bellet, 27 juin 2024.*

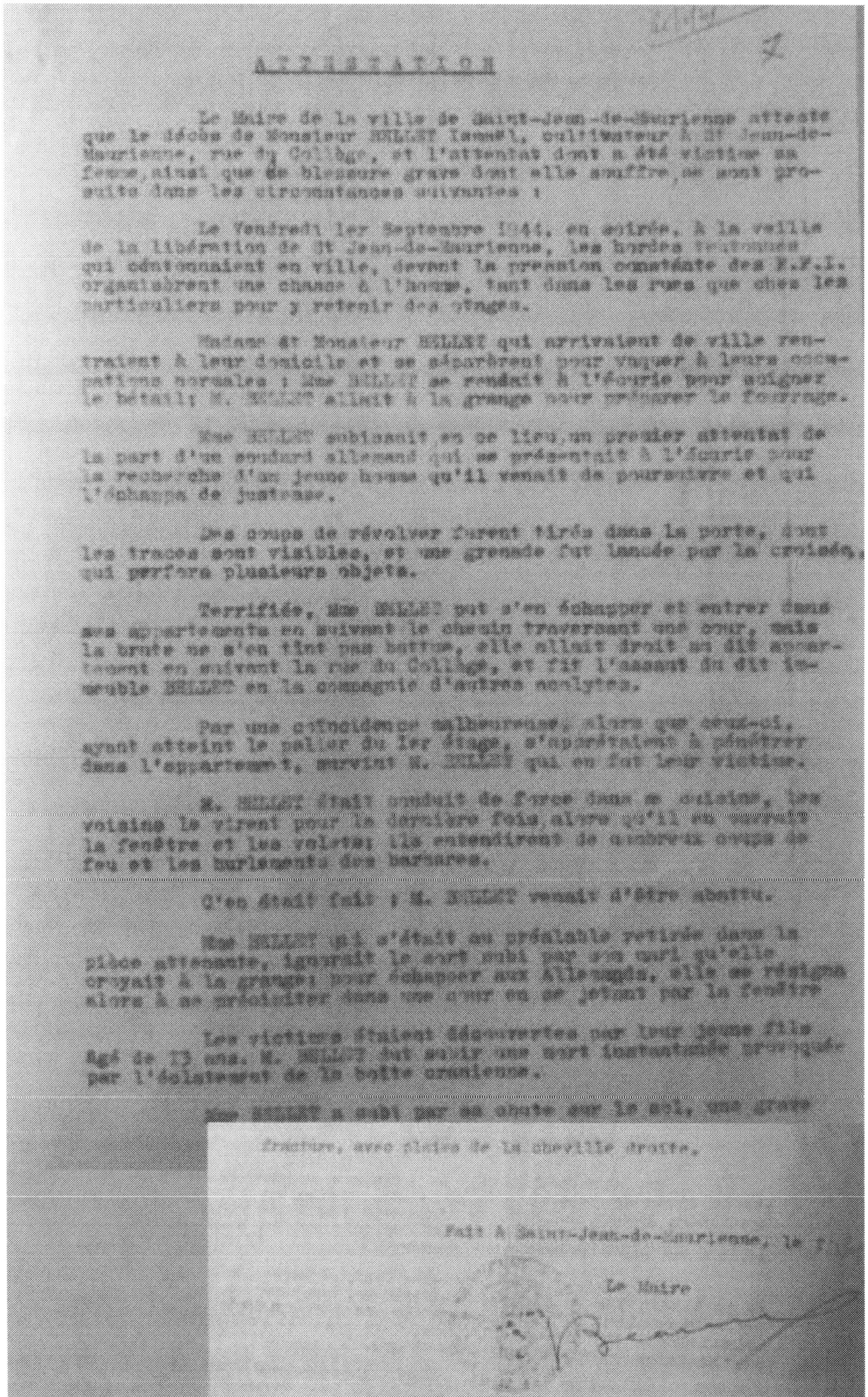

ATTESTATION

Le Maire de la ville de Saint-Jean-de-Maurienne atteste que le décès de Monsieur BELLET Ismaël, cultivateur à St Jean-de-Maurienne, rue du Collège, et l'attentat dont a été victime sa femme, ainsi que la blessure grave dont elle souffre, se sont produits dans les circonstances suivantes :

Le Vendredi 1er Septembre 1944, en soirée, à la veille de la libération de St Jean-de-Maurienne, les hordes teutonnes qui cantonnaient en ville, devant la pression constante des F.F.I. organisèrent une chasse à l'homme, tant dans les rues que chez les particuliers pour y retenir des otages.

Madame et Monsieur BELLET qui arrivaient de ville rentraient à leur domicile et se séparèrent pour vaquer à leurs occupations normales : Mme BELLET se rendait à l'écurie pour soigner le bétail; M. BELLET allait à la grange pour préparer le fourrage.

Mme BELLET subissait en ce lieu, un premier attentat de la part d'un soudard allemand qui se présentait à l'écurie pour la recherche d'un jeune homme qu'il venait de poursuivre et qui l'échappa de justesse.

Des coups de révolver furent tirés dans la porte, dont les traces sont visibles, et une grenade fut lancée par la croisée, qui perfora plusieurs objets.

Terrifiée, Mme BELLET put s'en échapper et entrer dans ses appartements en suivant le chemin traversant une cour, mais la brute ne s'en tint pas battue, elle allait droit au dit appartement en suivant la rue du Collège, et fit l'assaut du dit immeuble BELLET en la compagnie d'autres acolytes.

Par une coïncidence malheureuse, alors que ceux-ci, ayant atteint le palier du 1er étage, s'apprêtaient à pénétrer dans l'appartement, survint M. BELLET qui en fut leur victime.

M. BELLET était conduit de force dans sa cuisine, les voisins le virent pour la dernière fois, alors qu'il en ouvrait la fenêtre et les volets; ils entendirent de nombreux coups de feu et les hurlements des barbares.

C'en était fait : M. BELLET venait d'être abattu.

Mme BELLET qui s'était au préalable retirée dans la pièce attenante, ignorait le sort subi par son mari qu'elle croyait à la grange; pour échapper aux Allemands, elle se résigna alors à se précipiter dans une cour en se jetant par la fenêtre.

Les victimes étaient découvertes par leur jeune fils âgé de 13 ans. M. BELLET dut subir une mort instantanée provoquée par l'éclatement de la boîte crânienne.

Mme BELLET a subi par sa chute sur le sol, une grave fracture, avec plaies de la cheville droite.

Fait à Saint-Jean-de-Maurienne, le [illegible]

Le Maire

*Attestation du maire de Saint-Jean-de-Maurienne quant à l'attentat allemand contre le couple* Bellet *en septembre 1944.*

— Saint-Julien-Mont-Denis : Le 23 et le 24 août 1944, les soldats allemands incendient le village de Villard-Clément, frappent et blessent François Léon Ducruez (23 août), tuent Joseph Chatel (23 août) et violent deux femmes (24 août). Le 1er septembre 1944, ils arrêtent un nommé *Rol*.

— Saint-Léger : Le 27 août 1944, les soldats allemands pillent et incendient les habitations du hameau de Beauchamp dont les propriétés de François Gabriel Ravoire et Zéphyrin Raymond. Au hameau du Merle, ils traquent les maquisards.

*« Nous habitions au Merle, un hameau de Saint-Léger. Dans ma famille, les Berger, oncle Pierre était dans le maquis. Il était caché dans un chalet en haut de la montagne, et, souvent, il redescendait chez ses parents ; il aidait, s'occupait des ruches... Il était en train de s'occuper de ses abeilles, avec son masque, son attirail archaïque, des vieux vêtements, le tout derrière ses ruches. Les Allemands passent sur le sentier. Lucien était son premier prénom, celui qu'on utilisait. « Est-ce que tu connais Lucien Berger ? », lui ont-ils demandé. Il a compris ce qui allait lui arriver, mais heureusement il était habillé en apiculteur. Il prend alors une voix chevrotante et répond : « Oh, il est parti... là-haut, dans la montagne... Loin, très loin... ». Ils continuent le chemin. Lui fait son sac et déguerpit. Quelle histoire ! Je me souviens aussi qu'on m'a raconté que ma mère ne pouvait pas monter aux chalets d'altitude parce qu'elle était enceinte. Et pourtant, les Allemands voulaient faire exploser le barrage de Bissorte à Orelle... Un autre homme dans le maquis a marqué ma mémoire, il n'était pas de la famille, c'était quelqu'un du village. Il jouait le samedi soir, avec deux accordéons ; ces rassemblements étaient pourtant interdits. Il a été arrêté, avec ses deux accordéons aux épaules, au Merle ; ils sont descendus par un chemin caillouteux, il faisait*

*très chaud, ils se sont tous arrêtés au ruisseau pour boire. Les Allemands se reposaient, il a secoué ses épaules, perdu les accordéons, foncé dans le bois, couru en zigzags, il a été mitraillé, il s'est finalement retrouvé dans la vallée. Il traverse alors l'Arc, caché. Il court à toute vitesse jusqu'à Montgellafrey, il n'a jamais arrêté de courir jusqu'à là-bas. Ses cheveux étaient droits sur la tête. Ils l'ont protégé, là-haut. Son nom était Pierron.* »

*Régine Chamberod, 5 janvier 2024.*

— Saint-Martin-la-Porte : Le 24 août 1944, les soldats allemands procèdent à l'arrestation et à la torture de Léon Clément.

— Saint-Pancrace : Le 18 juin 1944, les soldats allemands tuent Charles Antoine Truchet.

— Saint-Pierre-de-Belleville : Du 26 au 29 août 1944, les soldats allemands pillent et incendient le hameau de la Corbière. Ils frappent et blessent Jean-Baptiste Philippe et tuent Élie Bouclier et Henri Téclet.

— Saint-Rémy-de-Maurienne : Le 28 mars 1944, les soldats allemands incendient les propriétés d'Angeline Charvet, Élie Chichignoud, Gabriel Jamen, Alphonse Laurent et Léon Mondet. Ils arrêtent Bruno Aili, Léon Chaudet, Olga Chaudet, Charles Pierre Louis Margueris et Georges Rostaing. Le 7 avril 1944, ils volent et brûlent la maison d'Émilien Raymond. Le 3 août 1944, les nazis tuent Auguste Orset.

— Saint-Sorlin-d'Arves : Le 26 mai 1944, les soldats allemands pillent et incendient les propriétés de François Arnaud, François Balmain, Justine Balmain, Henry Baudray, Jean-Baptiste Brunet, Justine Brunet, Césarie Chaix, François Didier, Marie-Rose Clouzeaut, Victorine Fay-Châtelard, Gilberte Martiale et Élise Milliex.

— Sollières-Sardières : Le 13 septembre 1944, les soldats allemands du génie militaire et civil chargés de la destruction des ponts et des routes de la Haute-Maurienne tuent Alexandre Borot.

— Valloire : Le 11 août 1944, les Allemands tirent peu après le col du Galibier sur une automobile. Ils capturent le sergent Pierre Déquier, membres des Forces françaises de l'intérieur, et l'exécutent. Le 15 août 1944, les Allemands capturent seize personnes et les exécutent près du col du Lautaret, non loin de Valloire. Parmi eux se trouve alors le berger Pierre Pasero, arrêté parce qu'il possédait une jumelle, pour surveiller ses troupeaux. Le 22 août 1944, les résistants tirent sur les soldats allemands entre Saint-Michel-de-Maurienne, Valloire et Saint-Martin-d'Arc, vers Calypso : l'un d'entre eux est tué par balle, c'est Edmond Gros, qui venait de perdre son père, lui aussi tué par les Allemands près de Saint-Jean-de-Maurienne, le 10 juillet. Le 23 août 1944, les soldats allemands torturent, séquestrent et brûlent vifs, au camp militaire entre le fort et le tunnel du Télégraphe, Olivier Chaudron, Polysippe Ollier, Eugène Somny et Valentin Trente. Le 3 septembre 1944, ils tuent Augusta Tétaz (24 ans) de deux balles dans les poumons. Elle venait de rendre visite à sa sœur au hameau de la Ruaz. Le tunnel du Télégraphe a été dynamité, plusieurs villages de la commune ont été incendiés. Le 4 septembre, Georges Glé saute sur une mine et meurt peu de temps après. Le 12 septembre 1944, le lieutenant Gabriel Barret tombe dans une embuscade ennemie avec ses onze hommes. Les Allemands les abattent froidement.

— Valmeinier : Le 7 juin 1944, une patrouille allemande tire sur un groupe de jeunes gens situé au-dessus de l'église. J.-M. Marcellin, Alphonse Joët et Aimé Pradel décèdent.

— Villarembert : Le 19 novembre 1943, les soldats allemands pillent et brûlent les maisons d'Adèle Arnaud, Émile Arnaud, Jacques Monassi, Delphin Rol et Sylvain Truchet. Ils arrêtent Émile Arnaud, Marcel Fernand Clusel, Cyrille Darve, Eugène Darve, Séraphin Darve, Sophie Deléglise, Joseph Duvernez-Guichard, Pierre Duvernez-Rey, Joseph Rossat et Jean Sibué.

— Villargondran : Le 19 mars 1944, les soldats allemands tentent de violer une femme. Le 9 avril 1944, ils frappent et blessent Alfred Bernard, François Exartier, Joséphine Exartier, Pierre Exartier et Étienne Papoz. Le 23 août 1944, les Allemands incendient les maisons.

Les Mauriennais victimes de ces crimes de guerre et de ces violences (dont la liste présentée n'est malheureusement pas exhaustive) étaient parfois des maquisards, mais beaucoup plus souvent des civils innocents qui refusaient simplement de dénoncer les partisans locaux de la *France libre*. Les massacres ont donc été commis contre des résistants français mais aussi sur la population.

*Argentine (cote 3).*

Épierre (cote 4).

Hermillon (cote 5).

*Pontamafrey (cote 6).*

*Saint-Georges-des-Hurtières (cote 7).*

*Usine aujourd'hui* Trimet *de Saint-Jean-de-Maurienne.*

*Saint-Julien-Mont-Denis.*

Les bombardements nocturnes sur Modane, les 17 septembre 1943, 11 novembre 1943 et 27 juillet 1944 rasent l'agglomération de Fourneaux-Modane. Le 17 septembre 1943, l'église de Modane est démolie, des quartiers entiers sont en cendres, plus de 60 % des immeubles se sont écroulés ou sont désormais inhabitables. L'église de Saint-André a aussi été détruite à cause des bombes. Au Bourget (actuelle commune de Villarodin-Bourget), 19 familles n'ont plus de maison car une partie du village a brûlé. La situation est similaire à Avrieux où un incendie s'est déclaré. Il faut ajouter à ces dommages les résultats des explosions des bombes à retardement… Plus de 60 morts civils sont à déplorer à Modane. La population fuit les villages et tentent de trouver du réconfort dans les communes moins impactées, comme Valloire ou Orelle.

Le 11 novembre 1943, un nouveau bombardement nocturne détruit une nouvelle fois Modane. Il est pire que le premier. L'ampleur du bombardement fait qu'une bombe tombe dans les environs du Crey du Quart, à Valloire ! Le 27 juillet 1944, dans l'après-midi, l'agglomération de Modane subit un troisième bombardement au niveau des usines de Saint-Gobain. Les civils qui fuient se réfugient dans les villages plus en hauteur, comme Aussois.

*Modane et sa gare, avant…*

*… et après les bombardements alliés de 1944.*

## L’occupation entre Saint-Michel-de-Maurienne et Orelle

L’occupation entre Saint-Michel-de-Maurienne et Orelle est compliquée à vivre pour les villageois, surtout l’occupation allemande qui fait subir des atrocités aux habitants. À cette époque, les communes de Saint-Michel-de-Maurienne et du Thyl sont distinctes, leur fusion postérieure (avec Beaune) datant de 1972.

En Maurienne, ce sont d’abord les Italiens qui sont chargés de surveiller les voies de chemin de fer et les gares. Le 12 novembre 1942, ils sont 200 soldats à surveiller la zone industrielle de Prémont et les environs de la Denise. Il y en a également 200 autres qui scrutent les voies de passage à Francoz. Ils sont mal-logés, dorment dans des tentes malgré le froid et n’ont que très peu de ravitaillement sur le plan de la consommation. Ils mendient et mangent les racines de choux laissées dans les jardins de Prémont ou de Francoz ; ce sont, pour la majorité d’entre eux, des artilleurs piémontais.

Cependant, dès l’été 1941, les Italiens créent une ligne de démarcation dans les alentours du mont Thabor, à Modane, Orelle et Valmeinier. Ils s’installent sur la frontière pour revendiquer, encore plus illégalement qu’en Haute-Maurienne, leur prétendu territoire.

En plus de cela, il faut préciser que l’année 1942 a été la proie d’une grande sécheresse et les jardins ne sont pas très garnis durant l’été. Les pommes de terre se comptent sur les doigts de la main, s’il faut caricaturer le drame. Ainsi, l’usine de Prémont organise un stockage pour fournir des vivres aux familles des ouvriers. Cependant, les autres foyers doivent troquer, ou descendre en Basse-Maurienne pour trouver quelque chose à se mettre sous la dent : là-bas, ils achètent des haricots secs, des courges et des pommes de terre, mais plusieurs sont arrêtés et voient leurs achats confisqués par les gendarmes… À ce titre, les cartes d’alimentation apparaissent et vont rationner la population jusqu’à l'automne 1947. Cela peut paraître anecdotique, mais il convient de souligner que les chamois de l'aiguille de Bertin, près du mont Bréquin, ont vu passer un nombre non négligeable d'Orellins faisant un aller-retour journalier aux chalets de Saint-Martin-de-Belleville pour s'y procurer de la tomme. Cela a duré de 1942 à 1944.

Le 16 février 1943, le Service du travail obligatoire arrive en France. En juillet, les jeunes hommes nés entre le 1er octobre 1919 et le 30 septembre 1920 sont appelés à partir en Allemagne, et les usines qui ne produisent pas pour l'effort de guerre allemand se voient dans l'obligation de fournir un nombre précis d'ouvriers. À l'usine de la Praz, entre Orelle, Saint-André et Freney, plusieurs sont nommés, dont deux hommes de Bonvillard et un homme du Noiray. De plus, trois volontaires de la commune d'Orelle sont recensés. Il n'y a pas de départ de l'usine de Prémont. Néanmoins, les jeunes qui refusent de partir se constituent en maquis et organisent leurs groupes de réfugiés. Par ailleurs, les réquisitions sont nombreuses : à Orelle, les denrées, comme les pommes de terre et le bétail, sont confisquées par les Allemands. Des familles sont obligées de donner aux occupants des vaches, notamment cinq saisies près des chalets des Teppes au-dessous de Plan-Bouchet.

Des accrochages dans le secteur de Saint-Michel-de-Maurienne entre les résistants mauriennais et les Italiens sont recensés, notamment le 14 juin 1943 où le maquis est attaqué par les Italiens au Thyl, obligeant le retrait des résistants jusqu'à Beaune. Il s'agit alors des Francs-tireurs et partisans français (compagnie 92-11). En 1944, le chef du maquis de Saint-Michel-de-Maurienne est le père Roger More.

*Le hameau de l'Eglise à Beaune et ses habitations environnantes sur une photographie monochromatique (2015).*

Le 8 septembre 1943, au soir, la radio anglaise annonce l'armistice entre le commandement anglo-américain et le commandement italien.

Le 9 septembre 1943, suite à l'armistice signé la veille, ce sont les troupes de la Wehrmacht qui envahissent la Savoie. Les Allemands s'attendaient à la trahison des Italiens et des troupes allemandes stationnent déjà en Savoie depuis le mois d'août 1943. Un petit bataillon est notamment arrivé à Chambéry depuis le 5 septembre 1943. La vallée de l'Arc constitue pour l'armée allemande un axe vital avec l'Italie du Nord pour son ravitaillement, un passage pour l'arrivée de renforts éventuels et une sortie de repli grâce à sa voie ferrée et sa route alors nationale.

L’armée allemande installe des soldats d’origine russe à la garde des ponts ; ceux-ci laissent un très mauvais souvenir aux Orellins avec leurs beuveries et leurs pillages.

L’occupation allemande est terrible à supporter pour les populations locales. Les nazis n’hésitent pas à fusiller les villageois de certains villages, violer les jeunes femmes ou encore brûler des hameaux entiers. Ils pillent les maisons, volent les bijoux, cassent tout ce qui est important pour les populations locales et ce qu’ils ne peuvent pas emmener avec eux.

Le chef-lieu de Valloire est bombardé le 2 et le 3 septembre 1944, au petit matin. Les Allemands tirent depuis le Temple, à Saint-Michel. Les habitants se cachent dans les caves ou fuient à l’Archaz.

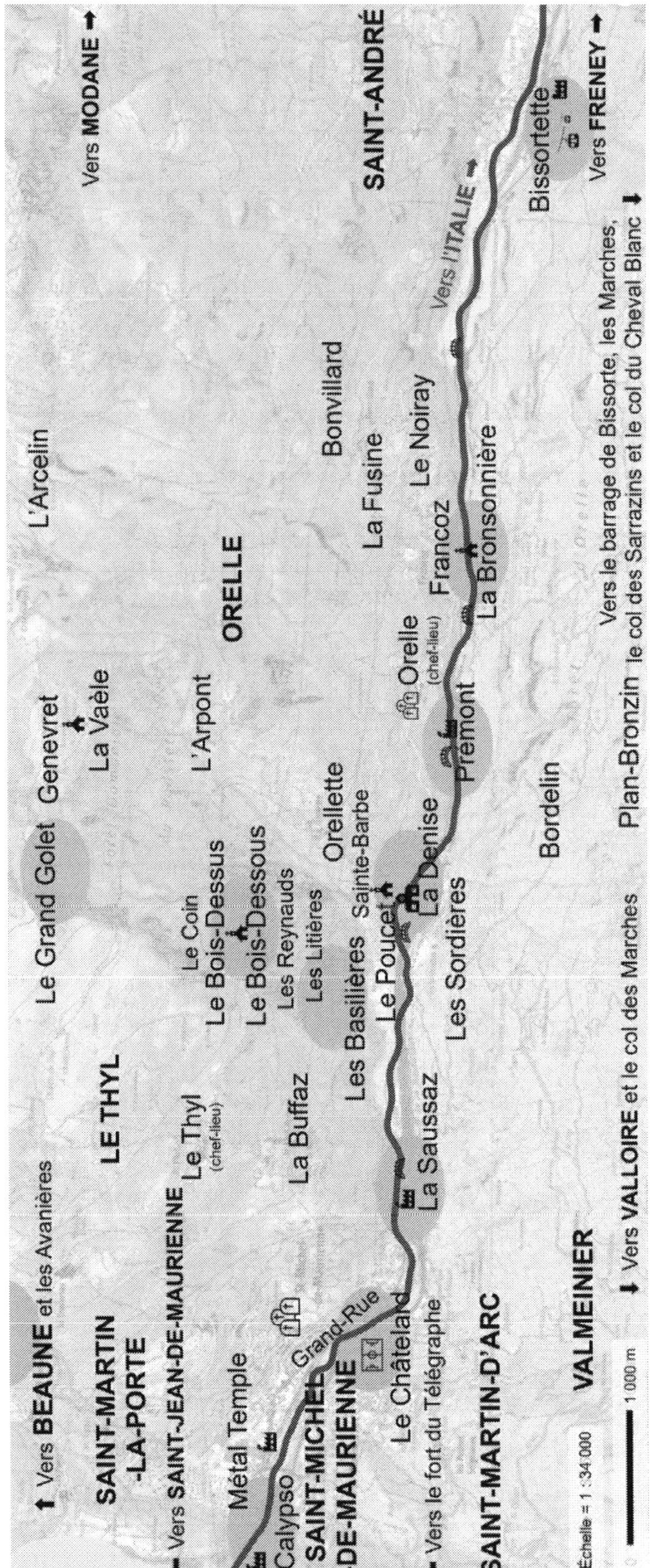

*Villages et lieux importants dans l'occupation puis la libération autour d'Orelle (carte 5).*

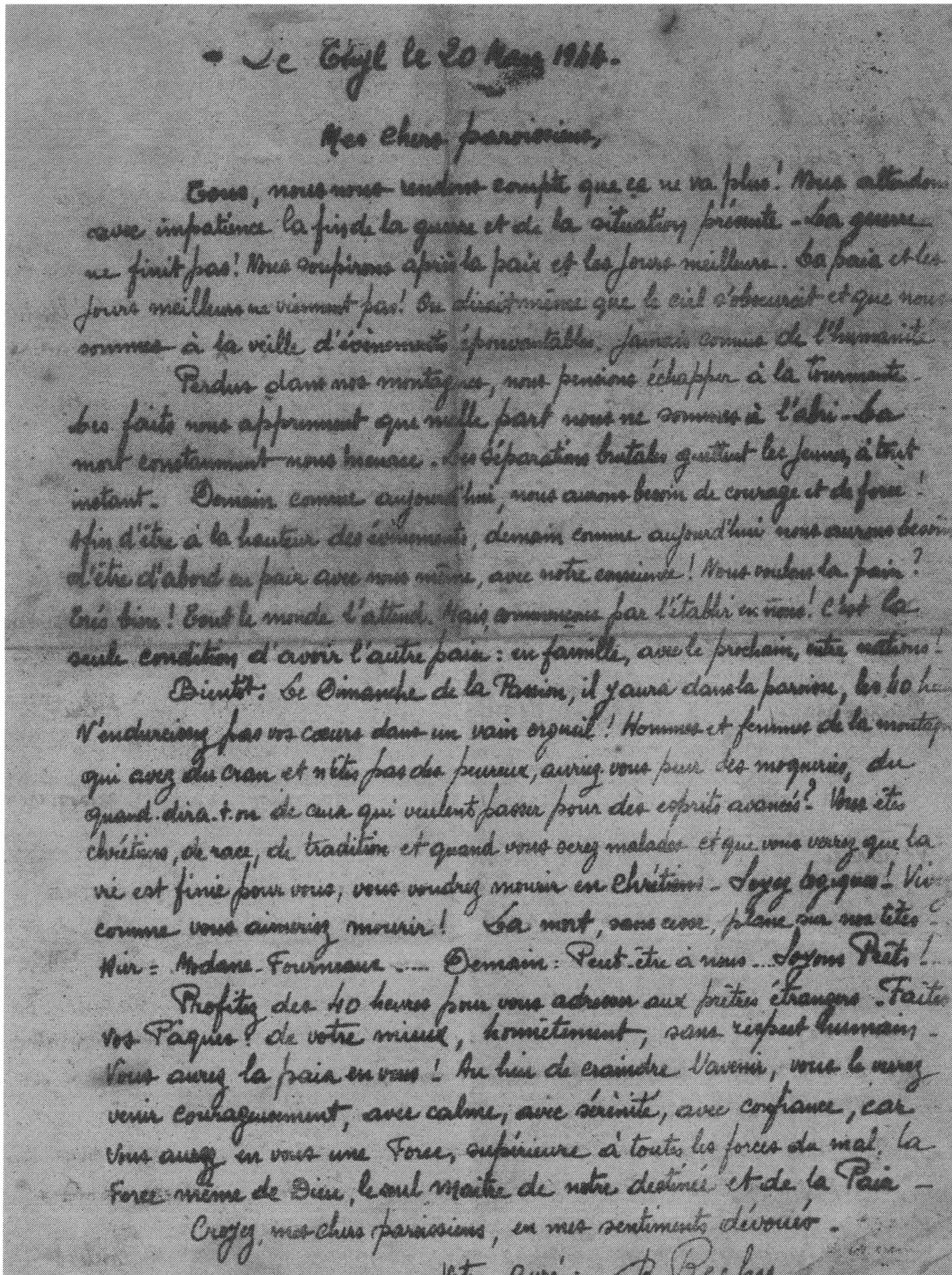

Le Thyl le 20 Mars 1944.

Mes chers paroissiens,

Tous, nous nous rendons compte que ça ne va plus ! Nous attendons avec impatience la fin de la guerre et de la situation présente. La guerre ne finit pas ! Nous soupirons après la paix et les jours meilleurs. La paix et les jours meilleurs ne viennent pas ! On dirait même que le ciel s'obscurcit et que nous sommes à la veille d'événements épouvantables, jamais connus de l'humanité.

Perdus dans nos montagnes, nous pensions échapper à la tourmente. Les faits nous apprennent que nulle part nous ne sommes à l'abri. La mort constamment nous menace. Les séparations brutales guettent les jeunes, à tout instant. Demain comme aujourd'hui, nous avons besoin de courage et de force ! Afin d'être à la hauteur des événements, demain comme aujourd'hui nous aurons besoin d'être d'abord en paix avec nous même, avec notre conscience ! Vous voulez la paix ? Très bien ! Tout le monde l'attend. Mais commencez par l'établir en vous ! C'est la seule condition d'avoir l'autre paix : en famille, avec le prochain, entre nations !

Bientôt : Le Dimanche de la Passion, il y aura dans la paroisse, les 40 heures. N'endurcissez pas vos cœurs dans un vain orgueil ! Hommes et femmes de la montagne qui avez du cran et n'êtes pas des peureux, auriez vous peur des moqueries, du quand-dira-t-on de ceux qui veulent passer pour des esprits avancés ? Vous êtes chrétiens, de race, de tradition et quand vous serez malades et que vous verrez que la vie est finie pour vous, vous voudrez mourir en Chrétiens. Soyez logiques ! Vivez comme vous aimeriez mourir ! La mort, sans cesse, plane sur nos têtes. Hier : Modane-Fourneaux ... Demain : Peut-être à nous ... Soyons Prêts !

Profitez des 40 heures pour vous adresser aux prêtres étrangers. Faites vos Pâques ! de votre mieux, honnêtement, sans respect humain. Vous aurez la paix en vous ! Au lieu de craindre l'avenir, vous le verrez venir courageusement, avec calme, avec sérénité, avec confiance, car vous aurez en vous une Force, supérieure à toutes les forces du mal, la Force même de Dieu, le seul Maître de notre destinée et de la Paix.

Croyez, mes chers paroissiens, en mes sentiments dévoués.

Votre curé : R. Rechu

*Lettre du curé du Thyl, R. Rechu, écrite à ses paroissiens le 20 mars 1944…*

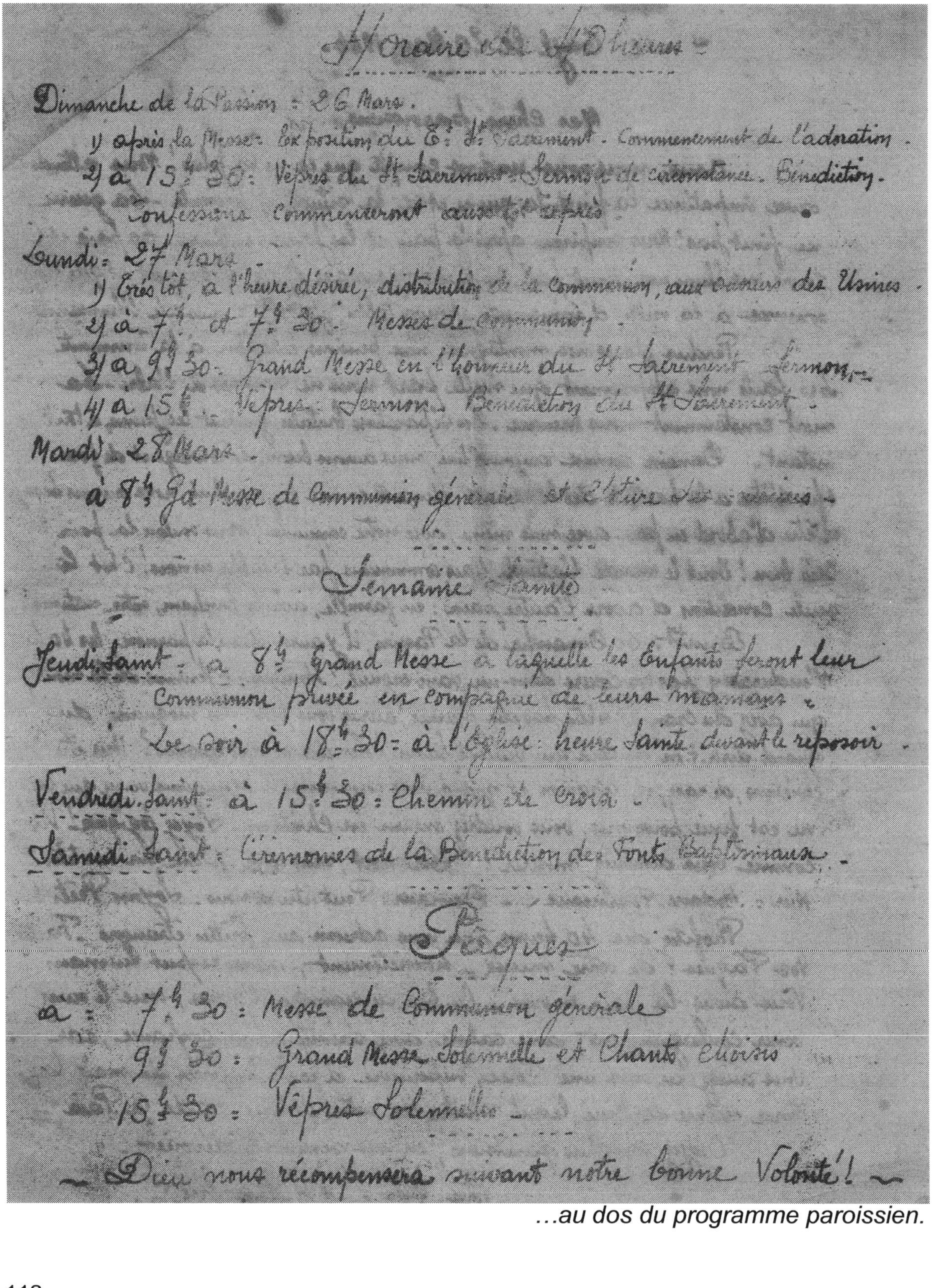

Horaire des Offices

Dimanche de la Passion : 26 Mars.

1) après la Messe : Exposition du T. St Sacrement. Commencement de l'adoration.

2) à 15h 30 : Vêpres du St Sacrement. Sermon de circonstance. Bénédiction.

Confessions commenceront aussitôt après.

Lundi : 27 Mars.

1) Très tôt, à l'heure désirée, distribution de la Communion, aux ouvriers des Usines.

2) à 7h et 7h 30. Messes de Communion.

3) à 9h 30. Grand Messe en l'honneur du St Sacrement. Sermon.

4) à 15h. Vêpres. Sermon. Bénédiction du St Sacrement.

Mardi : 28 Mars.

à 8h Gd Messe de Communion générale et clôture des exercices.

Semaine Sainte

Jeudi Saint : à 8h Grand Messe à laquelle les Enfants feront leur Communion privée en compagnie de leurs mamans.

Le soir à 18h 30 : à l'église : heure Sainte devant le reposoir.

Vendredi Saint : à 15h 30 : Chemin de Croix.

Samedi Saint : Cérémonies de la Bénédiction des Fonts Baptismaux.

Pâques

à : 7h 30 : Messe de Communion générale

9h 30 : Grand Messe Solennelle et Chants choisis

15h 30 : Vêpres Solennelles.

Dieu nous récompensera suivant notre bonne Volonté !

…au dos du programme paroissien.

En juillet 1944, sentant le vent tourner, les Allemands ont comme sinistre projet de faire exploser le barrage de Bissorte afin d'inonder toute la vallée de la Maurienne, sachant que les agglomérations en plaine seraient très impactées et cela bien après la Maurienne, puisque l'onde de submersion provoquée s'étendrait jusqu'à Grenoble en suivant le cours des rivières de l'Arc puis de l'Isère. C'est une idée qu'ils ont dès leur arrivée en Maurienne envisagée en cas de repli.

(Savoie) — Barrage de Bissorte

*Le barrage de Bissorte et son lac (entrée du vallon) photographiés avant la guerre.*

Les maquisards d'Orelle et de Saint-André du maquis de la Praz connaissent le plan nazi et surveillent l'ennemi nuit et jour afin de vérifier que les soldats du Troisième Reich ne transportent pas une quantité d'explosif trop importante. Justement : l'État-major des Forces françaises de l'intérieur est averti que dix tonnes d'explosif ont été acheminées par les Allemands à Bissortette ; il apparaît évident qu'ils vont les monter jusqu'au barrage pour générer l'explosion perfide qu'ils attendent.

Il existe deux téléphériques qui relient Bissortette au barrage de Bissorte : un petit, qui transporte le matériel, et un principal plus imposant. Le petit est mis hors d'état de nuire de manière rapide. Mais il reste le grand. Le capitaine Gerlotto, chef du secteur, est informé du projet allemand ; dans la soirée du 10 juillet, le capitaine Jégou donne l'ordre de saboter les ouvrages de câblage. Sous les ordres de l'adjudant Félix Charvoz, l'équipe des partisans de la Praz s'occupent du sabotage. Dans la nuit du 10 au 11 juillet 1944, ils sabotent l'intégralité des câbles, ce qui empêche au matin les nazis d'acheminer les explosifs à Bissorte rapidement. Cheminer dans la forêt jusqu'au Prec puis jusqu'au barrage prendrait trop de temps et d'énergie pour eux : les Allemands abandonnent leur projet, lequel aurait fait des dégâts considérables dans la vallée.

Les maquisards de la Praz impliqués sont : Félix Charvoz, André Teppaz, Michel Morello, Émile de Martin et Poncet Guérin.

*Photographie de stockage industriel à Bissortette prise pendant la construction du barrage, peu après 1930.*

Il faut savoir que les Allemands interdisent l'accès au barrage de Bissorte depuis le 1er février 1944. À ce titre, ils ont fait paraître des articles dans les journaux qui expliquent que la zone de Bissorte est interdite sous peine d'être immédiatement fusillé. Des panneaux balisent la zone interdite.

184. LA PRAZ (Savoie) — La centrale de Bissorte

*La centrale électrique de Bissorte à Bissortette (Orelle) vue depuis la Praz (Saint-André) vers 1935.*

« Les Allemands avaient déjà préparé certains explosifs. On craignait qu'ils montent ces explosifs au barrage de Bissorte en prévision de le faire sauter. Entre-temps, le capitaine Henry, et le service du secteur, décident de faire sauter le téléphérique. Alors c'est Charvoz de la Praz et son équipe qui ont fait sauter les câbles du téléphérique pour que les explosifs ne puissent pas être utilisés. Les Allemands avaient bien prévu de détruire le barrage pour inonder la vallée. D'ailleurs, avec les explosifs qui *restaient, ils ont fait sauter la centrale de Bissorte. Elle a été pulvérisée.* »

*Germain Marisa, dans le livre* J'appartiens au silence : Maurienne, vallée rebelle, vallée martyre *de Rosine Perrier, La Fontaine de Siloé, 1991.*

Malgré l'héroïsme des maquisards du secteur d'Orelle et de Saint-André, d'importants dégâts ont été infligés à la centrale de Bissorte au lieu-dit de Bissortette. Les Allemands ont utilisé leurs dix tonnes d'explosif à l'encontre de la station hydroélectrique de Bissorte. Le chef-d'œuvre hydraulique de la Maurienne (12 330 kW normaux, 82 500 kW aux pointes de consommation électrique) a ses trois groupes de 27 500 kW détruits. Les nazis ont aussi endommagé le bâtiment de la centrale. Après l'occupation, les travaux sont pénibles pour rétablir une production électrique normale.

Le 23 août 1944, à la suite des tirs de maquisards depuis le versant de Valmeinier et du village de la Buffaz (Saint-Michel), des camions de munitions sautent et plusieurs Allemands sont tués. L'usine de la Saussaz (à l'entrée de Saint-Michel) est occupée par les nazis ; les ouvriers sont pris en otages et emmenés à Saint-Michel où ils sont lâchement fusillés.

*Vue générale de Bissortette entre Orelle et Freney depuis la Praz (Saint-André), peu après 1930.*

*Le petit téléphérique de Bissorte qui transporte ici le courrier des ouvriers (années 1930).*

*La centrale hydroélectrique de Bissorte après sa dévastation en août 1944.*

*L'usine de la Saussaz photographiée au début du XXe siècle.*

À partir du 24 août 1944, les Allemands s'installent à la Buffaz (Saint-Michel) ; le 4 septembre, ils sont aussi postés à Orellette (Schutzstaffel : SS). De ces positions, ils peuvent suivre de loin tout ce qu'il se passe dans les villages du Bois-Dessus, du Bois-Dessous et surveiller à la fois le fond de la vallée et le versant opposé. Le 31 août, 71 hommes du maquis des Avanières (sur les hauteurs du Thyl près de Beaune), en quête de nourriture et en mission de repérage, rencontrent une patrouille allemande dans les alpages à proximité de la chapelle Sainte-Marguerite. Un Allemand est tué et les autres nazis, avec deux blessés, s'échappent vers les chalets du Thyl et redescendent à Saint-Michel. Il s'agit alors des résistants membres des Francs-tireurs et partisans français (compagnie 92-11).

En représailles, le 1er septembre, des Allemands installent un canon près de l'église Notre-Dame-de-l'Assomption à Beaune et tirent sur les chalets des Avanières. Pendant ce temps, un autre détachement allemand monte brûler les chalets du Thyl et de Sainte-Marguerite (dans chaque secteur un seul chalet est épargné) et s'empare des troupeaux pour les faire passer en Italie. Les jours suivants, ils emmènent à Saint-Michel tous les hommes encore présents dans les villages du Thyl, du Thyl-Dessous et de la Traversaz ; ces Mauriennais ne regagneront leur maison que le 4 septembre, après la libération de Saint-Michel. Pendant toute cette période, des patrouilles allemandes séjournent temporairement dans les villages et s'emparent de nourriture et du bétail. Des groupes de maquisards y passent également fréquemment.

*Les habitations des Avanières ayant survécu aux tirs des Allemands (photo de 2015 monochromatique).*

La chapelle Saint-Bernard-de-Menthon à la Bronsonnière, en face de Francoz, a été vandalisée vers 1940. Cette chapelle existe déjà en 1535, mentionnée dans la fondation d'une messe par Jean Traversaz, un notaire ducal, et Jean Collomb, abbé et vicaire d'Orelle. Plusieurs actes notariés en 1565, 1592 et 1665 attestent de la fréquentation de la chapelle. Pendant l'occupation, des vandales ont volé les trois tableaux de l'édifice, quatre chandeliers en bois doré, un crucifix et plusieurs statuettes. Les témoignages nocturnes, même peu nombreux, indiquent que les malfrats ne semblent alors pas être des Mauriennais mais bien des étrangers de passage…

En tous cas, le plus grand tableau représentait le saint Bernard de Menthon devant un lac dominé par une montagne ; c'était le tableau du retable, peint par Laurent Dufour en 1699. Les deux autres tableaux étaient plus petits, disposés latéralement dans la chapelle, en face l'un de l'autre. L'un représentait la Vierge Marie au Sourire et l'autre représentait saint Joseph dans son atelier. Ils ont été réalisés par Thomas Albert en 1680. Toutefois, deux grandes statues en Pin cembro ont échappé aux voleurs : ce sont des représentations de la Vierge Marie et du saint Bernard de Menthon. En 1944, Louis De Bacco, pour éviter un nouveau pillage, tente un sauvetage qui semble risqué devant la menace des occupants allemands. Il transporte, cachées dans le foin de sa charrette, les deux statues de la chapelle puis les remet au père Charles Sambuis, curé d'Orelle, qui les place dans la chapelle Saint-Jacques à Francoz.

*Tableau de Denis Chinal réalisé dans les années 1950 représentant les maisons de la Bronsonnière vues depuis Francoz.*

*La chapelle Saint-Jacques à Francoz en 2023.*

*La chapelle de la Bronsonnière photographiée au début des années 1940.*

Les 22 et 23 août 1944 à Saint-Michel-de-Maurienne, les affrontements entre les troupes allemandes en retraite et les résistants provoquent la mort de plusieurs personnes. La forêt de Calypso, entre Saint-Martin-d'Arc, Saint-Michel et Saint-Martin-la-Porte, est brûlée. L'usine de Calypso est détruite par les flammes. Les ponts environnants sont minés par les Allemands.

Dans la nuit du 21 au 22 août 1944, les troupes allemandes évacuent dans le même temps Grenoble et Chambéry. La Maurienne s'impose comme la voie principale de leur retraite vers l'Italie. Le 22 août, une importante colonne motorisée, composée d'hommes de la Wehrmacht et de miliciens accompagnés de leurs familles, remonte la vallée et se fait harceler par les groupes des Forces françaises de l'intérieur. Les premiers véhicules arrivent à Saint-Michel vers 15 h 30 et font une halte dans la ville. Vers 17 h 30, l'avant-garde repart, mais se fait attaquer dès la sortie de la ville au niveau de l'usine de la Compagnie de Produits chimiques d'Alès, Froges et Camargue (AFC) de la Saussaz. Cette usine produit de l'aluminium et prend le nom de *Péchiney* en 1950. Il n'en subsiste aujourd'hui quasiment aucun vestige majeur. Ce lieu, en raison de l'étroitesse de la vallée à ce niveau, a été choisi par des groupes de résistants, venus de Beaune sur la rive droite de l'Arc et de Valmeinier sur la rive gauche, pour pratiquer leur embuscade. Après deux heures de combat, un camion d'explosif en flammes et des pertes s'élevant à plus de 60 hommes dont un officier, l'avant-garde allemande doit faire demi-tour et rejoint le centre de Saint-Michel où est resté l'essentiel de l'immense convoi.

*L'usine de la Saussaz et sa conduite d'eau forcée provenant du barrage de la Denise à Orelle (début du XX^e^ siècle).*

À la fin de l'après-midi, Roger Créqui de Montfort (âgé de 28 ans), un ingénieur de l'usine AFC, prend la route à bicyclette pour rejoindre le maquis des Rochilles (près de Valloire). Il en a informé son directeur en début d'après-midi. Arrêté peu après son départ puis convoyé à la *Kommandantur* de Saint-Michel, son corps ne sera retrouvé que le 28 septembre dans une tranchée proche du cimetière de Saint-Michel. Il est le symbole d'un engagement volontaire et patriotique sacrificiel.

Aux environs de 21 h, un détachement du Deutsches Afrikakorps investit l'usine en menaçant et en malmenant le personnel en poste. Il quitte les lieux vers 6 h du matin le lendemain. Vers 8 h, la colonne ayant reçu du renfort tente de reprendre sa progression en direction de Modane.

Le scénario de la veille se reproduit : la progression allemande est bloquée à la sortie de la ville et l'usine de la Saussaz se retrouve au centre des combats. À ce moment-là dans l'usine, il y a 25 ouvriers, quelques employés et le directeur, Jean Marguet. Un rapport rédigé le 15 septembre 1944 par ce dernier permet de connaître en grande partie le déroulement des faits.

Située sur la rive gauche de l'Arc, l'usine est infiltrée vers 8 h par les Allemands qui peuvent ainsi progresser vers l'amont à couvert et riposter aux groupes des Forces françaises de l'intérieur. Vers 8 h 30, un camion de munitions stationné devant la conciergerie explose. Le personnel, de plus en plus inquiet, se réfugie dans les souterrains de l'usine mais en est vite et brutalement délogé par les Allemands. Ceux-ci, après avoir parqué le personnel dans l'atelier mécanique pendant près d'une heure, chassent les travailleurs à coup de rafales d'armes automatiques en l'air. La trentaine d'hommes expulsés se retrouve exposée aux tirs mais les Forces françaises de l'intérieur stoppent le feu. Alors qu'ils traversent le pont qui donne accès à l'usine pour rejoindre la route de Saint-Michel, ce sont les hommes de la Wehrmacht qui les prennent pour cible. Antoine Da Silva, 45 ans, est tué tandis que deux de ses camarades de travail sont blessés. Les hommes valides les prennent en charge et le groupe prend la direction du centre-ville.

À Saint-Michel, c'est le chaos. Le groupe de maquisards avance entre la population de la ville qui est sortie des maisons à la suite d'une fausse alerte aérienne, ainsi qu'au travers de l'interminable file de véhicules des gens qui fuient la ville. Les soldats allemands et les miliciens aperçoivent la petite troupe avec ses blessés et la prennent pour un groupe de résistants faits prisonniers. Au fil du trajet, la tension monte. Arrivés au champ de foire, après une pénible marche d'environ 1,5 km, les ouvriers sont pris à partie et trois d'entre eux pris au hasard sont abattus : Adolphe Allizond, 52 ans, Valentin Hauza, 29 ans et Nérino Gigante, 15 ans.

Ce dernier tombe sous les yeux de son père. Jean Marguet, le directeur, crie de toutes ses forces les quelques mots d'allemand qu'il connaît : « *arbeiter aluminium fabrik !* » (« travailleur aluminium usine ! »).

Un officier allemand intervient et fait cesser le massacre. Après avoir écouté les explications du directeur, il prend le groupe sous sa protection et le mène dans la « villa Marie », un cantonnement du poste de douane allemand, pour le soustraire à la furie des soldats et des miliciens. Les hommes restent plusieurs heures dans ce refuge avant d'oser regagner leurs domiciles.

*Vue de l'entrée de Saint-Michel avec au fond le village de la Saussaz qui domine les cheminées de l'usine (photographie datant d'avant la guerre).*

Pendant ce temps, la ville de Saint-Michel est livrée au pillage et aux exactions ; en différents lieux de la ville, des exécutions ont lieu.

La cité ouvrière de Calypso, entre Saint-Michel et Saint-Martin-la-Porte, là où se trouve actuellement la Société de bobinage électrique *Rey*, est le théâtre de faits épouvantables. C'est la zone où résident les ouvriers d'origine étrangère, à l'époque. Elle est investie par des hommes du Deutsches Afrikakorps et, quand bien même la fouille des modestes logis ne donne rien, cinq hommes sont arrêtés. Ils sont : Saar Bendemagh, 37 ans, Taar Bendemagh, 38 ans, Mohamed Ghanem, 31 ans, Lakdar Kelifi, 44 ans, et Saïd Salick, 46 ans, tous regroupés devant une des habitations et exécutés sur place. Saïd Salick est abattu sous les yeux de sa femme et de ses cinq enfants.

Paul Clément, 55 ans, mutilé de la Première Guerre mondiale, caissier à l'usine AFC, qui passait sur les lieux à ce moment-ci, est lui aussi abattu. Bernard Daviet, Joannes Fontaine et Jean Maschio, arrêtés au hasard, sont menés jusqu'au cimetière et exécutés devant une tombe vide. Pierre Costesergent, 13 ans, est abattu au lieu-dit de la Roche tandis qu'Élie Salomon, 50 ans, qui cherche à rentrer chez lui à Saint-Martin-la-Porte, est abattu à proximité de l'usine *Métal Temple*.

À l'extrémité est de la ville, un autre drame se joue. Des otages ont été pris, dont Madaci Djabari, 52 ans, et Robert Louis Théophile Pascal, 33 ans, qui ont été capturés chez eux au hameau de la Denise, à Orelle. Le premier a justement son nom qui figure sur le monument aux morts du chef-lieu d'Orelle. Félix Georges Albert, 43 ans, s'est fait prendre alors qu'il tentait précisément de rejoindre Orelle. Alexandre Zunine, 48 ans, lui aussi du village de la Denise, semble avoir été arrêté dès le 22 août 1944. Ces quatre hommes sont rassemblés devant le perron de la « villa Magnin », située au n° 12 de la Grand-Rue, en début de matinée. Obligés de rester debout, ils sont roués de coups à chaque fois qu'ils fléchissent les jambes. Vers midi, deux autres hommes sont amenés : Joseph Fontanet, 47 ans, et Pacifique Gaspard, 50 ans, tous les deux ouvriers à l'usine AFC de la Saussaz.

Ils s'étaient réfugiés dans une des cités de la société AFC au « pont de fer ». Ils sont interceptés peu avant midi alors que, croyant le calme revenu, ils cherchaient à rentrer chez eux au village du Châtelard situé en aval sur la rive gauche de l'Arc, près de Saint-Martin-d'Arc.

Les six hommes sont emmenés dans l'après-midi non loin de là au stade municipal (vers l'actuelle caserne des sapeurs-pompiers) et sont exécutés à l'arme automatique. La violence du tir est telle que le corps de Félix Georges Albert, complètement déchiqueté, ne peut pas immédiatement être identifié. C'est l'horreur absolue…

La liste des victimes ne s'arrête malheureusement pas là. Lors de l'affrontement avec les Forces françaises de l'intérieur, le hameau de la Saussaz situé juste au-dessus de l'usine est investi par les Allemands et totalement incendié. Lors de cette attaque, Isidore Renaud, 56 ans, est abattu. Le 25 août, un corps entièrement carbonisé est retrouvé au lieu-dit des Glaires. Il faut plusieurs jours pour identifier la victime, Ahmed Fellalhi, lui aussi domicilié au hameau de la Denise à Orelle et abattu le 23 août. Son nom figure sur le monument aux morts du chef-lieu à Orelle.

*L'usine d'aluminium de Calypso dominée par le fort du Télégraphe avant la guerre.*

*L'usine d'aluminium de Calypso dominée par la Croix des Têtes (2 491 m) avant la guerre.*

*Rassemblement des ouvriers au lieu-dit de Calypso, entre Saint-Michel, Saint-Martin-d'Arc, Saint-Martin-la-Porte, Valloire et Montricher-Albanne (années 1940).*

*L'usine située au Temple à Saint-Michel (XXᵉ siècle).*

Enfin, il reste deux victimes pour lesquelles les éléments d'information manquent. Le 23 août vers 20 h, au bord de la route alors nationale n° 6, vers le Temple, le corps d'une femme est retrouvé. Il s'agit de Suzanne Charvet, 28 ans. Inconnue à Saint-Michel, peut-être qu'elle faisait partie du convoi allemand. Il est probable que les soldats nazis l'aient capturée dans un village de Basse-Maurienne auparavant. Pour terminer, la plaque commémorative apposée en 2004, au souvenir des travailleurs fusillés de l'usine AFC, indique le nom d'André Bard. Peut-être qu'il s'agit d'André Aimé Bard, ouvrier à Saint-Michel, tué lors de l'explosion de la Denise quelques jours plus tard à Orelle. Son âge pourrait l'attester puisqu'il est né en 1916 au Thyl (28 ans). L'incertitude demeure…

Ce sont au total 25 personnes qui ont été tuées en ce sombre mercredi 23 août 1944, dont la plupart a été exécutée par balle. Une stèle a été érigée à la mémoire des employés de l'usine AFC (devenue *Péchiney* en 1950) exécutés en 1944. Elle est située à proximité du monument aux morts de Saint-Michel. Les victimes sont : Adolphe Allizond, André Bard, Saad Bendemagh, Tahar Bendemagh, Suzanne Charvet, Paul Clément, Pierre Costergent, Antoine Da Silva, Bernard Daviet, Madaci Djabari, Ahmed Fellalhi, Joannes Fontaine, Joseph Fontanet, Désiré Gaspard, Mohamed Ghanem, Nérino Gigante, Valentin Hauza, Lakdar Kelifi, Roger Le Compasseur Créqui Montfort de Courtivron, Jean Maschio, Robert Louis Théophile Pascal, Isidore Renaud, Saïd Salick, Élie Salomon et Alexandre Zrunine.

*La stèle du chef-lieu d'Orelle à la mémoire des victimes de 1944, avec deux obus (2024).*

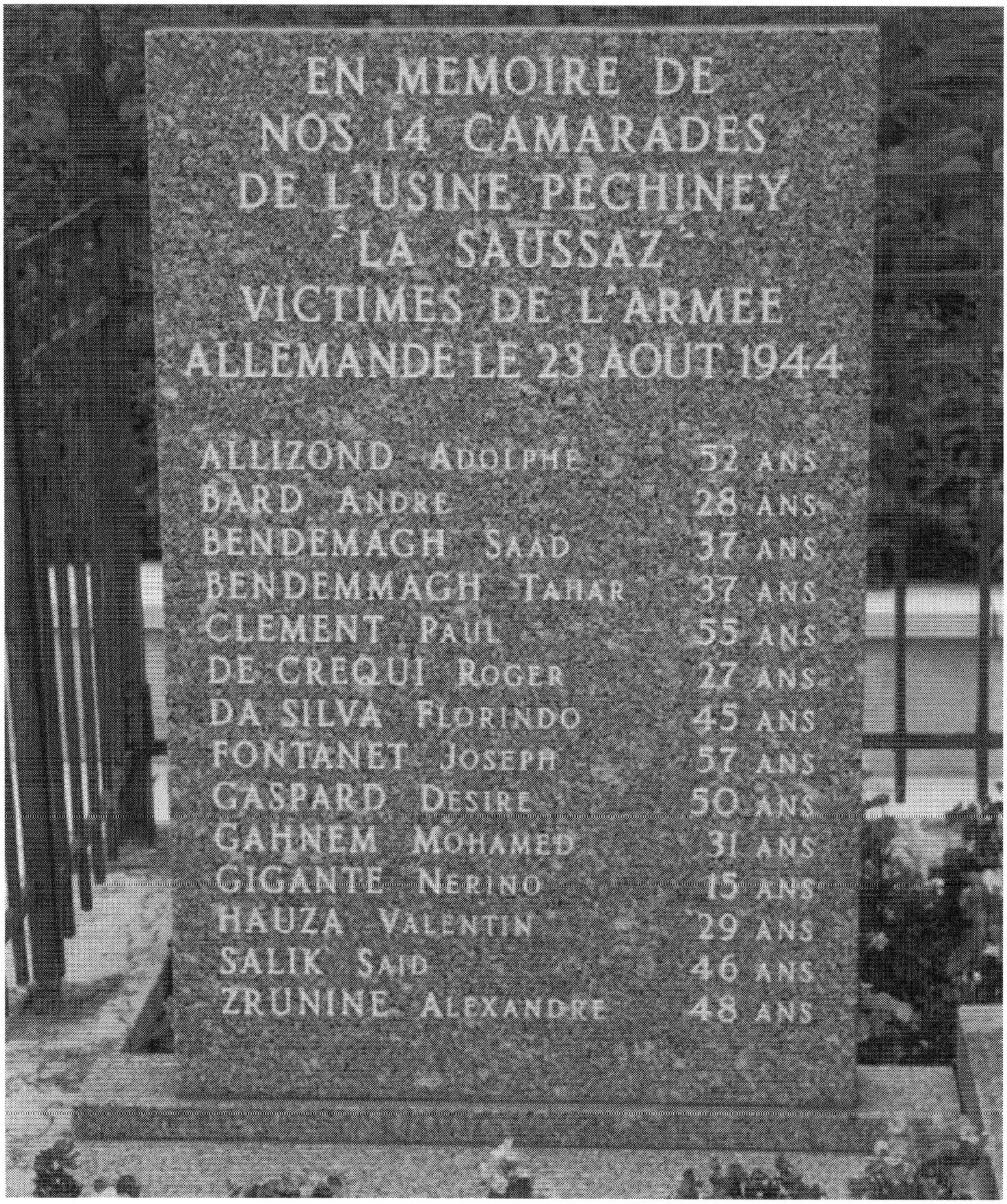


*La stèle commémorant le martyre des ouvriers de l'usine tués par les nazis (2021).*

*Le monument aux morts du chef-lieu d'Orelle (5 septembre 2024).*

Les Saint-Michelains ressortent meurtris de cette guerre. En plus des pertes humaines, plusieurs rues de la ville sont détruites par les bombardements alliés de 1944. Le bombardement du 4 juin 1944 a laissé des traces dans la ville. Les bombardiers, venus d'Italie, ont fait trembler toute l'agglomération et les destructions sont énormes. 150 maisons sont ruinées. À cause des dégâts, la place de la Croix Blanche (ou des Poilus), la rue Saint-Antoine et la place du Marché sont reconfigurées. Les impacts des obus, largués au-dessus des usines du Temple et de la Saussaz, ont laissé des trous géants dans les champs de vigne plus haut. Le Pas du Roc est également impacté par des bombardements. Le pont de la Saussaz est touché, ainsi que le quartier du Châtelard entre Saint-Michel et Saint-Martin-d'Arc.

Les victimes fuient la ville et se réfugient dans les chalets d'altitude de Saint-Martin-la-Porte et de Beaune, montent à Valloire, ou bien se dirigent vers Orelle et ses hameaux perchés.

*La place de la Croix-Blanche avant la guerre, actuel carrefour routier et début de la montée à Valloire.*

*La place du Marché, très animée, avant la guerre.*

*Vue de la rue Saint-Laurent et de la place du Marché à l'époque (avant la guerre).*

*L'épicerie centrale de Saint-Michel éboulée après les bombardements du 4 juin 1944, au départ de la rue du Général-Ferrié.*

*La place de la Croix-Blanche dévastée en 1944.*

*Alentours de la place de la Croix-Blanche à Saint-Michel après le bombardement.*

*Les maisons de la rue Saint-Laurent englouties sous les décombres (1944).*

*Les rues de Saint-Michel après le bombardement de 1944 (1).*

*Les rues de Saint-Michel après le bombardement de 1944 (2).*

*Le pont ferroviaire de la Provalière en reconstruction après le bombardement de 1944, en amont de Saint-Michel.*

*Les destructions du secteur de la rue Saint-Laurent en 1944 (1).*

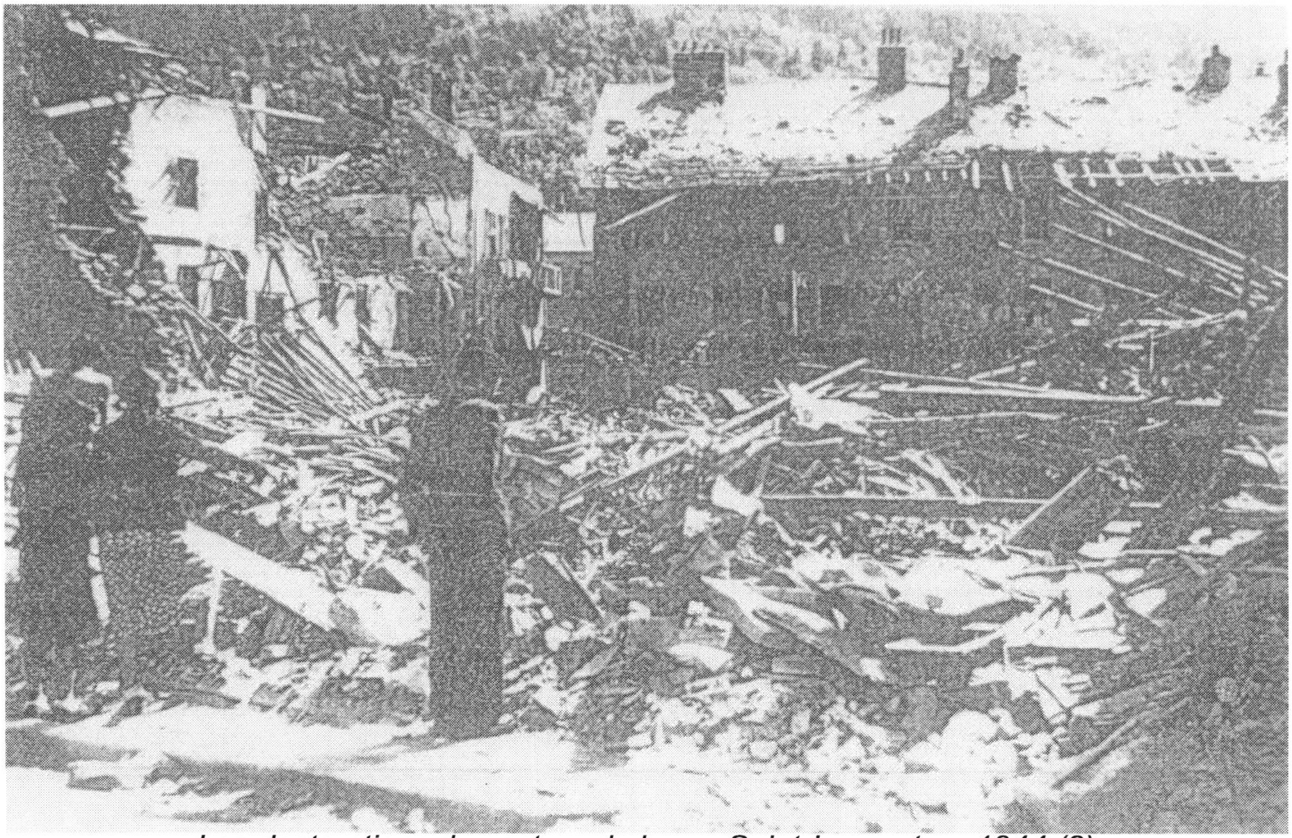

*Les destructions du secteur de la rue Saint-Laurent en 1944 (2).*

Ce même terrible 23 août 1944, les soldats allemands torturent, séquestrent et brûlent vifs, au camp militaire entre le fort et le tunnel du Télégraphe, Olivier Chaudron, Polysippe Ollier, Eugène Somny et Valentin Trente. Ils sont restés au Télégraphe pour vérifier quelle était la nationalité d'un groupe en uniforme qui arrivait vers Valloire. Il s'agissait d'Allemands qui venaient se venger juste avant la concrétisation de leur défaite. Les civils, qui n'étaient pas armés, ont été suppliciés dans la nuit du 23 au 24 août 1944 ; leurs cris s'entendaient à plusieurs centaines de mètres… Retrouvés calcinés le 26 avril 1945, une stèle et des calvaires honorent désormais éternellement la mémoire de ces martyrs de la Liberté.

« Je suis le fils d'un des quatre martyrs du Télégraphe. J'ai conservé des photos et des écrits sur les événements de cette terrible époque. En 1944, j'avais 6 ans. J'étais au tunnel du Télégraphe avec mon frère aîné, le 23 août, mais notre père, Valentin Trente, nous a fait repartir à la maison lors de l'approche d'un groupe non identifiable de loin. C'est la dernière fois que nous l'avons vu. Nous habitions aux Verneys, à la sortie de Valloire, suite au bombardement de Saint-Michel du 4 juin 1944. À ce sujet, je suis peut-être l'un des derniers témoins de ce dimanche 4 juin où la sirène a retenti pendant la messe qui se terminait. Le grand abri n'étant pas loin de l'église (l'entrée étant en face du monument aux morts, exactement) ; il a bien épargné la population contrairement à ce qui s'est passé à Modane. Quelques photos témoignent de l'importance des destructions. Le tunnel du Télégraphe a été détruit le 4 septembre 1944. L'histoire des dix otages tués à la Denise le 5 septembre 44 ainsi que l'histoire incroyable du curé de Beaune, chef des FTPF, sont d'autres témoignages tragiques et fiers de cette période inoubliable, au sens mémoriel du terme. »

Ephrem Trente, 10 juin 2024.

*Valentin Trente.*

*Vue du franchissement du tunnel du Télégraphe (endommagé par les Allemands en 1944) par le 6e bataillon de chasseurs alpins en mars 1945 ; le bâtiment dont le toit a disparu sous les flammes est la maison cantonnière.*

*Le tunnel du Télégraphe et sa maison cantonnière avant les sabotages allemands.*

*Messe de l'abbé Rosset dans les années 1950 pour commémorer le massacre de Valloire, devant l'infirmerie des baraquements du Télégraphe où les atrocités ont été commises.*

*Vue du cénotaphe du Télégraphe.*

*Stèle commémorative du Télégraphe (2021).*

Après la reprise de l'occupation par l'Allemagne nazie, de nombreux événements affectent la zone de l'usine électrochimique de Prémont. C'est une des usines d'électrochimie les plus avancées, au moins dans la vallée de la Maurienne, caractéristique qui constitue une vengeance de choix pour les nazis. Plusieurs explosions ont lieu durant l'occupation allemande : le personnel ouvrier et les installations de production ont failli être tué et anéanties maintes fois. Le sabotage final est général : la centrale est hors d'usage, les habitations de Prémont ont été pillées, détruites et incendiées, et les différents bâtiments industriels gravement détériorés. Le barrage des Chèvres (alors situé sous l'actuel barrage de Bissortette) ainsi que celui de la Denise sont endommagés. Sur les deux conduites qui alimentent la centrale, une seule est à peu près utilisable. La production de l'aluminium est momentanément suspendue tandis que celle d'électricité chute à un dixième de sa capacité.

*Le secteur de la montée* Ouest-Métaux, *quelques mètres en aval du barrage des Chèvres de l'époque, alimentant l'usine de Prémont en contrebas, saccagée en 1944.*

Le barrage des Chèvres, construit en 1893, en aval du pont des Chèvres.

Barrage de la Denise en contrebas des hameaux du Poucet et de la Denise, chargé de l'alimentation hydraulique de l'usine de la Saussaz, endommagé en 1944.

Au village orellin du Noiray, les habitants se souviennent que deux tireurs (des habitants de Saint-Michel) ont ouvert le feu sur la retraite allemande. Cela a conduit à la montée des nazis au Noiray, et à la séquestration des hommes civils arrêtés. 55 hommes sont enfermés dans une remise de Francoz, située au chemin du Pont de la Ville. Heureusement, une petite fille émeut le commandant allemand, qui l'a prise dans ses bras ; c'est à ce moment inespéré que les prisonniers attribuent leur survie. Les femmes les croyaient tous morts. Après la Libération, cela ne sera heureusement pas le cas.

> « *Les nazis étaient remontés depuis Francoz parce qu'ils s'étaient pris des balles. La route ne montait pas jusqu'au Noiray tout à fait, alors une fois garés en contrebas, les soldats sont venus à pied au village. On s'est vite cachés, les enfants étaient tous ensemble. Ils ont pris tous les hommes et ils les ont enfermés plus bas, à Francoz. J'ai eu le bonheur d'ouvrir un peu la porte de notre cachette pour regarder ce qu'il se passait, j'étais toute petite ; c'est à ce moment-là que les Allemands m'ont repérée. Le chef, c'était certainement un commandant, s'est mis devant moi et puis… il m'a serré dans ses bras. Je ne savais pas ce qui allait m'arriver ! En fait, en y repensant, c'est grâce à cette petite émotion de la part de cet occupant que les Allemands n'ont pas fusillé les hommes. Ils étaient enfermés dans le garage China/du chemin du Pont de la Ville, à Francoz ; on avait le droit de leur apporter qu'un tout petit peu de nourriture. C'étaient les Allemands qui leur faisaient transiter une partie de nos dons. Pourtant, après qu'ils sont partis, on croyait nos papas tous morts. Les soldats allemands aussi pensaient qu'ils les avaient tous fait dépérir… Je ne sais pas pourquoi, on n'est sûrs de rien. Ce n'était pas le cas, par miracle ils étaient tous vivants. Ce sont des joies que l'on n'oublie pas.* »

*Yvonne Lathoud, 18 mai 2024.*

*Le garage du chemin du Pont de la Ville où étaient enfermés les hommes du Noiray en 1944, devant la maison* Chinal *en 2024 (derrière celui-ci se trouve le relais de diligence de Francoz).*

Dans le champ du Noiray, il faut aussi savoir que les Allemands ont positionné leur artillerie avec des canons pointés en direction du fort du Télégraphe.

« *Il y avait pas mal d'obus au Noiray, parce que les Allemands mettaient leurs canons au village. D'ailleurs, ici, dans le champ, là où maintenant ils mettent les ânes, il y avait un canon allemand tourné vers le fort du Télégraphe parce qu'ils tiraient sur les Français. Du coup, après, les habitants du village étaient obligés d'héberger les soldats allemands et ils étaient postés ici la journée. Ils avaient les munitions à proximité, et c'est pour ça que les obus étaient stockés dans les garages.* »

*Martine Roset, 18 mai 2024.*

*Le hameau du Noiray en 1965 vu de dessus.*

Il y avait par ailleurs trois abris dans la zone pour se protéger des bombardements alliés sur Modane : l'un est au-dessus du mégalithe de la fontaine au centre du village du Noiray, un autre est sous un gros rocher au Plare, sous l'actuelle route de Bonvillard à l'entrée est du hameau du Noiray, et le dernier se trouve dans les parages près d'un roc entre le Teppey et les Provencières.

« *Juste au coin du jardin, au-dessus du rocher du Noiray, il y a un abri et les gens venaient s'y cacher pendant la guerre, parce qu'il y avait des bombardements sur Modane. On peut s'y faufiler. Pareil pour le chemin du Plare, un peu plus haut, où à l'entrée du sentier il y a une grosse pierre et où les gens, pareil, se cachaient dessous. Il y a aussi, juste à l'entrée du Teppey, un chemin qui descend. Là aussi il y avait un rocher où les gens se cachaient, oui. Donc il y avait trois endroits pour se cacher : au milieu du village, au début du sentier du Plare et sur le chemin pour redescendre au Teppey. Il fallait se protéger parce que les avions canardaient et bombardaient Modane.* »

*Paul Serain, 18 mai 2024.*

*Deux douilles d'obus du Noiray (2024).*

*Vue de l'intérieur et des culs-de-douille (2024) conservés par l'association des* Amis du Noiray.

*Différents étuis d'artillerie vides conservés dans un garage du village du Noiray (2024).*

*Inscriptions sous les culots (2024).*

*Autres inscriptions (2024).*

*La route du Noiray en 1965 au milieu du village.*

Le hameau de Bonvillard est aussi concerné par la mise à disposition d'abris aux habitants. Des hommes sont mobilisés avec leurs mulets pour libérer de l'espace dans les caves.

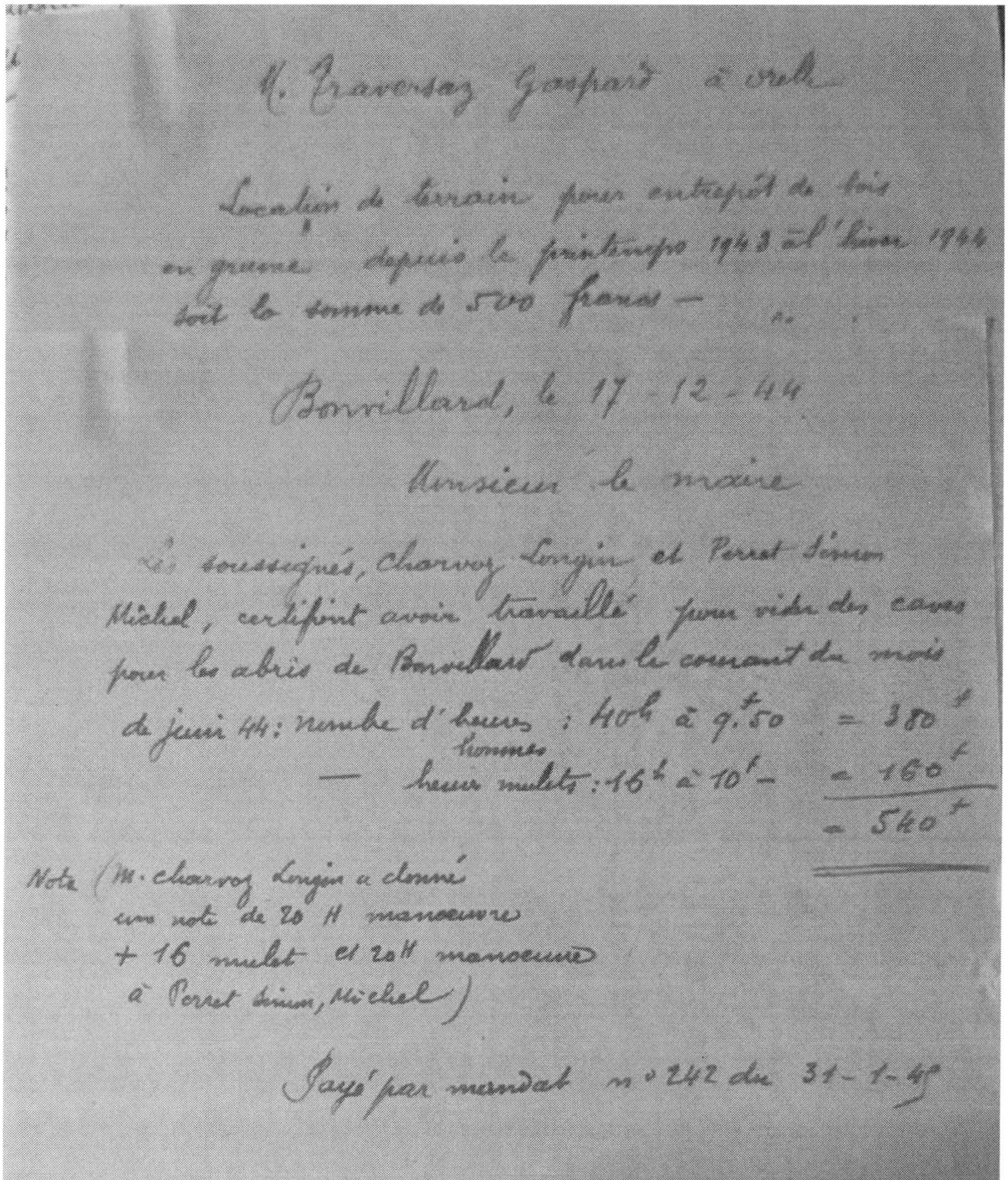

M. Traversaz Gaspard à Oselle

Location de terrain pour entrepôt de bois en grume depuis le printemps 1943 à l'hiver 1944 soit la somme de 500 francs —

Bonvillard, le 17-12-44

Monsieur le maire

Les soussignés, Charvoz Longin et Perret Simon Michel, certifient avoir travaillé pour vider des caves pour les abris de Bonvillard dans le courant du mois de juin 44 : nombre d'heures hommes : 40h à 9f50 = 380f

— heures mulets : 16h à 10f — = 160f

= 540f

Note (M. Charvoz Longin a donné une note de 20 H manoeuvre + 16 mulet et 20H manoeuvre à Perret Simon, Michel)

Payé par mandat n° 242 du 31-1-45

*Détail du temps passé à déblayer les abris de Bonvillard (17 décembre 1944).*

Il y avait aussi des cachettes entre les murets pierreux et les rochers de la Charmette, sur la combe de Francoz. Deux résistants de Francoz s'y cachaient et leur famille leur apportait des vivres de temps à autre. Dans le village de Francoz, l'ancienne maison *Deléglise* au bord de la route de Saint-Michel est, jusqu'à sa démolition, criblée de petits trous dans sa façade. Il s'agit de balles allemandes qui ont ricoché contre le mur.

Toujours à Francoz, les nazis occupent les maisons ; ils dorment dans les écuries, les granges ou les caves. Quelquefois, les civils arrivent à s'occuper de leur vache en échange du lait trait cédé aux soldats. Mais, plus souvent, les animaux domestiques sont confisqués.

*La maison* Deléglise *en 2018 (Francoz), sur laquelle on aperçoit encore très bien les impacts (photographie monochromatique).*

*« Il fallait héberger les Allemands qui nous occupaient, alors ils dormaient dans les granges ou les écuries. Ma mère avait une vache, mais on ne savait pas s'il fallait aller la traire ou pas. La réaction des Allemands pouvait très bien être imprévisible. Alors, finalement, cela s'est fait, peut-être sans problème parce qu'en contrepartie les soldats*

*recevaient un peu de lait. Je ne sais pas... En tous cas, on avait les hommes dans le maquis, qui se cachaient un peu plus haut, à la combe. Là-bas, il y avait une espèce de zone avec des murets et des trous pour se cacher. Il fallait leur apporter de l'eau et de quoi manger, mais c'était risqué, les nazis pouvaient très bien nous remarquer... Surtout qu'il suffit de regarder la façade de la maison, qui sera bientôt rasée : il y a un tas de trous dans le mur. C'étaient les balles qui fusaient entre les résistants et les Allemands. Souvent, ils les loupaient ; d'autres fois, le bilan était beaucoup plus triste pour les familles d'ici.* »

*Catherine Deléglise, 19 mai 2024.*

Le 5 septembre 1944, des prisonniers sont faits par les nazis à Orelle. Ce sont : Émilien Deymonnaz, Louis Deymonnaz, André Fessemaz. Domiciliés aux Basilières, ils sont déportés par l'armée allemande en Italie. Là-bas, ils parviennent à se libérer.

« *Mes grands-parents, Pierre et Marguerite Teillot, habitaient Francoz. Ils avaient de jeunes enfants dont ma mère qui était l'aînée, Georgette Teillot, née en 39, donc toute jeune à cette époque. La mère de ma grand-mère habitait aussi avec eux, la maison était grande. Comme les militaires allemands réquisitionnaient souvent les animaux de ferme, mes grands-parents avaient transféré leur vache, leur mulet et leur cochon dans une petite cabane en pierre au-dessus de Francoz, nommée « la cabane de Sur-Francoz » (ce lieu est au-dessous de Plan-Cerisier). La mère de ma grand-mère y allait chaque jour pour s'occuper des bêtes et rapporter du lait pour les enfants. Un jour, les soldats allemands lui demandèrent où elle allait. Je ne sais pas exactement ce qu'elle leur dit, ils lui répondirent* qu'ils ne répondraient pas de sa sécurité, mais elle continua d'y aller et rien ne lui arriva, par chance. La petite cabane a perdu son toit depuis ce temps, mais ses murs sont toujours bien visibles. Ma mère m'a aussi dit que plusieurs fois elle et sa famille avaient été se mettre à l'abri la nuit dans la maison un peu isolée qui est entre la Fusine et le Noiray. Il semble qu'ils n'étaient pas seuls à y aller. Pourquoi ? Pas très clair. J'imagine que cette maison, étant isolée et loin de la route et de la voie ferrée, était plus « sûre » en cas de bombardement des Alliés. »

*Hervé Girard, 27 mai 2024.*

*La maisonnette près du sentier descendant sur Francoz dans la zone de Plan-Cerisier (2024).*

Les hameaux de Francoz (à gauche) et de la Bronsonnière (à droite) en 1908.

Le 14 septembre 1943, les Alliés bombardent la ville de Modane en détruisant notamment les églises de Modane et de Saint-André. À Orelle, une bombe tombe sans exploser dans la forêt de Francoz, sur l'ubac. Le 11 novembre, Modane et Fourneaux sont de nouveau visées. Les destructions sont si importantes que des abris sont érigés aux alentours : à Orelle, il y en a un qui est mis à disposition près du cimetière du chef-lieu, à côté de la route d'Orellette. Au début du mois de septembre 1944, un obus tombe au centre de Francoz, criblant les maisons aux alentours de trous. Il n'y a pas de blessé.

*« Lorsque les combats se terminaient au niveau de Saint-Michel et d'Orelle, un obus, certainement tiré depuis le fort du Télégraphe pour repousser les Allemands, est tombé sur l'actuelle place de la Télécabine, au milieu de Francoz. C'était alors le champ de mes grands-parents (ma*

grand-mère se nommait *Bonin*, mon grand-père se nommait *Chinal*). S'il n'y a pas eu de blessé à déplorer, les éclats ont criblé toute la façade du bâtiment de l'actuel office postal et de l'ancien office de tourisme. Une partie de la famille *Rey* occupait les lieux. Avant la restauration municipale, on me disait à chaque fois, en passant devant cette façade, que c'étaient les trous d'un obus tiré pendant la guerre. On peut aussi parler des prisonniers de guerre allemands : à la sortie de la guerre, il y en avait qui travaillaient à Prémont. La journée, ils partaient à l'usine ; sinon, les habitants se chargeaient de les nourrir et de les loger. Ils donnaient un coup de main le week-end. Dans la maison *Chinal-Bonin*, à côté du bureau postal d'aujourd'hui, un Allemand a peint sa ville d'origine sur le mur. Pour les gens de cette période, il n'y a pas à dire, ça devait être une époque bizarre à vivre. »

*Michel Chinal, 4 juillet 2024.*

*Les maisons de Francoz le long de la route de Saint-Michel vues en 1940 depuis la Bronsonnière : le bâtiment tout à gauche qui borde la route nationale est le garage où sont enfermés les hommes du Noiray ; juste au-dessus, c'est la maison* Chinal-Bonin *; la maison sombre à l'est est la maison* Deléglise *criblée de balles.*

*Photographie de la première partie des années 1900 des bâtiments longeant la route de Francoz : à droite, il y a le bâtiment où logeait la famille Rey ainsi que le café* Teillot *; à gauche, ce sont les jardins de la future place de la Télécabine où un obus s'est écrasé.*

*La peinture qu'un Allemand a dessiné dans la maison* Chinal-Bonin *à Francoz (2024).*

*La partie est du village de Francoz, les champs du futur lotissement de la Charmette, la maison de la combe de Francoz ainsi que les chalets du Teppey en 1957 ; le bâtiment de quatre niveaux tout à gauche est l'hôtel* Rey.

Les ponts de la vallée sont détruits. Les Allemands ont détruit ceux près de la gare de l'usine de Prémont. Les ponts métalliques de Prémont (mesurant 53 m de long avec un tablier supérieur), la dalle en béton armé qui les renforçait ainsi que les deux franchissements de la route alors nationale n° 6 (portés par des poutrelles enrobées de 11 m) sont extrêmement endommagés. Les quatre ouvrages sont détruits et les deux ponts de l'Envers surplombant la rivière de l'Arc ne sont pas récupérables. De plus, après les bombardements de la Denise, le pont de la Denise à l'entrée ouest d'Orelle est effondré. Dans leur repli, les nazis ont coupé le pont de la Ville, près de la Bronsonnière, et le pont des Chèvres, à l'entrée est de la commune, a été miné. Les ouvrages sont anéantis et irréparables : il faut tout changer à la sortie de l'Occupation.

Le pont des Chèvres est reconstruit juste après la guerre, tout près de sa position initiale. Le pont actuel est plus tardif (datant du début des années 1990). Il avait été reconstruit et amélioré fin 1932 en béton armé, à la demande de la Commission d'organisation des régions fortifiées pour permettre le passage des convois de 3e classe (composés de tracteurs de 9 tonnes et de remorque de 44 tonnes) en prévision des approvisionnements en matériel lourd (cuirassements notamment) des ouvrages en construction en Moyenne-Maurienne, ainsi que du futur corps de bataille de Moyenne-Maurienne. Profitant des travaux, le nouveau pont a alors été équipé d'un dispositif de mine permanent. Un poste de secours est d'ailleurs établi entre Bissortette, la Praz et Freney sous la voie ferrée. Il est occupé par la 66e division d'infanterie.

*Le poste de secours entre Bissortette, la Praz et Freney sous la voie ferrée (soldats de la 66e division d'infanterie française).*

*Le secteur de Prémont avec l'usine, les bâtiments industriels et les habitations (1942).*

*Carte postale éditée vers 1903 présentant la zone de Prémont.*

*L'usine de Prémont photographiée peu de temps avant sa démolition, dans la première moitié des années 1990.*

*« Autrefois à Prémont, c'était toute une animation, il y avait de la vie, beaucoup de monde. Des habitations aussi ! J'ai habité Prémont et puis j'allais à l'école de la Denise, il y avait déjà la stèle pour 1944 qui était dans la cour. Mais il faut bien dire que toute cette guerre a dû précipiter l'endroit dans sa fin, déjà que c'était assez lugubre. La joie de Prémont s'est sûrement ternie, puis a disparu avec la démolition. C'est toute une page de l'histoire d'Orelle qui se tourne, à ce moment-là... »*

*Josiane Amevet, 3 janvier 2024.*

*Vue des cuves rondes de l'usine d'Orelle.*

*L'intérieur de l'usine de Prémont.*

*Vue générale de la zone dévastée de Prémont en 1945.*

*Le pont détruit devant le tunnel de l'Envers délaissé depuis 1882 à cause de l'effondrement de sa voûte (1945).*

*Dégâts ferroviaires sur la dalle pourtant en béton armé (1945).*

*Ampleur du résultat des explosions en 1945.*

Dans le village de Prémont, les Allemands ont détruit le magasin de l'usine, incendié la maison Vuattout, endommagé la centrale électrique, mis hors d'usage la conduite forcée et miné les barrages de la Denise et du pont des Chèvres. Tout brûle.

## La libération de la vallée

Le 6 juin 1944, les troupes anglaises et états-uniennes débarquent en Normandie. Le 15 août 1944, les forces alliées, composées de soldats français, américains et anglais, débarquent depuis la mer Méditerranée en Provence, entre Toulon et Cannes. Une partie d'entre eux remonte la vallée du Rhône ainsi que celle de l'Isère. Les forces alliées atteignent Grenoble le 22 août 1944. Le 21 août 1944 au soir, ce sont les Forces françaises de l'intérieur qui libèrent Aix-les-Bains ; le 22 août 1944 au matin, Chambéry ; le 23 au matin, Albertville. La bataille de la libération de la vallée de la Tarentaise commence. Le 24 août 1944, les Forces françaises de l'intérieur atteignent Montmélian, puis Saint-Pierre-d'Albigny et enfin le pont Royal près de Chamousset. D'autres équipes du débarquement de Provence remontent vers les Hautes-Alpes pour ensuite gagner la Savoie par le col du Galibier à Valloire. Ils parviennent au fort du Télégraphe à la fin du mois d'août 1944 dans le but d'utiliser, avec les maquisards, l'ouvrage fortifié pour libérer la vallée de la Maurienne.

En Savoie, sans aide militaire extérieure, les Forces françaises de l'intérieur, l'Armée secrète et les Francs-tireurs et partisans français, avec le renfort de ces mêmes organisations de la Haute-Savoie, progressent dans toute la combe de Savoie et harcèlent les forces allemandes en stationnement ou en retraite en direction de la vallée de la Maurienne. Ils reçoivent des parachutages d'armes et de matériel alliés importants. Le 22 août 1944, les maquisards mauriennais reçoivent l'ordre de leur prêter main-forte en attaquant les convois allemands qui fuient vers l'Italie. Ils reçoivent l'aide de 65 hommes venus de Grenoble avec des mortiers états-uniens ainsi que celle d'un bataillon pédestre de tirailleurs marocains.

Depuis le débarquement de Provence, des convois allemands se replient en direction de l'Italie par la vallée de la Maurienne. Les éléments de l'armée allemande, qui battent en retraite depuis Chamousset, remontent difficilement la vallée par la route nationale n°6 ainsi que les axes routiers secondaires. En effet, le chemin de fer ne fonctionne plus à cause des destructions des installations de distribution de courant de traction et aux sabotages des voies.

Les Allemands filent au-delà de la frontière pour rentrer en Allemagne. Ils sont escortés par la *Panzerdivision* du Deutsches Afrikakorps, venue d'Italie pour protéger la retraite en semant la terreur sur son passage. Les Allemands resteront en Haute-Maurienne jusqu'au 25 avril 1945. La plupart des villages de la vallée sont détruits et la lutte est d'autant plus dure que les partisans ne reçoivent pas beaucoup d'aide physique et matérielle face au nombre important d'ennemis ; la Savoie était un point secondaire de la bataille où le repli allemand était jugé inévitable. Au printemps 1945, la libération des cols alpins s'achève avec l'entrée en mai 1945 des troupes françaises et américaines à Turin.

Les accrochages sont très nombreux entre les Forces françaises de l'intérieur et les Allemands. Ces derniers répliquent par de nombreuses représailles envers la population civile et la destruction de villages entiers ainsi que de nombreuses usines de la vallée. Ce sont plusieurs compagnies de troupes d'élite de l'armée du Troisième Reich (le Deutsches Afrikakorps, la Schutzstaffel (SS) et le génie civil et militaire allemand) arrivées en renfort depuis l'Italie qui accomplissent pour couvrir leur retraite ces destructions et atrocités. Ils détruisent systématiquement tous les ouvrages d'art routiers et ferroviaires.

Au total, ce sont environ 22 000 obus qui ont été tirés en Maurienne par les forces en présence…

*Le fort du Télégraphe vers 1950 entre Saint-Michel-de-Maurienne et Valloire.*

## La libération de Saint-Michel-de-Maurienne et du Thyl

Au lever du jour, le 5 septembre 1944, en provenance de Saint-Michel, une douzaine de maquisards longent la vallée à mi-hauteur de l'adret dans le but de rejoindre Orelle. Au niveau du village des Basilières, ils rencontrent une patrouille allemande qui monte depuis le pont de la Denise. Des tirs sont échangés dans la zone du torrent du Poucet ; un officier allemand est tué et plusieurs maquisards sont blessés. Les plus gravement atteints restent cachés dans les broussailles tandis que les autres s'enfuient et parviennent au village du Bois-Dessous, se font soigner, atteignent le hameau du Bois-Dessus et se dirigent vers la montagne. Quatre d'entre eux trouvent la mort entre les Basilières et les villages du Bois : Henri Dellapina (19 ans), Alphonse Prévent (22 ans), Gabriel Curtet (28 ans) et un membre des Forces françaises de l'intérieur dont le nom demeure inconnu.

Ce même 5 septembre 1944, Marcel Borjon, âgé de 45 ans, père de trois enfants, habitant le village du Claret dans l'actuelle commune de Saint-Julien-Mont-Denis, mais travaillant à la gare de Modane, décide de rentrer chez lui en passant par la montagne car la vallée est sous le feu des Allemands et des maquisards. Peu après avoir franchi la chapelle Notre-Dame-des-Neiges à Orelle, il est abattu par les nazis entre les communes d'Orelle et du Thyl, à 2 230 m d'altitude, sur le sentier de Genevret dans le secteur du ravin du Grand Golet. À la mi-journée, un détachement allemand quitte Orellette en direction des villages des Bois. Une partie des Allemands va vers le Bois-Dessous et l'autre vers le Bois-Dessus. Le village des Basilières est incendié ce jour-là.

*La plaque à la mémoire de Marcel Borjon fixée au Grand Golet par sa famille en 1988.*

*Vue aérienne du village du Thyl en 1991 (cote 8).*

*Le village du Poucet, à gauche, et celui des Sordières, à droite (1888).*

« Ma mère tenait un bistrot à la Buffaz, les anciens y racontaient leurs histoires que j'écoutais ; j'avais 4 ans lorsque les Allemands ont tout brûlé. Entre le Poucet et les Basilières, il y en a qui se sont fait tuer ; les nazis étaient aussi vers la voie ferrée. Certains blessés de la Denise ont été mis dans la chapelle de la Buffaz. Aux hameaux du Bois, l'incendie était terrible. Ils sont venus à l'étable de la maison, saigner le cochon. Et puis ils ont reçu un mandat, ils sont tous partis. Le *cochon est resté à cuire ! Je me souviens aussi qu'il y avait un ingénieur électricien à l'usine de la Saussaz, sa femme était de la Buffaz. Il arrive et dit : « foutez le camp et passez par en haut, vers la conduite forcée de l'usine, les Allemands sont là ! ». Il y avait plusieurs familles cachées dans les buissons. C'était leur unique moyen de survivre pour ne pas se faire remarquer. Ces soldats français et tous ces gars du maquis, ils étaient prêts à se sacrifier, c'est grâce à eux qu'aujourd'hui on a la liberté. »*

*Noël Rossero, 28 juin 2024.*

Au Bois-Dessus, depuis quelques jours, la plupart des habitants ne restent plus au village. Certains ont aménagé sommairement l'intérieur d'une « charbonnière » (mine de charbon) avec de la paille, pendant que d'autres s'entassent dans un des chalets, au lieu-dit du Coin. En ce matin, seules quelques villageois s'emploient aux activités du village. D'un seul coup, deux jeunes maquisards qui fuient les nazis demandent à boire aux habitants. Juste après que les résistants soient partis, les Allemands surgissent. Ils se font servir un café et, toujours à la recherche des maquisards, forcent deux jeunes femmes à les conduire dans les caves. La fouille s'avère négative et l'ordre d'incendier le village est donné. Les habitants sortent de leurs maisons et il paraît qu'ils auraient été aidés par certains soldats pour sauver quelques objets. Les Allemands libèrent les animaux et disent qu'ils ne peuvent pas différer la mise à feu, sous peine d'être fusillés…

Le groupe se met en marche pour descendre dans la vallée, mais, arrivées au bas du village, les femmes s'enfuient dans les broussailles. Deux Allemands tirent sur deux autres femmes cachées derrière un muret de pierres avec de jeunes enfants, dont un bébé. Les fugitives s'enfuient vers un chalet du Coin, en s'assurant qu'elles ne sont pas suivies, et y retrouvent les autres villageois. Le soir, l'un d'eux redescend au village du Bois-Dessus, qui brûle toujours, et libère les bêtes oubliées, sauf un mulet qui périt carbonisé. Un des bâtiments, au centre du village, n'a pas brûlé. N'osant plus se déplacer dans la montagne, les habitants restent alors plusieurs jours coupés de toute communication.

*Les ruines du Bois-Dessus vues en 2017 (photo monochromatique).*

*Vue des villages des Sordières (premier plan, Saint-Michel) et du Poucet (arrière-plan, Orelle) séparés par le barrage de la Denise et son lac (alimentation de l'usine de la Saussaz en contrebas) (1880).*

*Hameau d'Orellette vu depuis le Bois-Dessus en 2024 (les deux villages sont proches).*

*Les chalets sur les hauteurs de la frontière entre les communes du Thyl et d'Orelle, au-dessus du Coin, à la Lauzière (cote 9).*

*Les chaumières du village du Bois-Dessus en 1937 (cote 10).*

*Depuis Orellette, vue de la forêt des Bois-Dessus et Dessous, et des Litières (photographie de 2020 monochromatique).*

*Vue dominante du village du Bois-Dessus en 1937 (cote 11).*

*Le Bois durant l'hiver de 1938-1939 enseveli sous la neige.*

*Village de la Buffaz (Saint-Michel) depuis les prés qui le dominent ; tout au fond se trouve le village des Sordières (2021, photographie monochromatique).*

*La Buffaz, l'été (2021, photographie monochromatique).*

*La rue principale du Bois photographiée en 1940 près de la chapelle.*

*Les habitants du Bois sortis lors de la fête du village en 1940.*

*Le Bois-Dessus photographié en 1943.*

*Résultat de l'incendie allemand de 1944 sur le Bois-Dessous.*

Plusieurs familles venant d'autres villages ont cherché refuge au Bois-Dessous. Le village compte une quarantaine de personnes. En début de matinée, trois maquisards arrivent dans le village et racontent ce qu'il s'est passé plus haut. Ils assurent qu'ils n'ont pas pu être vus et qu'ils veulent rejoindre Orelle. Une femme soigne les blessés légers, deux autres (jeunes filles) vont jusqu'à Orellette vérifier si la voie est libre. Malheureusement un détachement allemand s'y est installé la veille et les maquisards doivent monter vers Genevret pour atteindre Orelle par le haut de l'adret. Dans la matinée, un homme du Bois-Dessus arrive de la charbonnière où il est caché depuis plusieurs jours et conseille aux hommes de quitter le village, mais ces derniers refusent.

Les postes allemands sont établis sur les deux versants de la vallée, entre les Sordières et Orellette. Les Allemands guettent inlassablement les sentiers pour vérifier qu'il n'y a pas de mouvement du maquis en montagne. Une sentinelle aperçoit une activité étrange au Bois-Dessous et transmet un rapport aux patrouilleurs nazis.

En début d'après-midi, un détachement allemand constitué d'une trentaine de soldats arrive en provenance d'Orellette. Les nazis font sortir tous les habitants de leurs maisons puis les rassemblent au centre du petit village ; les Mauriennais tentent de sauver le plus important, puis les Allemands mettent le feu et tout brûle. Seule la chapelle Sainte-Anne n'est pas incendiée, mais sa toiture et sa voûte se sont effondrées vers 1999. Dans une des maisons au bas du village, l'incendie s'est très rapidement arrêté. Le village de la Buffaz échappe miraculeusement au sort identique qui lui était réservé. Ensuite, les Allemands ordonnent aux habitants de descendre avec eux jusqu'à la Denise, à Orelle. La descente est longue et difficile : les hommes marchent en premier tandis que les femmes, les enfants et les hommes âgés ou chargés de famille les suivent par solidarité et rejoignent la Denise. Même les animaux domestiques les accompagnent jusque dans les bois près du village du Poucet.

*Le village d'Orellette dans les années 1940.*

*Le village de la Vaèle au-dessous de Genevret avec la chapelle Notre-Dame-des-Neiges (2023).*

*La ruine d'un chalet de Genevret photographiée en 2023.*

*Le col des Marches et ses deux croix en 2019.*

*Le col des Sarrazins et sa croix chrétienne en 2022.*

*Le col du Cheval Blanc et la dent de Bissorte photographiés avec cinq chasseurs alpins au début du XX^e siècle (cote 12).*

## La libération d'Orelle

Le 4 juin 1944, la ville de Saint-Michel est bombardée par l'aviation alliée pour ralentir la progression allemande et le pont orellin de la Denise est visé. Les dégâts ne sont pas très importants pour le pont légèrement fragilisé ; par contre, les habitations de la Denise situées en amont du pont sont gravement endommagées (portes et fenêtres soufflées), notamment une maison appartenant à l'usine de Prémont où logeait une famille polonaise. Une adolescente de 14 ans revenant d'Orelle est blessée à cause du souffle d'un obus tiré.

« *Notre grand-mère se nommait Émélie (Thérèse Victorine) Plaisance (1896-1973) et notre grand-père était Camille More (1895-1975). Ils se sont mariés et ont eu 8 enfants, tous décédés aujourd'hui, dont notre mère Odette (Olga) More (1930-2005). Cette famille a habité une maison au lieu-dit Prémont (quartier démoli). Ensuite, ils ont habité la Denise dans une maison qui a été également détruite (entrée actuelle du tunnel d'Orelle). Voici le premier fait. En 1944, notre mère avait alors 14 ans, elle se souvient des bombardements qui ont été terribles et plus particulièrement pour elle. Elle traversait un champ, elle était seule, elle a été soufflée par une bombe, elle a eu très peur, elle a dû perdre connaissance un moment, elle a simplement été raccompagnée chez elle, pas de médecin, pas d'hôpital, la vie « continuait »... Le deuxième fait est le suivant : ses parents avaient des animaux de la ferme pour subvenir à leurs besoins, ils étaient soumis au rationnement et souvent aux prélèvements alimentaires allemands. Un jour, des Allemands sont venus sur leur lieu d'habitation, nos grands-parents étaient soupçonnés d'avoir caché un cochon. Les Allemands n'ont pas trouvé ce cochon, alors notre grand-mère (48 ans) a été emmenée dans la cour (peut-être de l'école de la Denise) et a été mise en joue par les soldats, pour être exécutée devant ses propres enfants. Par « chance », un officier allemand a demandé aux soldats de stopper cette exécution, car ils étaient appelés d'urgence sur une autre « opération ». La vision de cette maman mise en joue les a marqués durement, même s'ils en parlaient peu (par pudeur ou par honte...). Nous avons vu une fois notre oncle, déjà âgé, pleurer en évoquant ce récit (il avait alors 12 ans). Ce souvenir familial implique des questions : était-ce la cour de l'école ? Pourquoi ce lieu ? Était-ce une dénonciation ? Pourquoi l'exécution a-t-elle été stoppée ? Un lien avec la Résistance ? C'est, sans doute, un récit parmi tant d'autres dans l'immensité des drames vécus durant cette période, mais c'est une façon de rendre hommage à « tous ces gens du pays ayant souffert de l'Occupation », à toutes ces familles et, peut-être, à toutes ces femmes de l'ombre. »*

*Françoise et Maryse Pierrehumbert, 20 mai 2024.*

Le 22 août, les Allemands et les miliciens fuient vers l'Italie. Les Orellins voient passer un cortège de véhicules de l'armée allemande avec des otages de Saint-Michel, notamment des commerçants et des personnalités politiques. Aux Sordières, des coups de fusil sont tirés à leur passage par des résistants. Le convoi nazi s'arrête et la situation s'aggrave un peu plus. Le mercredi 23 août, des renforts allemands descendent depuis Modane sur Saint-Michel ; deux coups de feu sont tirés vers Francoz par des Allemands qui visent des fuyards sans les atteindre. Par contre, ils emportent sur leur passage, vers le pont de la Ville, Félix Georges Albert qui revient de la forêt où il a travaillé du bois, puis, à la Denise, Robert Louis Théophile Pascal. Ce sont certainement les deux hommes que les gens du coin ont appelés les « deux malheureux de la Falconnière ».

Tous deux seront lâchement fusillés au stade de Saint-Michel, avec des ouvriers de l'usine de la Saussaz qui se trouve alors à l'entrée amont de la ville.

Les neuf jours suivants, un calme relatif règne à Orelle. Dans la nuit du 3 au 4 septembre, le village d'Orelle (chef-lieu) est occupé, ainsi que celui d'Orellette. Le village de la Saussaz à Saint-Michel a été incendié. Les villages du Poucet, de la Denise, des Sordières et des Basilières sont abandonnés par leurs habitants qui montent en altitude se réfugier aux villages du Bois-Dessus et du Bois-Dessous (commune du Thyl) ainsi qu'aux chalets de Bordelin, de Plan-Bronzin, de la Cochonnière et de Pranadina (Orelle). Dans les villages désertés, les Allemands pillent les maisons. Au chef-lieu, une partie des soldats allemands étant des muletiers, les nazis réquisitionnent les écuries et le four à bois ; le fourrage est volé dans les granges.

Le 4 septembre, les Allemands visitent toutes les maisons, réclament du pain et des œufs, volent aussi les montres, les réveils et surtout les bicyclettes des habitants. Mais les bicyclettes sont rares car elles ont été dérobées en nombre par les Soviétiques. En effet, ils étaient appelés à l'époque les « Mongols » : entre 1939 et 1944, des milliers d'Asiatiques sont engagés dans l'Armée rouge auprès des Russes. Ils viennent des pays de l'Europe de l'Est, comme l'Ukraine ou le Kazakhstan. Ces hommes se retrouvent avec l'uniforme allemand de la Wehrmacht parce qu'ils sont prisonniers des nazis, ayant été attrapés quelques mois auparavant. Soit ils entraient dans l'armée allemande, soit ils étaient expédiés vers les camps de concentration.

En tous cas, ce même jour, en début d'après-midi, un ordre allemand exige que tous les hommes de 17 à 45 ans soient rassemblés et gardés à vue, car les nazis viennent de découvrir, caché dans une maison près du cimetière d'Orelle, un sac de cartouches. Tous les hommes du chef-lieu et quelques-uns de la Fusine et du Noiray sont rassemblés dans la grange de Charles Francoz, en face de l'ancien bureau de poste.

À tour de rôle, deux soldats allemands sont en faction devant la porte. Les hommes de Bonvillard et d'Orellette, quant à eux, ont pris de la hauteur vers l'Arpont ou l'Arcelin. 68 habitants séquestrés sont menacés d'être brûlés vifs dans la grange s'ils ne se dénoncent pas. Un homme se désigne courageusement et donne aux Allemands l'explication selon laquelle il est chasseur de chamois. Il est déporté en Italie et fait prisonnier. Il réussit là-bas à s'évader.

*L'Arcelin et la chapelle Notre-Dame-des-Anges en 2023 (photo monochromatique).*

*Les ruines de la Cochonnière en 2024.*

*Le village de la Fusine avec sa chapelle Saint-François-d'Assise qui se trouve à côté de la maison en pierres sèches où étaient cachés de nombreux villageois (2015).*

*Le hameau de Bonvillard, assez épargné matériellement des hostilités durant la période allant de 1939 à 1945 (années 1960).*

« À Orelle, c'est-à-dire au chef-lieu, les Allemands étaient violents. En plus du rationnement de nourriture et du réquisitionnement d'animaux de la ferme, c'étaient des menaces physiques constantes qui étaient adressées à la population civile. La famille de mon mari, Maurice Fontaine, qui résidait au chef-lieu, s'est un jour dirigée vers la forêt de Bois-Noir pour se mettre à l'abri des Allemands. Il y avait ma belle-mère, entre autres ; ils avaient un chalet à Pranadina, toute la famille était cachée à l'intérieur. Aujourd'hui, ce chalet, au bord du sentier, n'a plus son toit. Il est écroulé, des lauzes sont au sol, et tout est recouvert de ronces. À l'image de cette cachette sommaire mais si *symbolique, les témoins de ce douloureux passé, notamment les personnes qui ont vécu la guerre, se raréfient. Il faut donc sauvegarder le patrimoine mémoriel ainsi que le souvenir local pour que l'Histoire ne soit pas oubliée, aussi dure soit-elle. »*

*Annick Fontaine, 4 janvier 2024.*

*Les maisons de la rue principale du chef-lieu (route d'Orelle) dans les années 1940, près de là où étaient surveillés les hommes d'Orelle par les nazis.*

Le 5 septembre dans l'après-midi, une fumée épaisse, puis des flammes, indiquent l'incendie des villages (au Thyl) des Bois-Dessus et Dessous, des Litières et des Basilières (ainsi que sûrement des Reynauds). Durant la matinée, de petits groupes du maquis venant de la Buffaz (Saint-Michel) avec des membres des Forces françaises de l'intérieur, voulant rejoindre la Haute-Maurienne, demandent du ravitaillement aux habitants des Bois et se renseignent sur la présence nazie à Orelle ; ils sont repérés par des Allemands installés aux Sordières. Une estafette nazie partie en moto vient avertir les Allemands cantonnés à Orellette et un détachement du Deutsches Afrikakorps roule jusqu'aux Gorges du Poucet, puis arrive au Bois-Dessus. Un interrogatoire des habitants a lieu : ils nient avoir vu des gens du maquis. Après avoir menacé les villageois de les exécuter en les mettant en joue et après leur avoir asséné des coups, les Allemands descendent au Bois-Dessous.

C'est alors que quelques coups de feu sont tirés ; la colère des Allemands jaillit, toute la population des deux villages du Bois est conduite à la Denise, et parquée dans la cour de l'école. Les deux villages sont incendiés. Les hommes arrivent les premiers dans la cour de l'école de la Denise ; ils sont alignés contre le mur et dépouillés de leurs objets de valeur. Le second groupe les rejoint et tous attendent. Il y a alors deux bébés de six mois avec leurs mères.

*Le hameau de la Denise et son pont en 1932, avant la guerre.*

*Les villages du Poucet et de la Denise après la guerre en 1954.*

*Photographie de 1993 montrant l'école de la Denise, construite en 1891, avec sa cour tout à gauche ; le bâtiment de droite est le « café Ferrando ».*

*Photographie de l'école où les impacts des obussont encore visibles à gauche (fin du XX$^{e}$ siècle).*

*Vue générale du village de la Denise (fin du XX^e siècle).*

*Vue de la Denise depuis la voie ferrée (XX^e siècle).*

Un canon de 105 mm qui se trouve à quelques mètres d'eux attire l'attention des artilleurs-pointeurs postés au fort du Télégraphe, occupé depuis deux jours par la 1re armée française, les Alliés et des maquisards. Une batterie issue du 2e régiment d'artillerie coloniale d'Afrique occidentale française, postée au camp du Télégraphe sur le col, fait feu avec imprécision. Des obus sont tirés. Ils pleuvent sur la zone : les premiers atteignent la route d'Orelle à proximité du Poucet, les seconds tombent entre la route et l'école de la Denise. Il en tombe sur la maison de la famille Ferrando ; des soldats allemands sont blessés, ils se mettent à l'abri tandis que d'autres militaires poussent les femmes, les enfants et ceux qui s'en occupent dans la cave de l'école. Cependant, 16 hommes doivent rester dans la cour, surveillés par les troupes. Ils sont menacés par les Allemands qui braquent leurs mitraillettes sur eux quand ils essayent de se mettre à l'abri.

Les Allemands mettent en joue les otages (avant l'impact), prêts à les fusiller, comme l'indique l'alignement contre le mur des hommes qui a été imposé par les nazis.

Une troisième salve d'obus frappe de plein fouet le mur de l'école et arrose de ses éclats les hommes réunis, tuant neuf otages et en blessant cinq autres. Il est alors entre 16 h 30 et 17 h 30. Les blessés, installés dans des maisons du Poucet, restent plusieurs jours sans soin et l'un d'eux meurt dans les jours qui suivent. Les Allemands, à qui les habitants avaient demandé de l'aide, répondent (selon plusieurs témoignages à l'époque) : « Allez chercher vos amis américains » et empêchent l'enlèvement des corps des victimes qui restent sur place. Ils empêchent le curé d'Orelle ainsi que les femmes de toucher aux corps. Ces derniers resteront deux jours au sol.

*« Lorsque nous pénétrons dans la cour, les hommes sont déjà alignés contre le mur. Deux SS malmènent Louis, tout en fouillant dans sa*

serviette. La Maman se précipite vers son fils. Elle est de nouveau durement repoussée et titube. Catherine a à peine le temps de la recevoir dans les bras que des détonations éclatent au-dessus de nous. Nous nous précipitons vers le seuil de la maison d'école. Les Allemands nous y poussent d'ailleurs, brutalement ; et nous nous retrouvons dans les escaliers qui mènent aux caves. Nous voici enfermés - une vingtaine de femmes et enfants gémissants - dans un local sombre et humide. Les hommes n'ont pas suivi. Les détonations se succèdent atrocement... Une explosion plus proche emplit le soupirail de poussière et de projectiles, et nous fait croire que le pont a sauté... Il y a un canon juste à l'entrée de la cour ? L'ont-ils mis en marche ? Céleste et Catherine, après avoir vigoureusement ébranlé la porte, réussissent à sortir de la cave et s'élancent par les escaliers. À trois reprises, elles sont refoulées. Pelotonnés les uns contre les autres dans un coin de la cave, Dédée, Thérèse, Laurent, Jean-Louis et moi, grelottons de peur et d'angoisse. La Maman, tout à côté, berce dans ses bras le petit Maurice qui suffoque de sanglots. Papa est, tout près, appuyé sur sa canne. Chaque famille, par groupes, se resserre sur son anxiété, ses appréhensions et son chagrin : c'est à peine si à travers les pleurs nous entendons, du haut de l'escalier, l'appel de Céleste qui a enfin bravé les Allemands et pu sortir... Nous nous précipitons... Spectacle de désolation indescriptible ! Les hommes gisent, entassés dans un coin de la cour. Maintenus sous la menace des fusils des SS, ils ont essuyé les éclats d'un obus percutant le mur au-dessus d'eux : neuf corps atrocement mutilés, dont celui de notre Joseph... Des blessés dont notre Louis, très grièvement à la tête, Georges qui porte de multiples plaies aux bras et aux jambes, Frédéric B... qu'on emmène sur un brancard de fortune, Marcel F... qu'on aide à marcher. M. M... et son fils ont réussi à s'enfuir... Comment ont-ils fait ? Comment *ont-ils pu ?»*

*Rose-Marie Ponce,* Le soleil en cendres : Sur le chemin des villages brûlés, Les carnets d'une jeune fille pendant la guerre, *La Fontaine de Siloé, 1994.*

Le directeur d'exploitation des mines des Sordières, Monsieur Magnin, ainsi que son fils, indemnes, s'esquivent de la cour de l'école par la forêt en profitant de l'agitation. Ils rejoignent le fort du Télégraphe pour prévenir les soldats français. Le chef de batterie et ses hommes bénéficient d'informations importantes et de renseignements géographiques. Ils stoppent les tirs.

Le 6 septembre 1944, Orelle est en deuil. Le destin veut que cette journée soit un jour de pluie torrentielle. Deux Orellins, Gaspard Traversaz et Marcel Vignoud (capitaine des pompiers), sortent les cadavres méconnaissables de la cour de l'école de la Denise et les placent dans le bâtiment. Ils les recouvrent de toile. Marcel Vignoud décède le 19 septembre suivant, dans un accident de camion. Ce même jour, à la Charmette (sur la combe de Francoz), plusieurs familles se sont réfugiées dans une maison. Une personne qui monte vers le Teppey s'arrête et tout le monde sort de la maison pour prendre des nouvelles de ce qu'il s'est passé la veille et de ce qu'il advient des prisonniers de Francoz, qui avaient été séquestrés par les Allemands. C'est alors qu'un obus, peut-être tiré depuis le Noiray où sont positionnés les soldats nazis, rebondit sur une fenêtre et explose dans la maison. La pièce est arrosée d'explosifs et de morceaux de verre ; toujours par le destin, les occupants civils ont été sauvés, à quelques secondes près, parce que se trouvant dehors. C'était une dizaine de personnes où se trouvaient en majorité des enfants.

Dans la soirée du 6 septembre 1944, les obusiers de l'artillerie du fort du Télégraphe prennent pour cible Orelle. Les Allemands conduisent leurs prisonniers aux abris, sur la route d'Orellette, près du cimetière d'Orelle, où se trouvent déjà plusieurs familles au complet. Ils font donner à leurs prisonniers leur parole d'honneur de ne pas sortir avant 5 h le lendemain et enferment les Orellins dans une grange.

*Le village du chef-lieu dominant Prémont dans les années 1940.*

*Carte postale où figure le hameau du chef-lieu expédiée en 1933.*

*Le village d'Orelle après la guerre, entre 1960 et 1970.*

*La chapelle Saint-Joseph du Poucet en 2023.*

Vers 5 h, le jeudi 7 septembre 1944, il n'y a plus d'Allemand à Orelle : les militaires se sont discrètement enfuis vers la Haute-Maurienne pendant la nuit. La commune d'Orelle est libérée.

Le même jour, sept cercueils sont amenés dans la chapelle Saint-Roch, à Pierre-Plate près du chef-lieu. Les autres sont transportés à Saint-Michel. Le vendredi 8 septembre, six cercueils sont sépulturés à l'église Saint-Maurice d'Orelle ; après la cérémonie, ils sont inhumés dans le cimetière d'Orelle.

Parmi les Français, on compte neuf morts : André Bard, Marcel Bard, Roger Bard, Jérôme Émilien Bochu, Joseph Dughera, Frédéric Fessemaz, Jean Francoz, Constantin Pellegrini et Alexis Plan. Leurs corps sont déposés dans la chapelle Saint-Joseph du Poucet. Il y a six blessés dont certains qui le sont très gravement. Deux rejoignent immédiatement la Buffaz au-dessus de Saint-Michel : Louis Dughera, qui est porté par ses sœurs, et un autre, que des villageois aident à marcher.

Louis Dughera décédera deux semaines plus tard de ses blessures ; cela porte le bilan humain du massacre du 5 septembre à dix morts. Les autres sont d'abord transportés vers le village du Poucet, puis à Sainte-Barbe où se trouve une maison isolée. Ils sont soignés pendant deux jours par la femme de l'un d'entre eux qui est infirmière. Ils survivent finalement, au prix de traitements souvent longs et douloureux.

*Vue d'artiste de 2024 reconstituant la scène du 5 septembre 1944 à la Denise par Pauline Chamberod.*

Les blessés qui ont survécu, au nombre de cinq, sont : Émile Rémy Deymonnaz, habitant au Poucet (invalide à 10 % après avoir reçu des éclats d'obus dans le pied et la jambe) ; Georges Rey, de Francoz (ayant reçu des éclats d'obus dans la tête et dans la jambe ; son témoignage écrit postérieur est transmis au musée savoisien ainsi qu'au Muséobar de la Frontière à Modane), dont les deux beaux-frères, Louis et Joseph Dughera, sont décédés ; Henri Pellegrini, de Saint-Michel ; Frédéric Sixte Bochu, habitant au Poucet (ayant reçu des éclats d'obus dans le bras et dans la cuisse, rendu invalide à 20 %) et étant le fils du défunt Émilien Bochu ; Marcel-Émilien Fontaine, résidant au Bois-Dessous et à Orellette (grièvement blessé et par la suite invalide à 60 %). Ce sont ces deux derniers hommes qui sont soignés au-dessus du Poucet, à Sainte-Barbe, par une dame et Monsieur Martin, le directeur de l'usine de Prémont. Ils ne reçoivent pas d'autre soin que des calmants et sont, au bout d'environ 60 heures, transportés à l'hôpital de Saint-Jean-de-Maurienne par des jeunes de la Buffaz.

*Cérémonie commémorative des 80 ans de la Libération devant le monument aux morts du chef-lieu (5 septembre 2024).*

*Recueillement du 5 septembre 2024 devant le tombeau commun des victimes du mois de septembre 1944.*

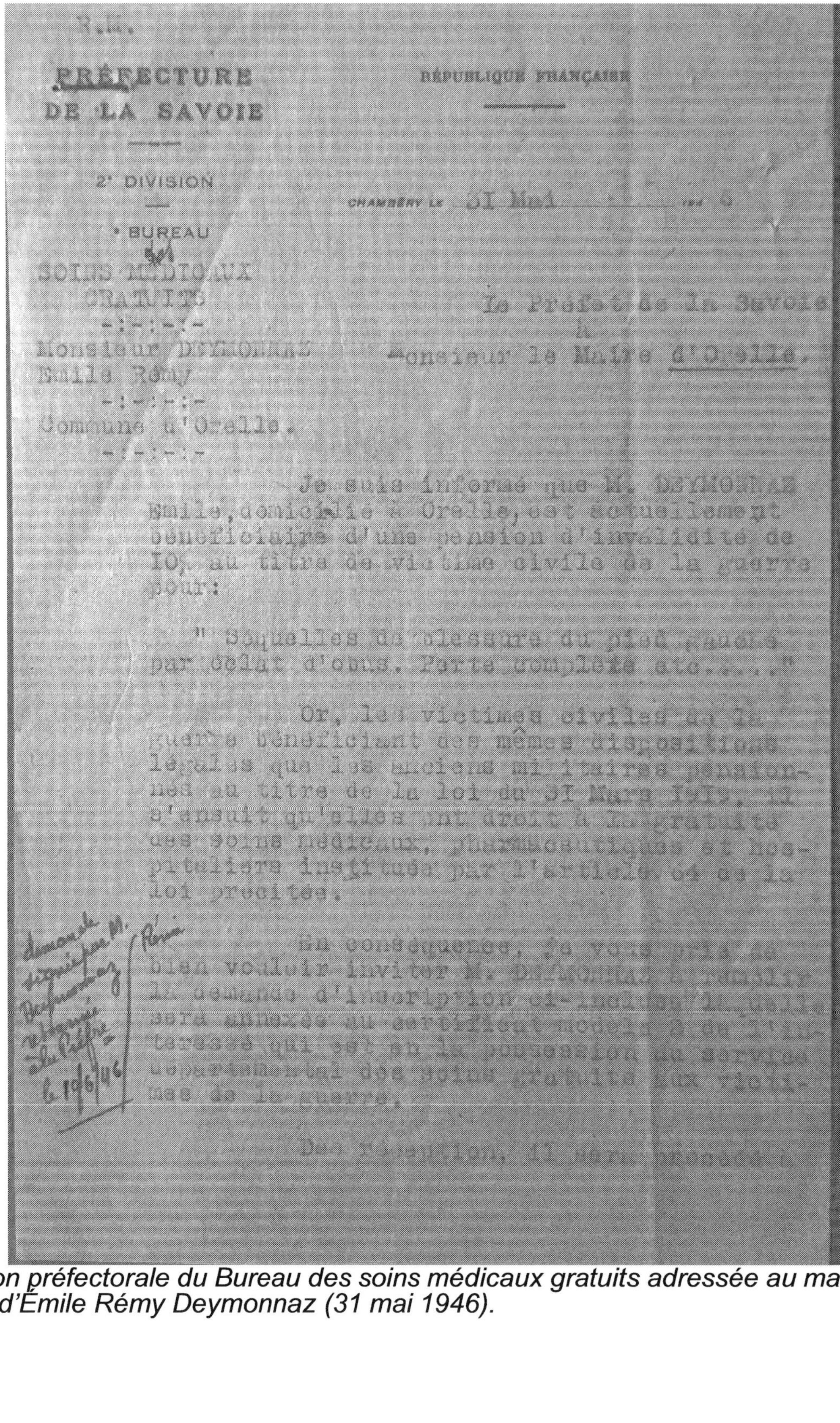

R.M.

PRÉFECTURE DE LA SAVOIE

RÉPUBLIQUE FRANÇAISE

2e DIVISION

BUREAU

CHAMBÉRY LE 31 Mai 194 6

SOINS MÉDICAUX GRATUITS
-:-:-:-
Monsieur DEYMONNAZ Emile Rémy
-:-:-:-
Commune d'Orelle.
-:-:-:-

Le Préfet de la Savoie
à
Monsieur le Maire d'Orelle.

Je suis informé que M. DEYMONNAZ Emile, domicilié à Orelle, est actuellement bénéficiaire d'une pension d'invalidité de 10% au titre de victime civile de la guerre pour:

" Séquelles de blessure du pied gauche par éclat d'obus. Perte complète etc....."

Or, les victimes civiles de la guerre bénéficiant des mêmes dispositions légales que les anciens militaires pensionnés au titre de la loi du 31 Mars 1919, il s'ensuit qu'elles ont droit à la gratuité des soins médicaux, pharmaceutiques et hospitaliers institués par l'article 64 de la loi précitée.

En conséquence, je vous prie de bien vouloir inviter M. DEYMONNAZ à remplir la demande d'inscription ci-incluse laquelle sera annexée au certificat modèle 3 de l'intéressé qui est en la possession du service départemental des soins gratuits aux victimes de la guerre.

Dès réception, il sera procédé à

demande signée par M. Deymonnaz retournée à la Préfre le 19/6/46

Rémy

*Information préfectorale du Bureau des soins médicaux gratuits adressée au maire d'Orelle à propos d'Émile Rémy Deymonnaz (31 mai 1946).*

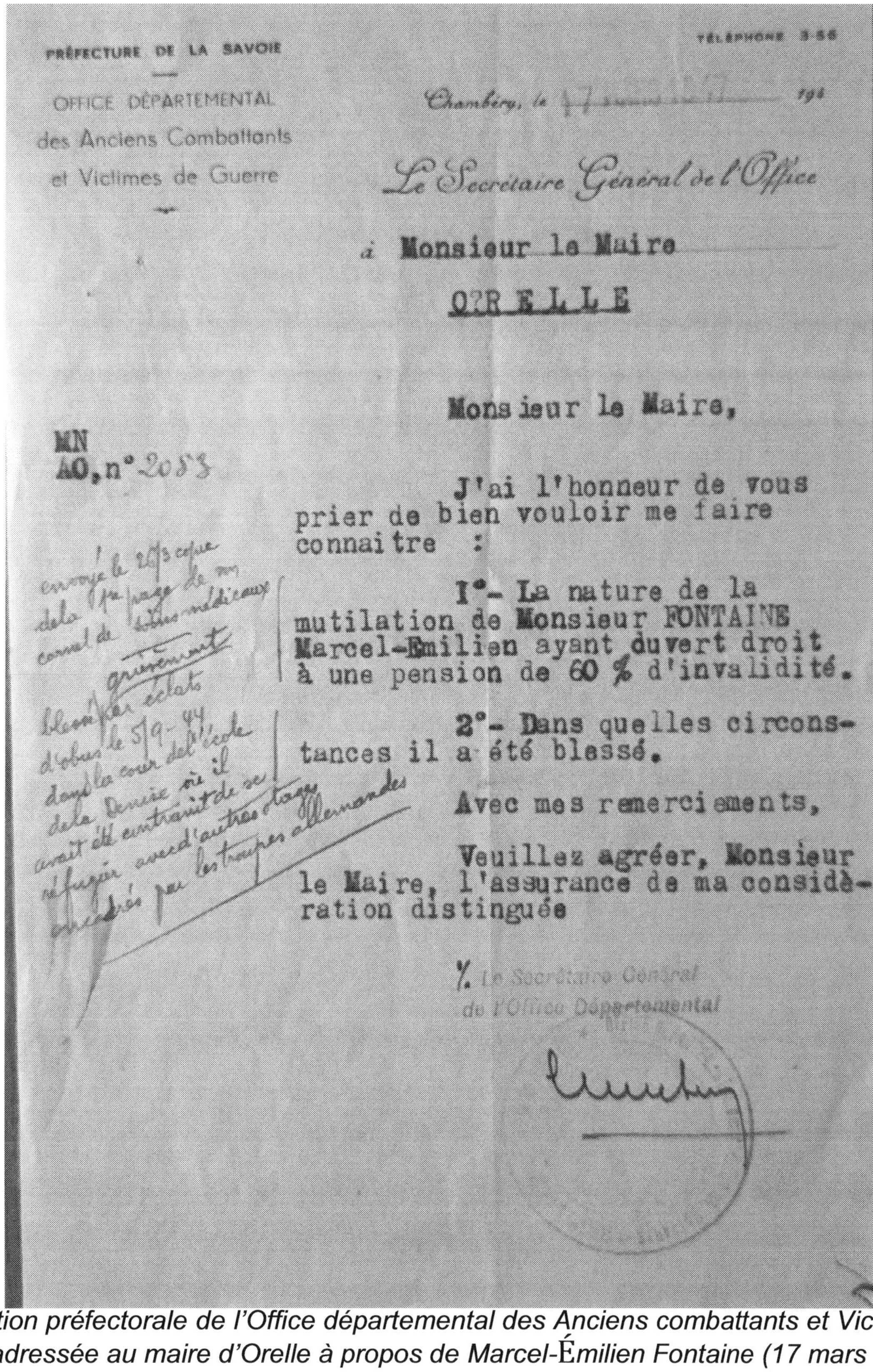

PRÉFECTURE DE LA SAVOIE

OFFICE DÉPARTEMENTAL
des Anciens Combattants
et Victimes de Guerre

TÉLÉPHONE 3-55

Chambéry, le 17 ........ 194

Le Secrétaire Général de l'Office

à Monsieur le Maire

O?R E L L E

MN
AO, n° 2053

Monsieur le Maire,

J'ai l'honneur de vous prier de bien vouloir me faire connaitre :

1°- La nature de la mutilation de Monsieur FONTAINE Marcel-Emilien ayant duvert droit à une pension de 60 % d'invalidité.

2°- Dans quelles circonstances il a été blessé.

Avec mes remerciements,

Veuillez agréer, Monsieur le Maire, l'assurance de ma considération distinguée

P/. Le Secrétaire Général
du l'Office Départemental

envoyé le 26/3 copie de la 1re page de son carnet de soins médicaux

grièvement blessé par éclats d'obus le 5/9-44 dans la cour de l'école de la Denise où il avait été contraint de se réfugier avec d'autres otages encadrés par les troupes allemandes

*Information préfectorale de l'Office départemental des Anciens combattants et Victimes de guerre adressée au maire d'Orelle à propos de Marcel-Émilien Fontaine (17 mars 1947).*

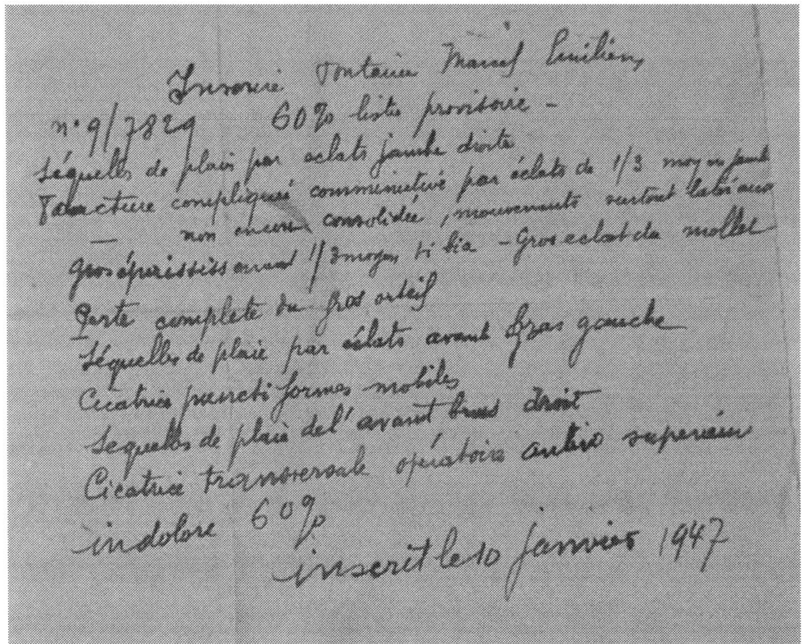

Inscrit Fontaine Marcel Emilien
n° 9/7829 60% liste provisoire –
Séquelles de plaie par éclats jambe droite
Fracture compliquée comminutive par éclats de 1/3 moyen jambe
— non encore consolidée, mouvements surtout latéraux
gros épaississement au 1/3 moyen tibia – Gros éclat du mollet
Perte complète du gros orteil
Séquelles de plaie par éclats avant bras gauche
Cicatrices [illegible] formes mobiles
Séquelles de plaie de l'avant bras droit
Cicatrice transversale opératoire [illegible] supérieure
indolore 60%
inscrit le 10 janvier 1947

*Détail des blessures et séquelles de Marcel-Emilien Fontaine (1947).*

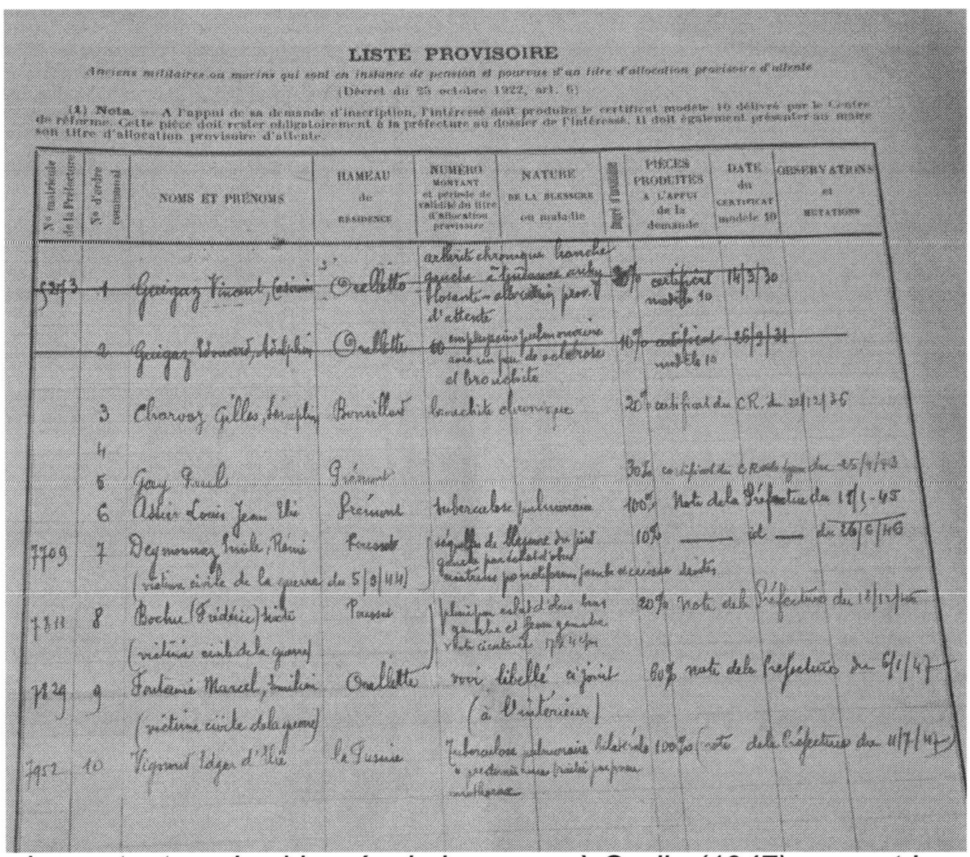

LISTE PROVISOIRE

*Anciens militaires ou marins qui sont en instance de pension et pourvus d'un titre d'allocation provisoire d'attente*

(Décret du 25 octobre 1922, art. 6)

(1) Nota. — A l'appui de sa demande d'inscription, l'intéressé doit produire le certificat modèle 10 délivré par le Centre de réforme. Cette pièce doit rester obligatoirement à la préfecture au dossier de l'intéressé. Il doit également présenter au maire son titre d'allocation provisoire d'attente.

| N° matricule de la Préfecture | N° d'ordre communal | NOMS ET PRÉNOMS | HAMEAU de RÉSIDENCE | NUMÉRO MONTANT et période de validité du titre d'allocation provisoire | NATURE DE LA BLESSURE ou maladie | [illegible] | PIÈCES PRODUITES A L'APPUI de la demande | DATE du CERTIFICAT modèle 10 | OBSERVATIONS et MUTATIONS |
|---|---|---|---|---|---|---|---|---|---|
| 5373 | 1 | Geoigaz Vincent, Casimir | Orelletto | | arthrite chronique hanche gauche à tendance anky[illegible] Florent – allocation prov. d'attente | 30% | certificat modèle 10 | 14/3/30 | |
| | 2 | Geoigaz Vincent, Adolphe | Orellette | | emphysème pulmonaire avec un peu de sclérose et bronchite | 10% | certificat modèle 10 | 26/9/31 | |
| | 3 | Charvoz Gilles, Séraphin | Bonvillard | | bronchite chronique | 20% | certificat du C.R. du 29/12/26 | | |
| | 4 | | | | | | | | |
| | 5 | Gay Paul | Prémont | | | 30% | certificat du C.R. [illegible] du 25/9/43 | | |
| | 6 | Abler Louis Jean Eli | Prémont | | tuberculose pulmonaire | 100% | Note de la Préfecture du 1/5-45 | | |
| 7709 | 7 | Deymonnaz Emile, Rémi (victime civile de la guerre du 5/9/44) | Pressat | | séquelles de blessure du [illegible] [illegible] cicatrices [illegible] jambe [illegible] droite | 10% | — id — du 26/6/46 | | |
| 7811 | 8 | Bochu (Frédéric) [illegible] (victime civile de la guerre) | Pressat | | plaie par éclats [illegible] bras gauche et [illegible] gauche [illegible] 5/9/44 | 20% | Note de la Préfecture du 18/12/[illegible] | | |
| 7829 | 9 | Fontaine Marcel, Emilien (victime civile de la guerre) | Orellette | | voir libellé ci-joint (à l'intérieur) | 60% | note de la Préfecture du 6/1/47 | | |
| 7952 | 10 | Vignoud Edgar d'Eli | le Pusnie | | Tuberculose pulmonaire bilatérale [illegible] | 100% | (note de la Préfecture du 11/7/47) | | |

*Liste provisoire portant sur les blessés de la guerre à Orelle (1947) : y sont inscrits certains blessés du 5 septembre 1944.*

« J'ai perdu plusieurs membres de ma famille le 5 septembre 1944 à la Denise, dans la cour de l'école. J'avais à l'époque 16 mois. Habitant à Modane, nous étions réfugiés au Bois. Ce jour-là, j'ai perdu mon père, Marcel Bard, mon oncle, Alexis Plan, et mon cousin, Roger Bard. Les soldats allemands avaient maintenu les otages en se mettant un peu à l'abri, mais nos hommes n'ont pas pu se protéger quand les obus sont tombés sur eux. Non seulement cette période était noire, mais c'est sans parler de la vie d'après. Personne, à la maison, ne parlait plus du 5 septembre 1944, sinon ma mère pleurait, ma sœur, qui avait 11 ans à l'époque, s'en allait. C'était un sujet que l'on n'abordait pas. Il est des tristesses qu'on ne peut dissimuler, et une telle horreur en fait partie. Néanmoins, c'est tellement important de garder cet événement en mémoire qu'il faut perpétuer le Souvenir. Surtout que peu de gens connaissent ce massacre. »

Paulette Henry, 23 mai 2024.

« À cette triste époque, j'étais adolescente, environ la quinzaine. J'étais assise sur un muret au-dessus du Poucet, le mur du crêt, quand j'ai vu passer les obus depuis le Télégraphe jusque sur la Denise et sur la route d'Orelle. C'était affreux : entre les villages du dessus, on empruntait les petits sentiers et partout il y avait des balles. Ici et là, on retrouvait des cadavres. Quel effroi à chaque fois… Le Poucet n'a pas été brûlé mais il y a eu des rafales de mitrailleuses. On peut peut-être dire qu'on a été plus chanceux que les réfugiés du Bois-Dessus et du Bois-Dessous. C'est compliqué d'en parler pour certains : forcément, vous vous remémorez des choses épouvantables. On essaie de ne pas trop y penser, mais à un moment il faut expliquer certaines choses aux plus *jeunes parce que le devoir de Mémoire est précieux. N'oublions pas nos hommes tombés en 1944 et ayons la même affection qu'ils avaient pour leur cher pays. »*

*Andrée Giacone, 28 juin 2024.*

De nombreux Allemands sont morts ou blessés. Ils sont déposés sur le bord de la route en attendant que des camions les emportent. Trois jours plus tard, la plus grande partie des Allemands a rejoint l'Italie ou au moins la Haute-Maurienne. Le secteur est libre désormais et des membres des Francs-tireurs et partisans français de Saint-Michel viennent chercher les blessés. Ils les portent d'abord de Sainte-Barbe à la Buffaz, puis des voitures les conduisent à l'hôpital de Saint-Jean-de-Maurienne.

*Mémorial du Thyl au Bois-Dessus installé en 2004.*

*Cérémonie commémorative de 2024 au Bois-Dessus.*

*Mémorial d’Orelle à la Denise lors de la commémoration du 5 septembre 2023.*

## La reconstruction et le retour à la vie

Très vite, la vie se réorganise dans le canton. Les familles qui ont cherché refuge dans les villages d'altitude regagnent leurs maisons. Certains villageois ont perdu leur foyer et s'installent dans les écuries et dans les maisons épargnées par le feu. Beaucoup sont hébergés dans les écoles des villages, d'autres logent dans des maisons inhabitées ou sont accueillies par leur famille, en attendant de louer un logement. Parfois, l'administration construit des chalets rudimentaires en bois, dans le fond de la vallée, pour les plus démunis. Quelques familles quittent définitivement la région. Tout ce qui était engrangé a brûlé donc il faut refaire les foins pour nourrir le reste du bétail et aussi rentrer les dernières récoltes. Cependant, leur perte oblige des familles à vendre ou à confier les bêtes sauvées à ceux qui pourront les nourrir pendant l'hiver.

Pour l'avenir de la chapelle de la Bronsonnière, le vandalisme qu'elle a subi sera fatal. Très endommagée, la chapelle ainsi que les habitations du petit hameau sont ensevelies par le remblai du terrain d'EDF au début des années 1980. De cet édifice, il ne reste plus que la plaque explicative posée par l'association *Orelle Patrimoine* à la Bronsonnière dans le but de ne pas oublier sa présence séculaire. Pour les habitations, il en reste une à la Bronsonnière, aménagée en commerce, comme un irréductible témoin du passé qui ne disparaîtra pas.

Sur le plan hydroélectrique, la centrale de Bissorte est très endommagée depuis août 1944. Les salles des machines ne sont plus qu'un tas de pièces détachées. Certaines sections du complexe ont été soufflées. La remise en état sera longue.

Au niveau ferroviaire, les ponts des Chèvres, de la Ville et de la Denise sont reconstruits car ils étaient tous détruits.

« *Tout a une fin, fébrilement les Allemands préparent leur départ. Ils arrêtent les habitants d'Orelle sur la route pour leur faire creuser les trous des mines qu'ils préparent partout : les ponts de chemins de fer, les murs de soutènement de la route, les viaducs, les paliers de la centrale de*

Prémont sont prêts à être détruits. Le 6 septembre à 22 heures, sur une distance de quelques kilomètres, trois villages ont été brûlés, neuf ponts sont anéantis. Mais bientôt, le bruit des explosions s'éloigne vers Modane, les pas des Allemands en fuite ont cessé. Les prisonniers enfermés dans les granges n'entendent plus les sentinelles. Ils sortent : ils sont libres. « Les Boches sont en fuite ! » Le ciel est rouge, l'incendie crépite à l'usine de Prémont, où brûlent des bâtiments annexes et des logements ouvriers. Des foyers sont anéantis, des femmes pleurent leurs maris, leurs fils, leurs frères ; l'une d'entre elle a perdu trois des siens. Le « Boche » a fui mais il a semé la ruine et la mort sur ses pas. Français, souvenez-vous-en. »

*Monsieur Liges, chef du personnel de l'usine de Prémont, notice privée, septembre 1944.*

*L'entrée aval de Francoz, avec le pont de la Ville au fond, après la guerre et sa reconstruction.*

*Le pont des Chèvres dans sa version de 1934.*

« Quand les Allemands ont compris qu'ils avaient perdu, ils ont voulu tout détruire dans leur défaite. Ce qui est sûr, c'est qu'ils ne voulaient pas se faire rattraper. C'est pour cela qu'ils ont fait exploser les ponts de Prémont, ils pensaient que cela permettrait de ralentir les Français. Je me souviens aussi que mes parents m'ont raconté que quand les tirailleurs sont arrivés à Orelle, il a fallu les loger, et puis dans tout le groupe, ils étaient 20 ou 30, il n'y en avait qu'un seul qui avait une arme. Et encore, *c'était un couteau ! Mais enfin, passer Prémont puis Francoz, ce n'était vraiment pas facile, il fallait faire le détour par le chef-lieu. Les ponts de Prémont étaient minés, il ne restait plus que la passerelle de la gare qui reliait le quai à l'usine, tous les autres étaient dans l'Arc, ou sur la route nationale, pour ceux du dessus. Les dégâts étaient colossaux ; mais enfin, c'est sans parler de l'envergure des travaux pour tout reconstruire ensuite ! Et pourtant, c'est allé assez vite.* »

*Aimé Traversaz, 4 mai 2024.*

La reconstruction des ponts dans le secteur de Prémont est nécessaire pour la circulation vers l'Italie. Pour les ponts sur l'Arc, en 1945, une pile centrale est édifiée au milieu de la rivière afin de recevoir un tablier provisoire (mesurant 53 m de longueur à chaque fois). Le 15 septembre 1945, le premier train d'essai progresse sur le tablier provisoire avec les locomotives 2CC2 3400 et 1CC1 3800. Les travaux de déblaiement des gravats à l'intérieur de la culée du pont située entre la rivière et la route nationale sont longs et pénibles. Les deux ponts sur l'Arc sont reconstruits de la même manière selon la technique du pont voûté en béton armé. Un premier ouvrage est réalisé pour recevoir une voie, puis le tablier provisoire est déposé et à son emplacement s'effectue la construction définitive de l'ouvrage pour la seconde voie.

Pour la construction de la voûte du futur pont, deux grands demi-cintres sont assemblés. Le 21 février 1945, c'est la démolition de la dalle en béton armé. Une bétonnière est installée à la belle saison pour la réalisation d'une pile centrale provisoire, le 6 juin 1945, pendant les opérations de coulage. Le 15 septembre 1945, des essais du pont provisoire se déroulent, toujours avec les locomotives 2CC2 3400 et 1CC1 3800. Le 12 octobre 1946, les haubans devant supporter le coffrage de la voûte sont montés, et enfin, le 15 novembre 1946, les ouvriers préparent le coffrage et le ferraillage de la future voûte du pont.

*Mise en place de passerelles provisoires (1945).*

*L'édification de la pile centrale en béton en 1945.*

*Vue des dégâts en amont de Saint-Michel ; les seules infrastructures subsistantes sont les passerelles légères au-dessus de l'Arc (6 mars 1945) (cote 13).*

*Mise en place de la première poutre du pont provisoire (1945).*

*Préparation du train d'essai stationné à la gare d'Orelle-Prémont (1945).*

*Passage du premier train sur le pont de la gare d'Orelle-Prémont depuis la route (1945).*

*Déblaiement des gravats (1945).*

*Une automobile devant les ponts de Prémont dévastés (6 mars 1945) (cote 14).*

*Photographie du 6 mars 1945 entre Orelle et Saint-Michel, dans le secteur après Prémont (cote 15).*

*Autre vue des destructions (6 mars 1945) entre Prémont (Orelle) et la Saussaz (Saint-Michel) (cote 16).*

*Assemblage des cintres pour la construction du futur pont (1946).*

*Vue d'un des cintres devant les bâtiments de Prémont (1946).*

*Vue des culées réparées et du premier pont provisoire de la route en place (aval, 1945).*

*Vue des culées réparées et du second pont provisoire de la route en place (amont, 1945).*

*Passage du train sur le pont provisoire (15 septembre 1945).*

*Déblaiement (1945).*

*Mise en place des poutrelles métalliques d'un côté (1945).*

*Mise en place des poutrelles métalliques de l'autre côté (1945).*

*En 1946, abaissement des deux demi-cintres pour la finalisation de l'ouvrage définitif.*

*Vue des travaux du 12 octobre 1946.*

*Montage des haubans devant supporter le coffrage de la voûte (12 octobre 1946).*

*Ferraillage et préparation au futur coffrage de la voûte du pont le 15 novembre 1946.*

MINISTERE DE LA RECONSTRUCTION
ET DE L'URBANISME
----
Délégation de la Savoie
----
Section R.I.S.A.
----
N° C.C.C./6.-

Commune de ..O'R'E'L L'E'..........

COMMISSION CONSULTATIVE COMMUNALE
en matière de dommages de guerre
(arrêté préfectoral du 3 Février 1949)

PROCES-VERBAL de la réunion du 7 mars 1950

Etaient présents: MM. CHINAL Donat, président; FONTAINE Armand; TRAVERSAZ Maurice; REY Alexandre; CHINAL Edmond, membres.

Dossiers présentés à la Commission et Observations de celle-ci

ALBERT Emilien (1986 & 2809).- Pillage de matériel de réparations de vélos normaux.-

ASSIER Alexandre (3494).- Pillage d'une moto : exact.

COGERINO, entrepreneur (3513).chantier de FREMONT.- Il est exact que ce matériel a brûlé lors de l'incendie des magasins de l'usine, au cours de la nuit du 6 au 7 septembre 1944.-

Mme FERRANDO (1877).-N'a pas cessé son activité. A fait réparer le matériel sinistré lors de l'explosion du pont. A subi des dégâts par les troupes allemandes : pick-up, vélo, vaisselle, verrerie, etc... dossier normal.-

GRIVEL Marius (2855).- A perdu un vélo, ses vêtements de travail & un peu d'outillage à main au cours de l'incendie qui a détruit le matériel COGERINO.-Dossier normal.-

LEFRANC Jacques, électricien (3317). Etait affecté xxxxxx à l'usine de FREMONT au titre Electro Chimie. Ce dossier est du ressort Am/Do. La perte des lampes de T.S.F. est exacte, mais concerne le dossier personnel de l'intéressé. Est passé à E.D.F. : n'a pas laissé d'adresse à FREMONT.

Vve TRAVERSAZ Aurélie .-1°) 380 pillage : exact et normal.-
2°) 1818 : dégâts immobiliers payés par service immobilier.

TRAVERSAZ Gaspard : (2199.3434).- pillages italien et allemand reconnus comme exsets.

TRAVERSAZ Joseph (1880).- boulanger. Son foyer a subi des dégâts pour une cause autre que l'explosion des ponts de la DENISE : d'après la Commission, les troupes allemandes auraient fait sauter la voûte du four avec des sartouches de dynamite : d'ailleurs, la porte du four était arrachée. Dans ces conditions, la Commission estime .../...

*Liste de victimes orellinches des pillages et sabotages allemands en 1944 (1).*

qu'on ne peut retenir que 60 % des factures de réparations.

VIGNOUD Aimé (1871).- Destructions par les troupes allemandes et pillage (dossier normal.

VUATTOUX Georges (1896).- Gérait le mess cantine des usines de PREMONT Installé en 1927.- Installation complètement détruite par le feu et par bombes.Non reconstitué. A demandé le transfert dans l'HERAULT.-

GRANDMONTAGNE Marie (1616).- Le matériel existant dans le bâtiment du mess cantine avant l'installation de VUATTOUX avait été installé par son père.A été détruit dans l'incendie du bâtiment.N'a pas reconstitué.

Vve REY,restaurant à ORELLE.- Dossier normal.-A subi l'occupation des troupes de l'AFRICA KORPS, qui ont pillé & détérioré.

COOPERATIVE de PREMONT.- Matériel entièrement détruit dans l'incendie & pillé par les troupes allemandes.

Les Membres de la Commission,

*Liste de victimes orellinches des pillages et sabotages allemands en 1944 (2).*

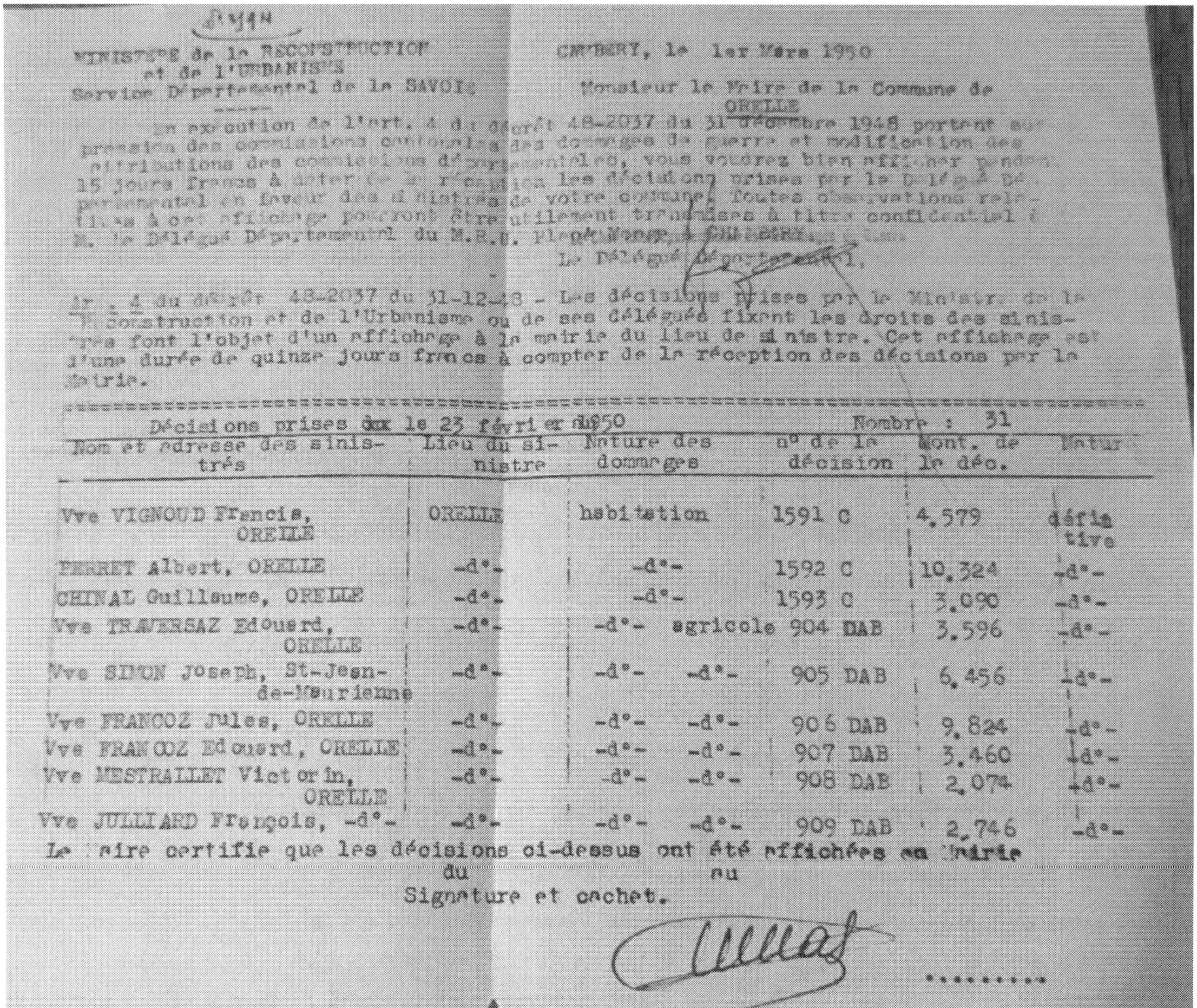

MINISTERE de la RECONSTRUCTION
et de l'URBANISME
Service Départemental de la SAVOIE

CHAMBERY, le 1er Mars 1950

Monsieur le Maire de la Commune de
ORELLE

En exécution de l'art. 4 du décret 48-2037 du 31 décembre 1948 portant suppression des commissions cantonales des dommages de guerre et modification des attributions des commissions départementales, vous voudrez bien afficher pendant 15 jours francs à dater de la réception les décisions prises par le Délégué Départemental en faveur des sinistrés de votre commune. Toutes observations relatives à cet affichage pourront être utilement transmises à titre confidentiel à M. le Délégué Départemental du M.R.U. Place Monge à CHAMBERY.

Le Délégué Départemental,

Art. 4 du décret 48-2037 du 31-12-48 – Les décisions prises par le Ministre de la Reconstruction et de l'Urbanisme ou de ses délégués fixant les droits des sinistrés font l'objet d'un affichage à la mairie du lieu de sinistre. Cet affichage est d'une durée de quinze jours francs à compter de la réception des décisions par la Mairie.

Décisions prises ~~aux~~ le 23 février 1950 — Nombre : 31

| Nom et adresse des sinistrés | Lieu du sinistre | Nature des dommages | n° de la décision | Mont. de la déc. | Natur[e] |
|---|---|---|---|---|---|
| Vve VIGNOUD Francis, ORELLE | ORELLE | habitation | 1591 C | 4.579 | définitive |
| PERRET Albert, ORELLE | -d°- | -d°- | 1592 C | 10.324 | -d°- |
| CHINAL Guillaume, ORELLE | -d°- | -d°- | 1593 C | 3.090 | -d°- |
| Vve TRAVERSAZ Edouard, ORELLE | -d°- | -d°- agricole | 904 DAB | 3.596 | -d°- |
| Vve SIMON Joseph, St-Jean-de-Maurienne | -d°- | -d°- -d°- | 905 DAB | 6.456 | -d°- |
| Vve FRANCOZ Jules, ORELLE | -d°- | -d°- -d°- | 906 DAB | 9.824 | -d°- |
| Vve FRANCOZ Edouard, ORELLE | -d°- | -d°- -d°- | 907 DAB | 3.460 | -d°- |
| Vve MESTRALLET Victorin, ORELLE | -d°- | -d°- -d°- | 908 DAB | 2.074 | -d°- |
| Vve JULLIARD François, -d°- | -d°- | -d°- -d°- | 909 DAB | 2.746 | -d°- |

Le Maire certifie que les décisions ci-dessus ont été affichées en Mairie
du au

Signature et cachet.

.........

Autres Orellins demandant des dédommagements suite à des sinistres (1er mars 1950).

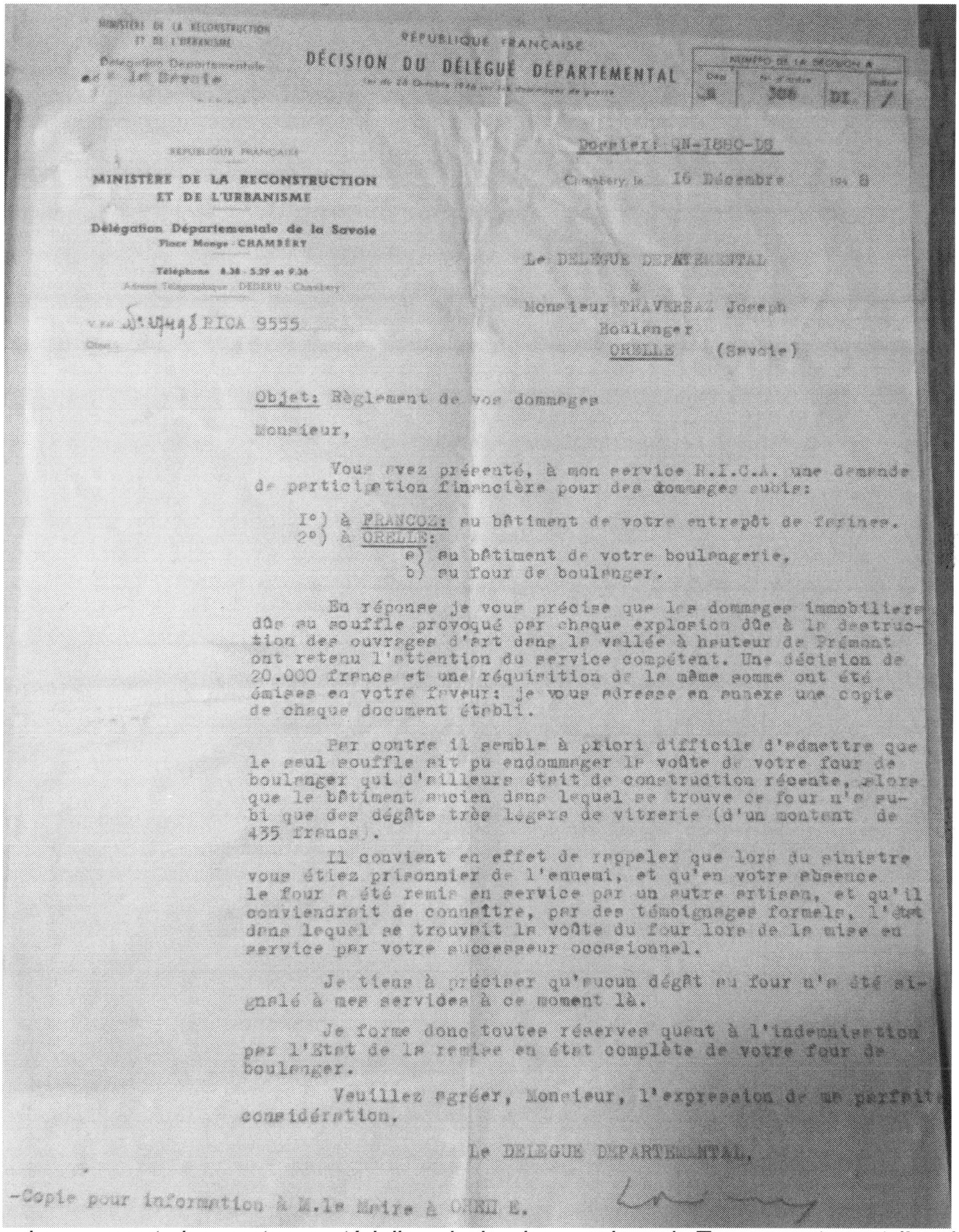

MINISTÈRE DE LA RECONSTRUCTION
ET DE L'URBANISME

RÉPUBLIQUE FRANÇAISE

DÉCISION DU DÉLÉGUÉ DÉPARTEMENTAL

RÉPUBLIQUE FRANÇAISE

MINISTÈRE DE LA RECONSTRUCTION
ET DE L'URBANISME

Délégation Départementale de la Savoie
Place Monge - CHAMBÉRY

Téléphone 8.38 - 5.39 et 9.36

Adresse Télégraphique : DEDERU - Chambéry

V/Réf. N° 17448 RICA 9555

Dossier: GN-1880-DS

Chambéry, le 16 Décembre 1948

Le DELEGUE DEPARTEMENTAL

à

Monsieur TRAVERSAZ Joseph
Boulanger
ORELLE (Savoie)

Objet: Règlement de vos dommages

Monsieur,

Vous avez présenté, à mon service R.I.C.A. une demande de participation financière pour des dommages subis:

I°) à FRANCOZ: au bâtiment de votre entrepôt de farines.
2°) à ORELLE:
a) au bâtiment de votre boulangerie,
b) au four de boulanger.

En réponse je vous précise que les dommages immobiliers dûs au souffle provoqué par chaque explosion dûe à la destruction des ouvrages d'art dans la vallée à hauteur de Prémont ont retenu l'attention du service compétent. Une décision de 20.000 francs et une réquisition de la même somme ont été émises en votre faveur: je vous adresse en annexe une copie de chaque document établi.

Par contre il semble à priori difficile d'admettre que le seul souffle ait pu endommager la voûte de votre four de boulanger qui d'ailleurs était de construction récente, alors que le bâtiment ancien dans lequel se trouve ce four n'a subi que des dégâts très légers de vitrerie (d'un montant de 435 francs).

Il convient en effet de rappeler que lors du sinistre vous étiez prisonnier de l'ennemi, et qu'en votre absence le four a été remis en service par un autre artisan, et qu'il conviendrait de connaître, par des témoignages formels, l'état dans lequel se trouvait la voûte du four lors de la mise en service par votre successeur occasionnel.

Je tiens à préciser qu'aucun dégât au four n'a été signalé à mes services à ce moment là.

Je forme donc toutes réserves quant à l'indemnisation par l'Etat de la remise en état complète de votre four de boulanger.

Veuillez agréer, Monsieur, l'expression de ma parfaite considération.

Le DELEGUE DEPARTEMENTAL,

-Copie pour information à M.le Maire à ORELLE.

*Remboursement des pertes matérielles du boulanger Joseph Traversaz tenant l'ancien « café Traversaz » au chef-lieu (16 décembre 1948).*

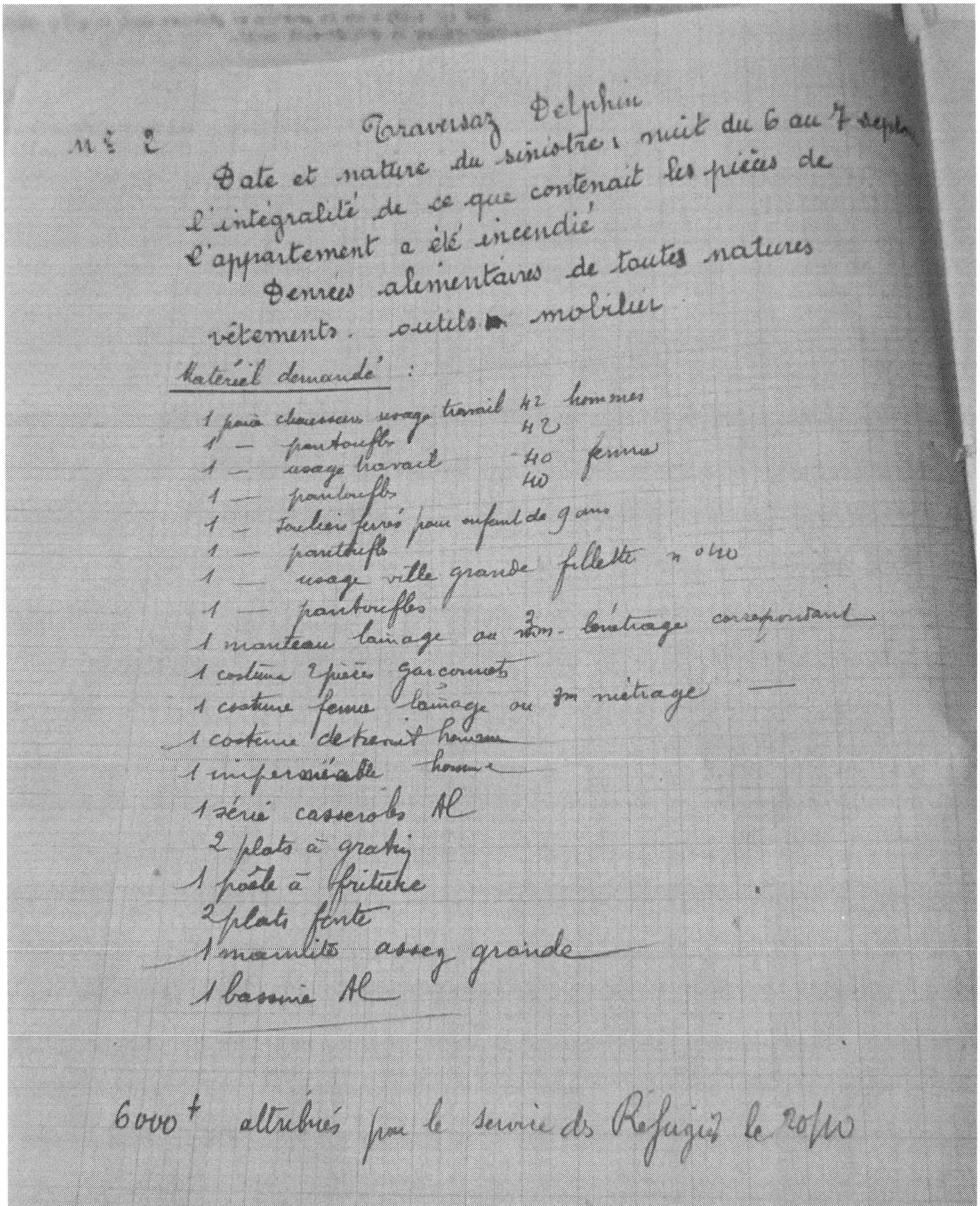

N° 2 Traversaz Delphin

Date et nature du sinistre : nuit du 6 au 7 sept.

l'intégralité de ce que contenait les pièces de l'appartement a été incendié

Denrées alimentaires de toutes natures

vêtements. outils mobilier

Matériel demandé :

1 paire chaussures usage travail 42 hommes
1 — pantoufles 42
1 — usage travail 40 femme
1 — pantoufles 40
1 — souliers ferrés pour enfant de 9 ans
1 — pantoufles
1 — usage ville grande fillette n° 040
1 — pantoufles
1 manteau lainage ou 3m. métrage correspondant
1 costume 2 pièces garçonnet
1 costume femme lainage ou 3m métrage
1 costume de travail homme
1 imperméable homme
1 série casseroles Al
2 plats à gratin
1 poêle à friture
2 plats fonte
1 marmite assez grande
1 bassine Al

6000 F attribués par le service des Réfugiés le 20/10

*Dossier d'un sinistré d'Orelle (Delphin Traversaz) figurant dans le* Cahier des sinistres de la Seconde Guerre mondiale à Orelle *(1).*

*Le pont de la déviation de l'Envers en 2021 (partie aval).*

*Le pont de la déviation de l'Envers en 2021 (partie amont).*

Après la fin des combats, il y a des prisonniers de guerre allemands qui sont envoyés dans la commune d'Orelle pour aider les habitants aux tâches journalières ainsi que travailler à l'usine de Prémont pour compenser les dégâts économiques causés par l'Allemagne.

*Centrale de Bissorte à l'intérieur durant le siècle passé.*

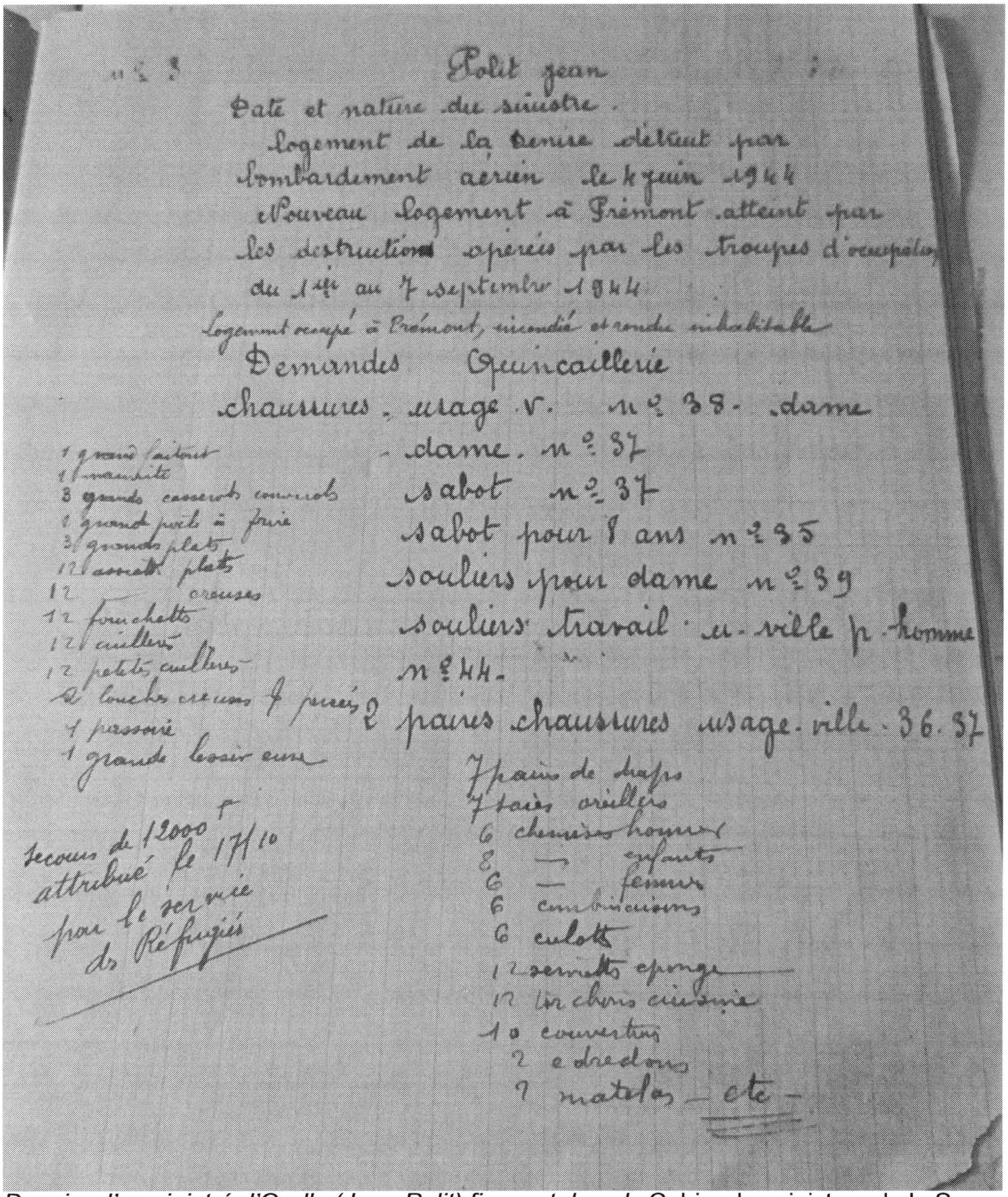

n° 3 Polit jean

Date et nature du sinistre.

Logement de la Renise détruit par bombardement aérien le 4 juin 1944

Nouveau logement à Prémont atteint par les destructions opérées par les troupes d'occupation du 1er au 7 septembre 1944

Logement occupé à Prémont, incendié et rendu inhabitable

Demandes Quincaillerie

chaussures usage v. n° 38 dame

dame n° 37

sabot n° 37

sabot pour 8 ans n° 35

souliers pour dame n° 39

souliers travail u. ville p. homme n° 44.

2 paires chaussures usage ville 36. 37

1 grand faitout
1 marmite
3 grands casseroles ...
1 grand poêle à frire
3 grands plats
12 assiettes plates
12 creuses
12 fourchettes
12 cuillers
12 petites cuillers
2 louches creuses & percées
1 passoire
1 grande bassine ...

Secours de 12000 F attribué le 17/10 par le service des Réfugiés

7 paires de draps
7 taies oreillers
6 chemises hommes
8 — enfants
6 — femmes
6 combinaisons
6 culottes
12 serviettes éponge
12 torchons cuisine
10 couvertures
2 édredons
7 matelas — etc —

*Dossier d'un sinistré d'Orelle (Jean Polit) figurant dans le* Cahier des sinistres de la Seconde Guerre mondiale à Orelle *(2).*

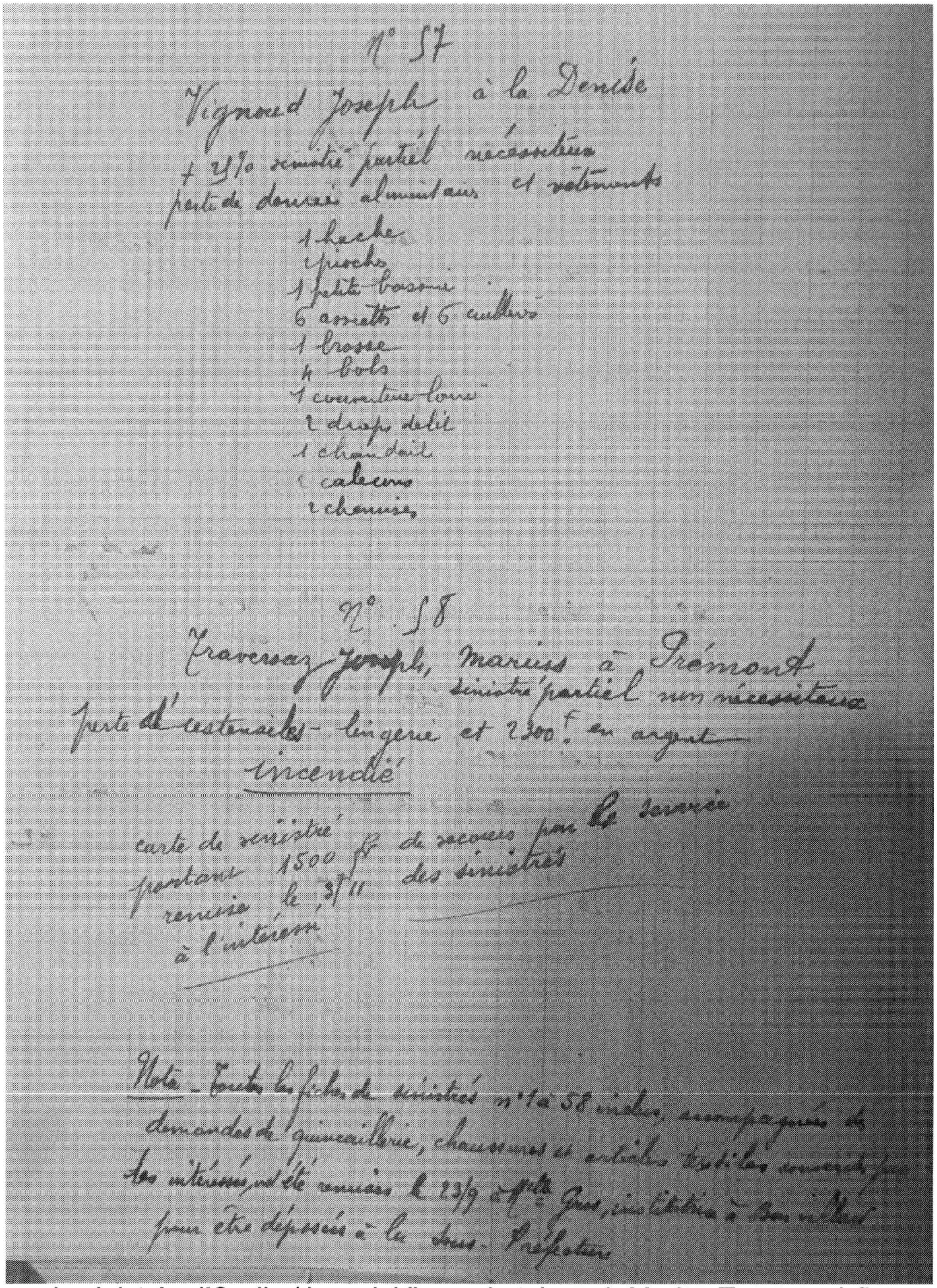
N° 57

Vignoud Joseph à la Denise

+ 25% sinistré partiel nécessiteux

perte de denrées alimentaires et vêtements

1 hache
1 pioche
1 petite bassine
6 assiettes et 6 cuillers
1 brosse
4 bols
1 couverture laine
2 draps de lit
1 chandail
2 caleçons
2 chemises

N° 58

Traversaz ~~Joseph~~, Marius à Prémont

sinistré partiel non nécessiteux

perte de ustensiles - lingerie et 2300 F en argent

incendié

carte de sinistré portant 1500 fr de secours par le service des sinistrés remise le 3/11 à l'intéressé

Nota - Toutes les fiches de sinistrés n° 1 à 58 incluses, accompagnées de demandes de quincaillerie, chaussures et articles textiles souscrits par les intéressés, ont été remises le 23/9 à Mlle Gros, institutrice à Bonvillard pour être déposées à la Sous-Préfecture

*Dossiers de sinistrés d'Orelle (Joseph Vignoud et Joseph Marius Traversaz) figurant dans le* Cahier des sinistres de la Seconde Guerre mondiale à Orelle *(3).*

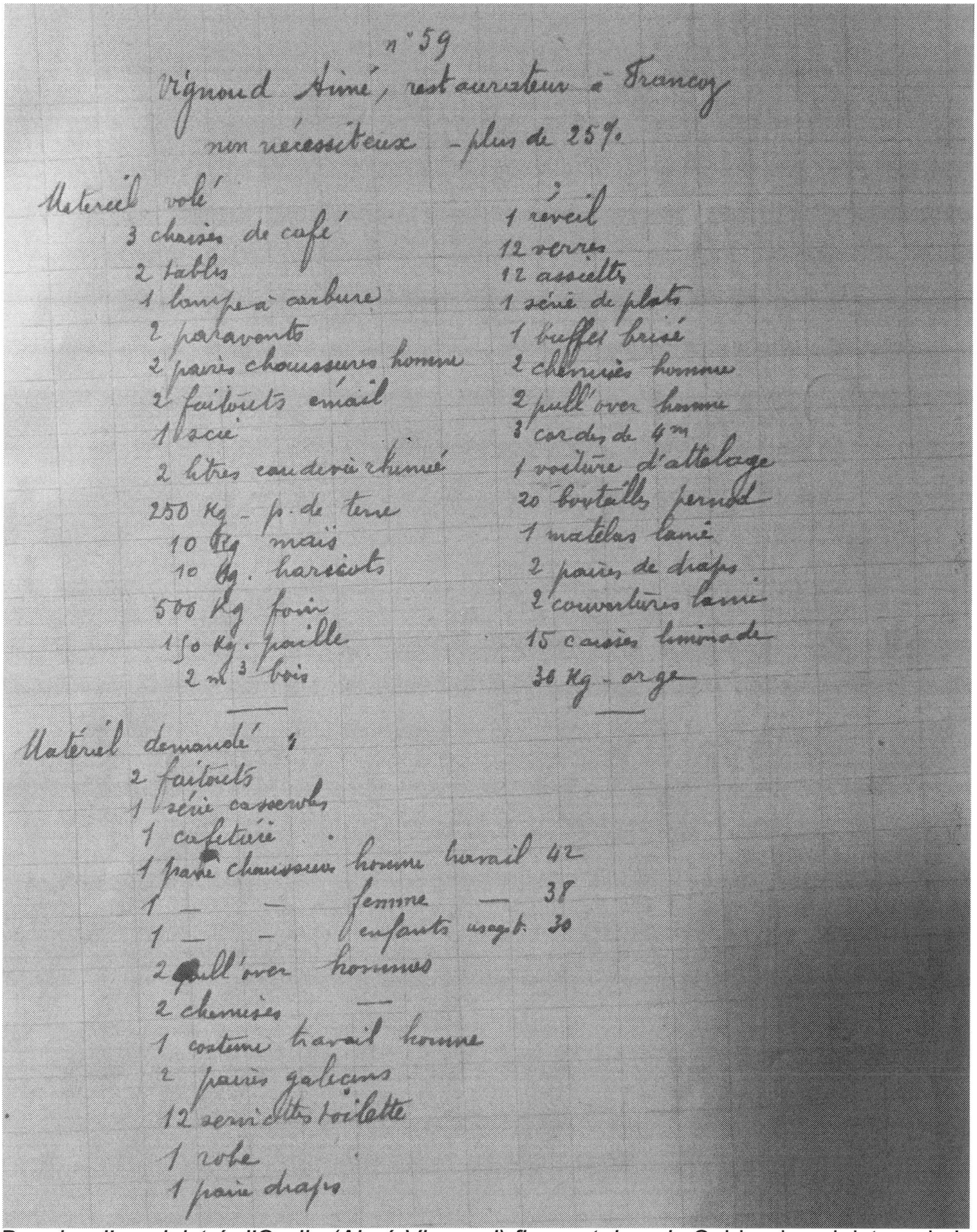

n° 59

Vignoud Aimé, restaurateur à Francoz

non nécessiteux – plus de 25%

Matériel volé :

3 chaises de café
2 tables
1 lampe à carbure
2 paravents
2 paires chaussures homme
2 faitouts émail
1 scie
2 litres eau de vie chimée
250 Kg – p. de terre
10 Kg maïs
10 Kg. haricots
500 Kg foin
150 Kg. paille
2 m3 bois

1 réveil
12 verres
12 assiettes
1 série de plats
1 buffet brisé
2 chemises homme
2 pull'over homme
3 cordes de 4 m
1 voiture d'attelage
20 bouteilles pernod
1 matelas laine
2 paires de draps
2 couvertures laine
15 caisses limonade
30 Kg – orge

Matériel demandé :

2 faitouts
1 série casseroles
1 cafetière
1 paire chaussures homme travail 42
1 — — femme — 38
1 — — enfants usag. 30
2 pull'over hommes
2 chemises
1 costume travail homme
2 paires caleçons
12 serviettes toilette
1 robe
1 paire draps

*Dossier d'un sinistré d'Orelle (Aimé Vignoud) figurant dans le* Cahier des sinistres de la Seconde Guerre mondiale à Orelle *(4).*

7 juillet 8

Le Maire d'ORELLE
à
Monsieur le DIRECTEUR
des Services départementaux
de la Reconstruction
C H A M B E R Y

Dossier QN 5566 Z -
TOURNOUD Ange

V/ REF. D. G/I 8390

Monsieur le Directeur,

J'ai l'honneur de vous communiquer les précisions suivantesconcernant les dommages subis par les bâtiments de La Bissorte appartenant à M. TOURNOUD Ange.

I° Deux bâtiments à usage l'un de réfectoire et l'autre de Cuisine-entrepôt ont été endommagés et réparés. Un troisième bâtiment à usage de dortoir a été complètement détruit et non reconstruit.

2° Ces bâtiments ont été endommagés par les Allemands au moment de leur retraite en août-septembre 1944 au cours de l'essai de destruction du barrage de Bissorte.

3° L'importance des dégâts est évaluée dans les devis en votre possession.

M. TOURNOUD exerçait réellement sa profession de cafetier cantinier à la déclaration de guerre en 1939.

Veuillez agréer, Monsieur le Directeur, l'expression de mes sentiments distingués.

Le Maire,

*Indications du maire d'Orelle quant aux dégâts que les Allemands ont causés dans la zone de Bissortette, notamment sur des bâtiments appartenant à Ange Tournoud ou* Tournaud.

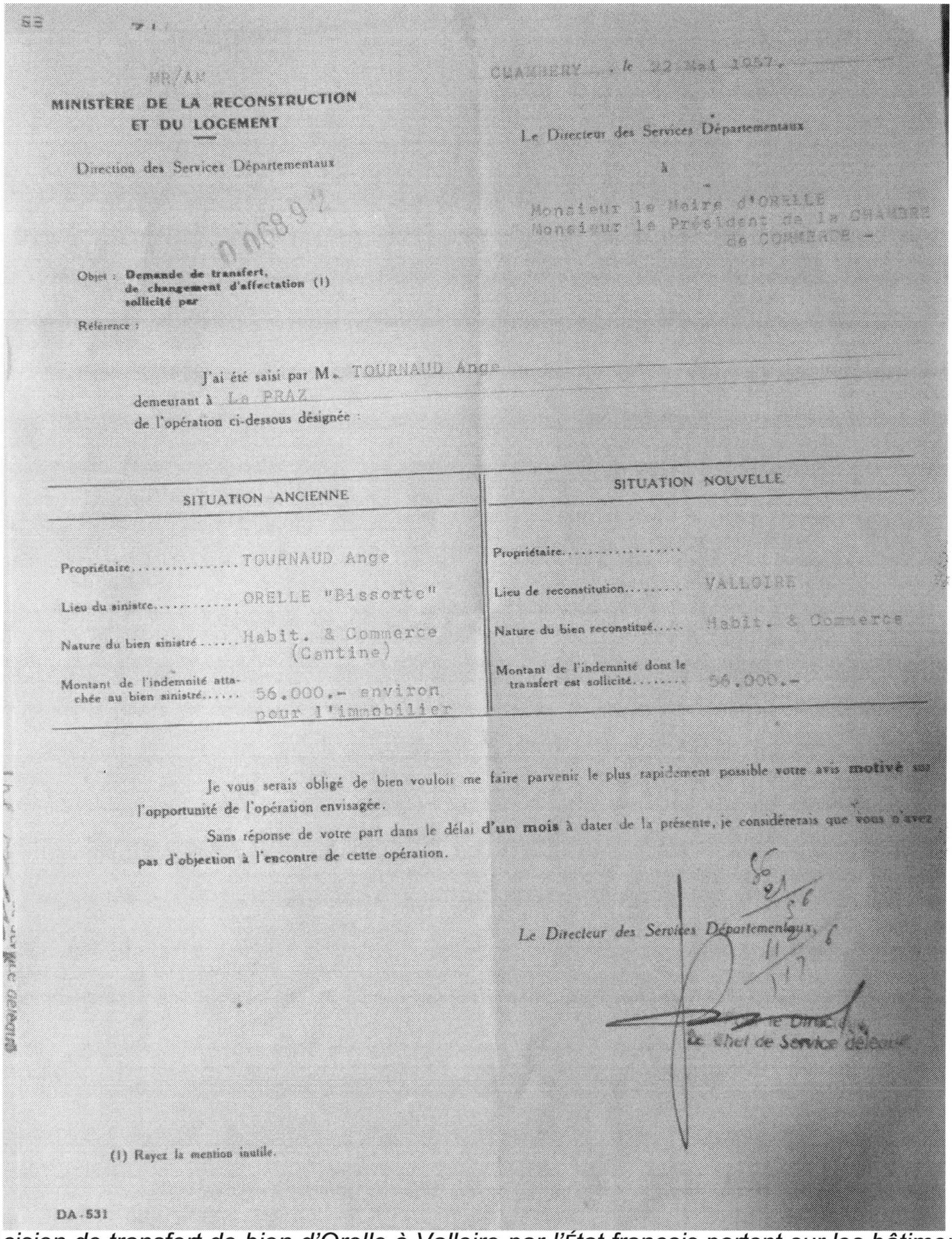

63 71

MR/AM

**MINISTÈRE DE LA RECONSTRUCTION**
**ET DU LOGEMENT**

Direction des Services Départementaux

0 0689 2

CHAMBERY, le 22 Mai 1957.

Le Directeur des Services Départementaux

à

Monsieur le Maire d'ORELLE
Monsieur le Président de la CHAMBRE de COMMERCE -

Objet : **Demande de transfert, de changement d'affectation (1) sollicité par**

Référence :

J'ai été saisi par M. TOURNAUD Ange
demeurant à La PRAZ
de l'opération ci-dessous désignée :

| SITUATION ANCIENNE | | SITUATION NOUVELLE | |
|---|---|---|---|
| Propriétaire | TOURNAUD Ange | Propriétaire | |
| Lieu du sinistre | ORELLE "Bissorte" | Lieu de reconstitution | VALLOIRE |
| Nature du bien sinistré | Habit. & Commerce (Cantine) | Nature du bien reconstitué | Habit. & Commerce |
| Montant de l'indemnité attachée au bien sinistré | 56.000.- environ pour l'immobilier | Montant de l'indemnité dont le transfert est sollicité | 56.000.- |

Je vous serais obligé de bien vouloir me faire parvenir le plus rapidement possible votre avis **motivé** sur l'opportunité de l'opération envisagée.

Sans réponse de votre part dans le délai **d'un mois** à dater de la présente, je considérerais que vous n'avez pas d'objection à l'encontre de cette opération.

Le Directeur des Services Départementaux,

Le Direc.
Le Chef de Service délégué

(1) Rayez la mention inutile.

DA-531

*Décision de transfert de bien d'Orelle à Valloire par l'État français portant sur les bâtiments détruits à Bissortette dans la zone de la centrale de Bissorte dont certains appartiennent à Ange Tournaud (1957).*

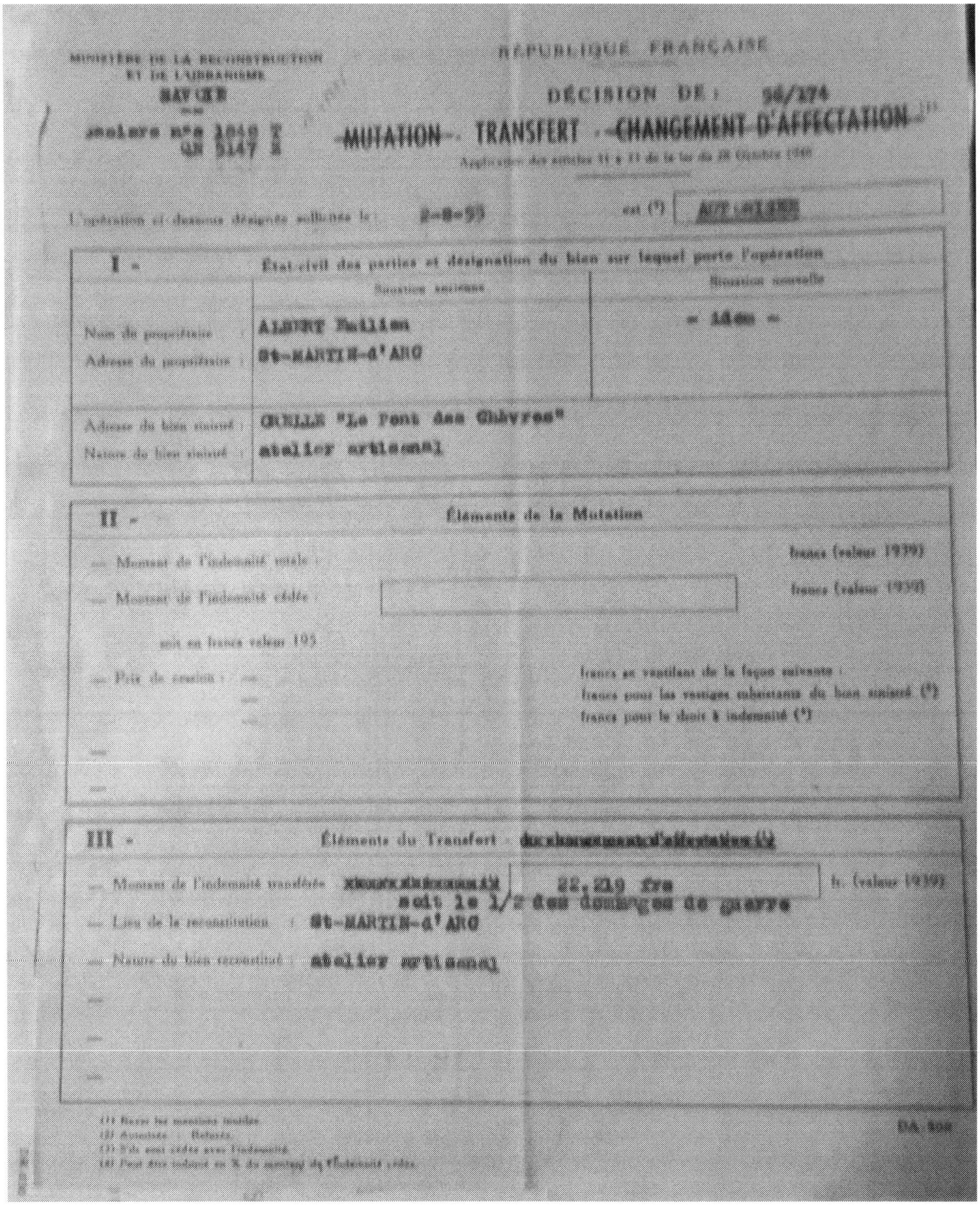

MINISTÈRE DE LA RECONSTRUCTION ET DE L'URBANISME

SAVOIE

RÉPUBLIQUE FRANÇAISE

DÉCISION DE : 56/274

~~MUTATION~~ - TRANSFERT - ~~CHANGEMENT D'AFFECTATION~~ (1)

L'opération ci-dessous désignée sollicitée le : 2-8-55 est (2) AUTORISÉE

I - État civil des parties et désignation du bien sur lequel porte l'opération

| | Situation ancienne | Situation nouvelle |
|---|---|---|
| Nom du propriétaire : | ALBERT Emilien | - idem - |
| Adresse du propriétaire : | St-MARTIN-d'ARC | |
| Adresse du bien sinistré : | ORELLE "Le Pont des Chèvres" | |
| Nature du bien sinistré : | atelier artisanal | |

II - Éléments de la Mutation

— Montant de l'indemnité totale : francs (valeur 1939)

— Montant de l'indemnité cédée : francs (valeur 1939)

soit en francs valeur 195

— Prix de cession : francs se ventilant de la façon suivante :

francs pour les vestiges subsistants du bien sinistré (3)

francs pour le droit à indemnité (4)

III - Éléments du Transfert - ~~du changement d'affectation~~ (1)

— Montant de l'indemnité transférée : 22.219 frs fr. (valeur 1939) soit le 1/2 des dommages de guerre

— Lieu de la reconstitution : St-MARTIN-d'ARC

— Nature du bien reconstitué : atelier artisanal

(1) Rayer les mentions inutiles.
(2) Autorisée : Refusée.
(3) S'ils sont cédés avec l'indemnité.
(4) Peut être indiqué en % du montant de l'indemnité cédée.

*Décision de transfert de bien d'Orelle à Saint-Martin-d'Arc par l'État français portant sur les bâtiments détruits à proximité du barrage des Chèvres dont certains appartiennent à Émilien Albert (2 août 1955).*

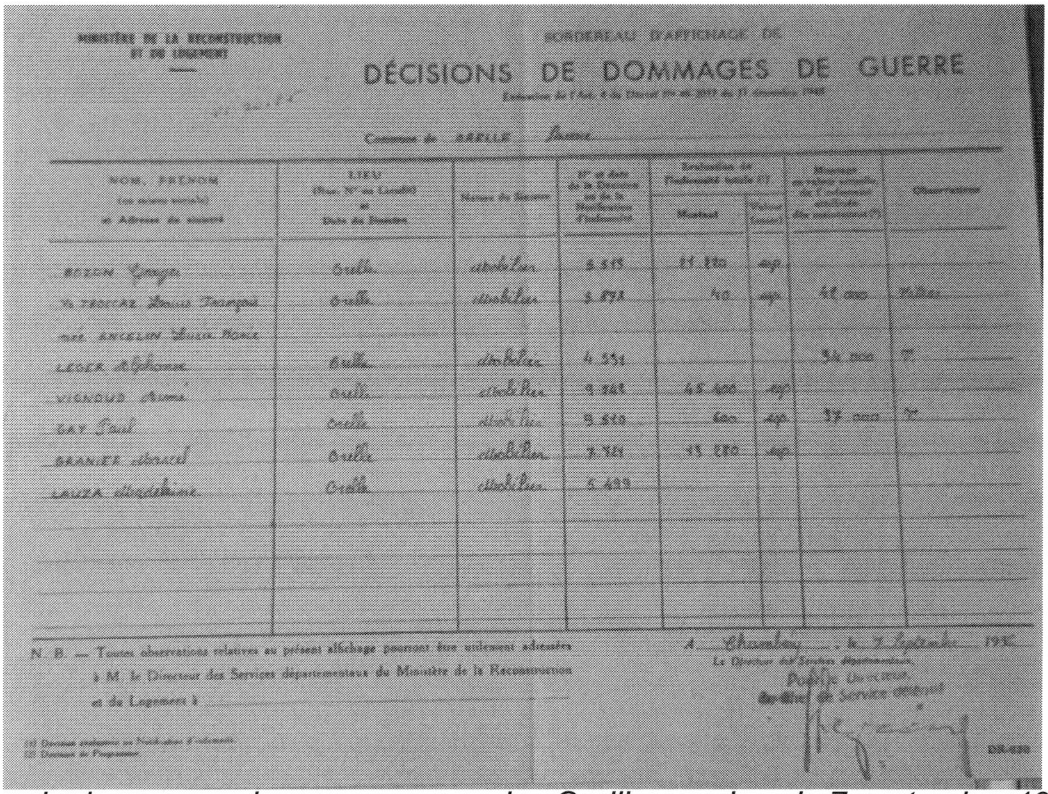

MINISTÈRE DE LA RECONSTRUCTION
ET DU LOGEMENT

BORDEREAU D'AFFICHAGE DE

DÉCISIONS DE DOMMAGES DE GUERRE

Commune de ORELLE Savoie

| NOM, PRÉNOM (ou raison sociale) et Adresse du sinistré | LIEU (Rue, N° ou Lieudit) et Date du Sinistre | Nature du Sinistre | N° et date de la Décision ou de la Notification d'indemnité | Évaluation de l'indemnité totale (1) Montant | Valeur (année) | Montant en valeur actuelle de l'indemnité attribuée dès maintenant (2) | Observations |
|---|---|---|---|---|---|---|---|
| BOZON Georges | Orelle | Mobilier | 5.515 | 21.820 | exp. | | |
| Vve TROCCAZ Louis François | Orelle | Mobilier | 5.893 | 40 | exp. | 42.000 | Titres |
| née ANCELIN Lucie Marie | | | | | | | |
| LEGER Alphonse | Orelle | Mobilier | 4.551 | | | 34.000 | " |
| VIGNOUD Anne | Orelle | Mobilier | 9.948 | 45.400 | exp. | | |
| GAY Paul | Orelle | Mobilier | 9.510 | 600 | exp. | 37.000 | " |
| GRANIER Marcel | Orelle | Mobilier | 7.324 | 13.280 | exp. | | |
| LAUZA Madeleine | Orelle | Mobilier | 5.499 | | | | |

N. B. — Toutes observations relatives au présent affichage pourront être utilement adressées à M. le Directeur des Services départementaux du Ministère de la Reconstruction et du Logement à

A Chambéry, le 7 septembre 1956

Le Directeur des Services départementaux,
Pour le Directeur,
Le Chef de Service délégué

DR-030

*Décisions de dommages de guerre envers des Orellins rendues le 7 septembre 1956 (1).*

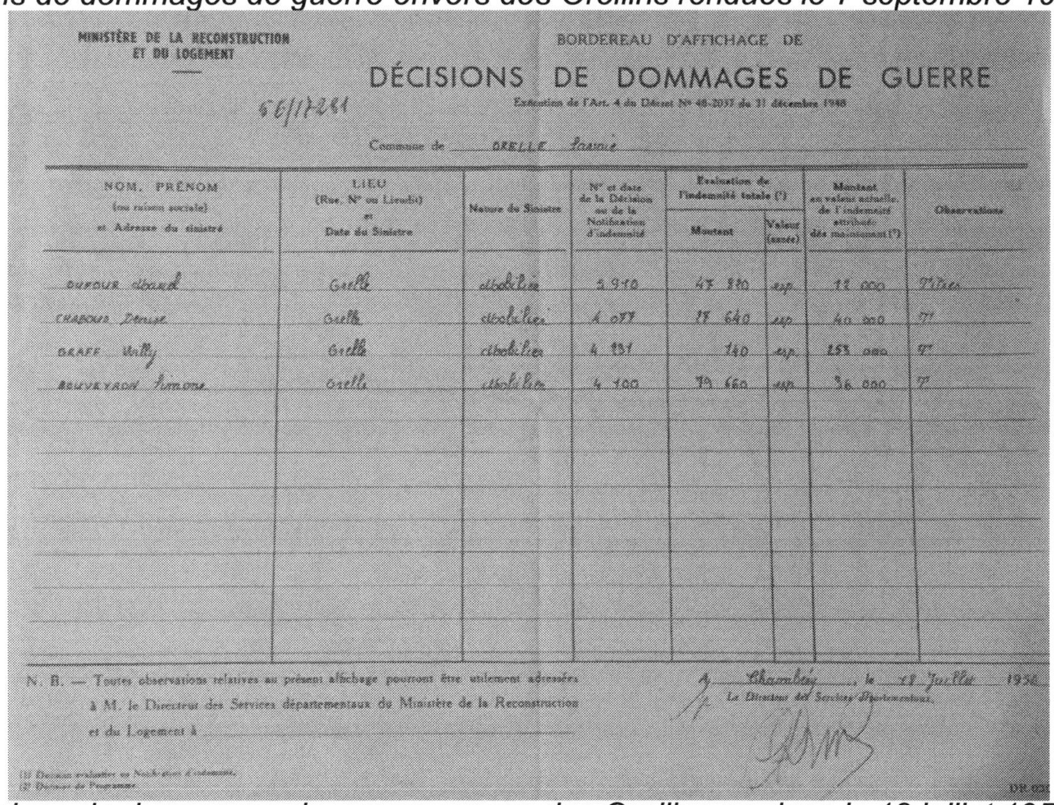

MINISTÈRE DE LA RECONSTRUCTION
ET DU LOGEMENT

BORDEREAU D'AFFICHAGE DE

DÉCISIONS DE DOMMAGES DE GUERRE

Exécution de l'Art. 4 du Décret N° 48-2037 du 31 décembre 1948

56/17281

Commune de ORELLE Savoie

| NOM, PRÉNOM (ou raison sociale) et Adresse du sinistré | LIEU (Rue, N° ou Lieudit) et Date du Sinistre | Nature du Sinistre | N° et date de la Décision ou de la Notification d'indemnité | Évaluation de l'indemnité totale (1) Montant | Valeur (année) | Montant en valeur actuelle de l'indemnité attribuée dès maintenant (2) | Observations |
|---|---|---|---|---|---|---|---|
| DUFOUR Gérard | Orelle | Mobilier | 5.910 | 47.820 | exp. | 12.000 | Titres |
| CHABOUD Denise | Orelle | Mobilier | 4.077 | 17.640 | exp. | 40.000 | " |
| GRAFF Willy | Orelle | Mobilier | 4.931 | 140 | exp. | 253.000 | " |
| BOUVEYRON Simone | Orelle | Mobilier | 4.100 | 79.660 | exp. | 36.000 | " |

N. B. — Toutes observations relatives au présent affichage pourront être utilement adressées à M. le Directeur des Services départementaux du Ministère de la Reconstruction et du Logement à

A Chambéry, le 18 juillet 1956

Le Directeur des Services départementaux,

(1) Décision évaluative ou Notification d'indemnité.
(2) Dotation de Programme.

*Décisions de dommages de guerre envers des Orellins rendues le 18 juillet 1956 (2).*

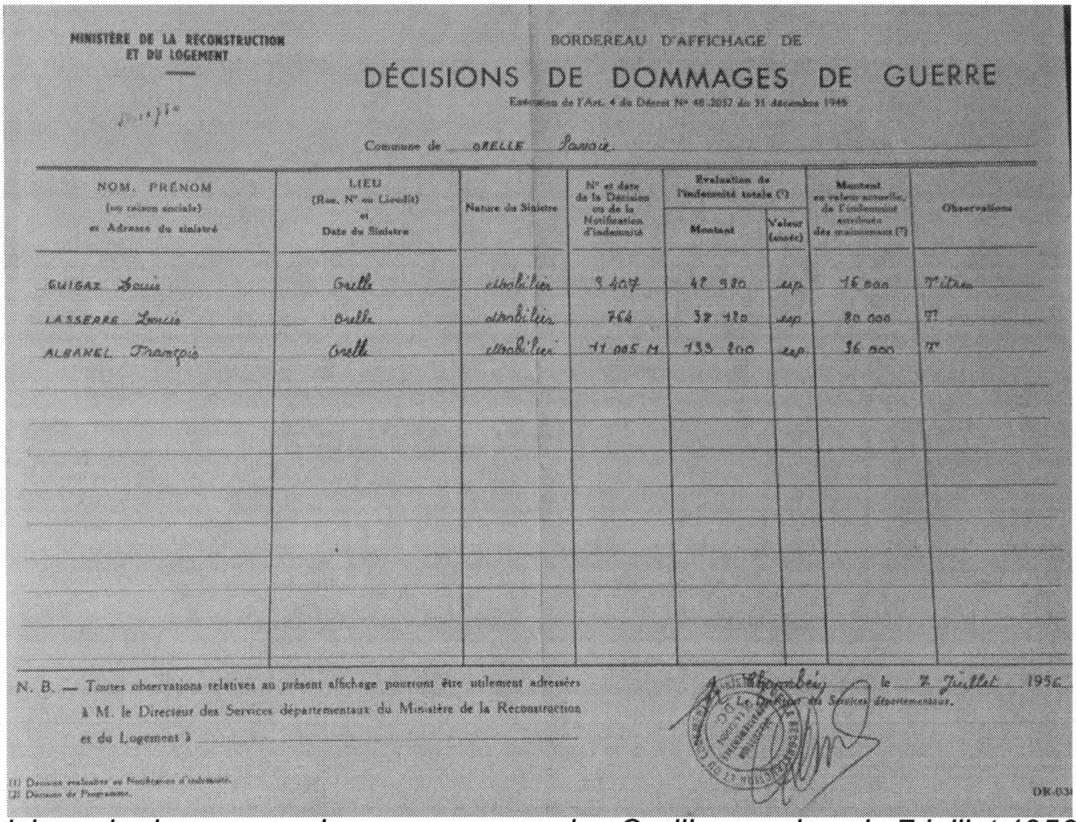

MINISTÈRE DE LA RECONSTRUCTION
ET DU LOGEMENT

BORDEREAU D'AFFICHAGE DE

DÉCISIONS DE DOMMAGES DE GUERRE

Exécution de l'Art. 4 du Décret N° 46-2057 du 31 décembre 1946

Commune de ORELLE Savoie

| NOM, PRÉNOM (ou raison sociale) et Adresse du sinistré | LIEU (Rue, N° ou Lieudit) et Date du Sinistre | Nature du Sinistre | N° et date de la Décision ou de la Notification d'indemnité | Évaluation de l'indemnité totale (1) Montant | Valeur (année) | Montant en valeur actuelle, de l'indemnité attribuée des maintenant (2) | Observations |
|---|---|---|---|---|---|---|---|
| GUIGAZ Louis | Orelle | mobilier | 3 407 | 42 980 | esp. | 16 000 | Titres |
| LASSERRE Louis | Orelle | mobilier | 764 | 37 420 | esp. | 80 000 | T |
| ALBANEL François | Orelle | mobilier | 11 085 M | 133 800 | esp. | 36 000 | T |

N. B. — Toutes observations relatives au présent affichage pourront être utilement adressées à M. le Directeur des Services départementaux du Ministère de la Reconstruction et du Logement à ............

A Chambéry le 7 juillet 1956
Le Directeur des Services départementaux,

(1) Dommages évalués ou Notification d'indemnité.
(2) Dommages de Programme.

Décisions de dommages de guerre envers des Orellins rendues le 7 juillet 1956 (3).

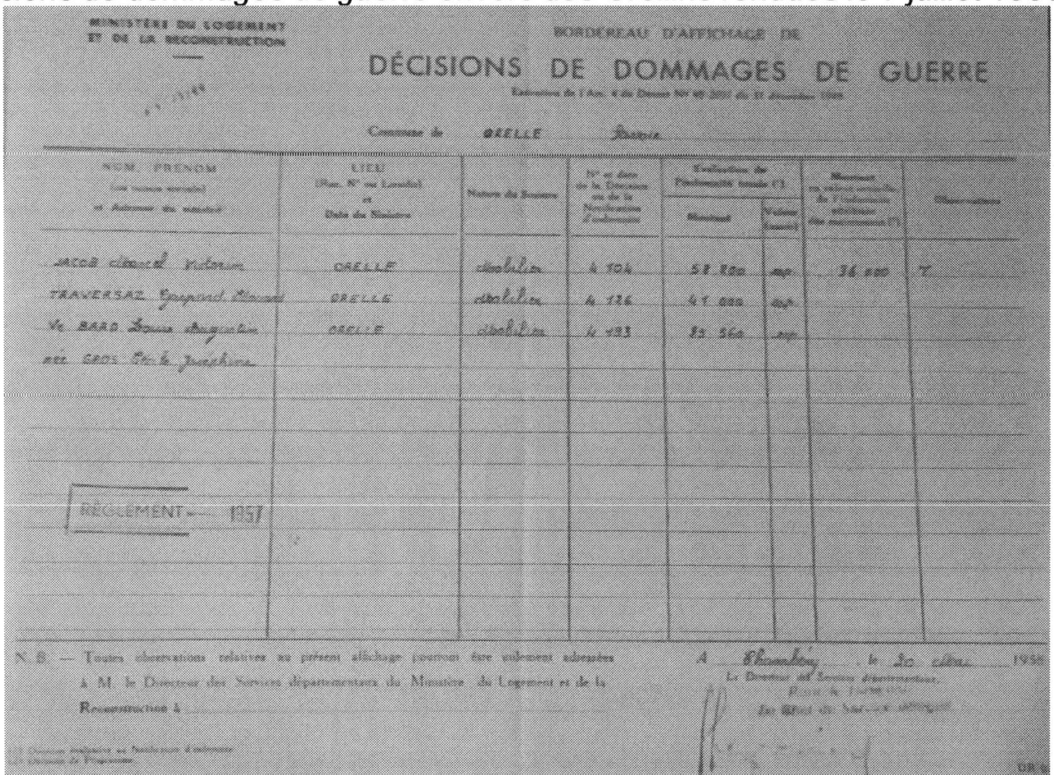

MINISTÈRE DU LOGEMENT
ET DE LA RECONSTRUCTION

BORDEREAU D'AFFICHAGE DE

DÉCISIONS DE DOMMAGES DE GUERRE

Exécution de l'Art. 4 du Décret N° 46-2057 du 31 décembre 1946

Commune de ORELLE Savoie

| NOM, PRÉNOM (ou raison sociale) et Adresse du sinistré | LIEU (Rue, N° ou Lieudit) et Date du Sinistre | Nature du Sinistre | N° et date de la Décision ou de la Notification d'indemnité | Évaluation de l'indemnité totale (1) Montant | Valeur (année) | Montant en valeur actuelle, de l'indemnité attribuée des maintenant (2) | Observations |
|---|---|---|---|---|---|---|---|
| JACOB Marcel Victorin | ORELLE | mobilier | 4 104 | 57 800 | esp. | 36 000 | T |
| TRAVERSAZ Gaspard Marcel | ORELLE | mobilier | 4 126 | 41 000 | esp. | | |
| Ve BARD Louis Augustin née GROS Emilie Joséphine | ORELLE | mobilier | 4 433 | 85 560 | esp. | | |

RÈGLEMENT — 1957

N. B. — Toutes observations relatives au présent affichage pourront être utilement adressées à M. le Directeur des Services départementaux du Ministère du Logement et de la Reconstruction à ............

A Chambéry le 30 mai 1956
Le Directeur des Services départementaux,
Pour le Directeur,
Le Chef du Service délégué,

Décisions de dommages de guerre envers des Orellins rendues le 30 mai 1956 (4).

O R E L L E

:-:-:-:

| | | | |
|---|---|---|---|
| QN- 460-DO | : | ALBERT Eugène | fusil, vélo, sabots |
| QN- 461-DO | : | ALBERT Lucien | vélo |
| QN-7688-DO | : | ALBERT Reine | vélo, montre |
| QN-4056-DO | : | ARNOL Mme née LEGER | vélo |
| QN-4050-DO | : | BONIN Anthelme | nécessaire photographique |
| QN-4089-DO | : | CHARVOZ Longin | jumelles, canon de fusil |
| QN-3793-DO | : | CHINAL Jean-Louis | vélo |
| QN-4049-DO | : | DEYMONNAZ Jean-Baptiste | jumelles, lampe, pinces |
| QN-4058-DO | : | FANTINATO Lydie | vélo |
| QN- 502-DO | : | FONTAINE Gaston | vélo |
| QN-4057-DO | : | FONTAINE Germain | vélo |
| QN- 501-DO | : | FRANCHINO Oreste | vélo |
| QN-7687-DO | : | JULLIARD Paul | vélo |
| QN-4053-DO | : | MARCELLIN François | vélo |
| QN-4054-DO | : | MENJOZ Gabriel | vélo |
| QN-4055-DO | : | MUNARI Guy | vélo |
| QN-3850-DO | : | NOIRAY-PELISSIER François | carabine, fusil |
| QN-8610-DO | : | PAILLARDET Alexandre | vélo |
| QN-2054-DO | : | PERRET Louis Auguste | vélo |
| QN-2670-DO | : | PERRET Régis | vélo |
| QN-4051-DO | : | TINEL Gustave | jumelles, chaussures |
| QN-7328-DO | : | TRAVERSAZ Julien | vélo |
| QN- 537-DO | : | TRAVERSAZ Marcel | vélo |
| QN-3063-DO | : | VIGNOUD Justin | montre |
| QN-4035-DO | : | VIGNOUD Maximilien | 1 p. de draps, cache-nez |
| QN-495-DO | | Despine Jacques | T.S.F |

*Liste de sinistrés d'Orelle établie par la Commission consultative communale en 1954 (1).*

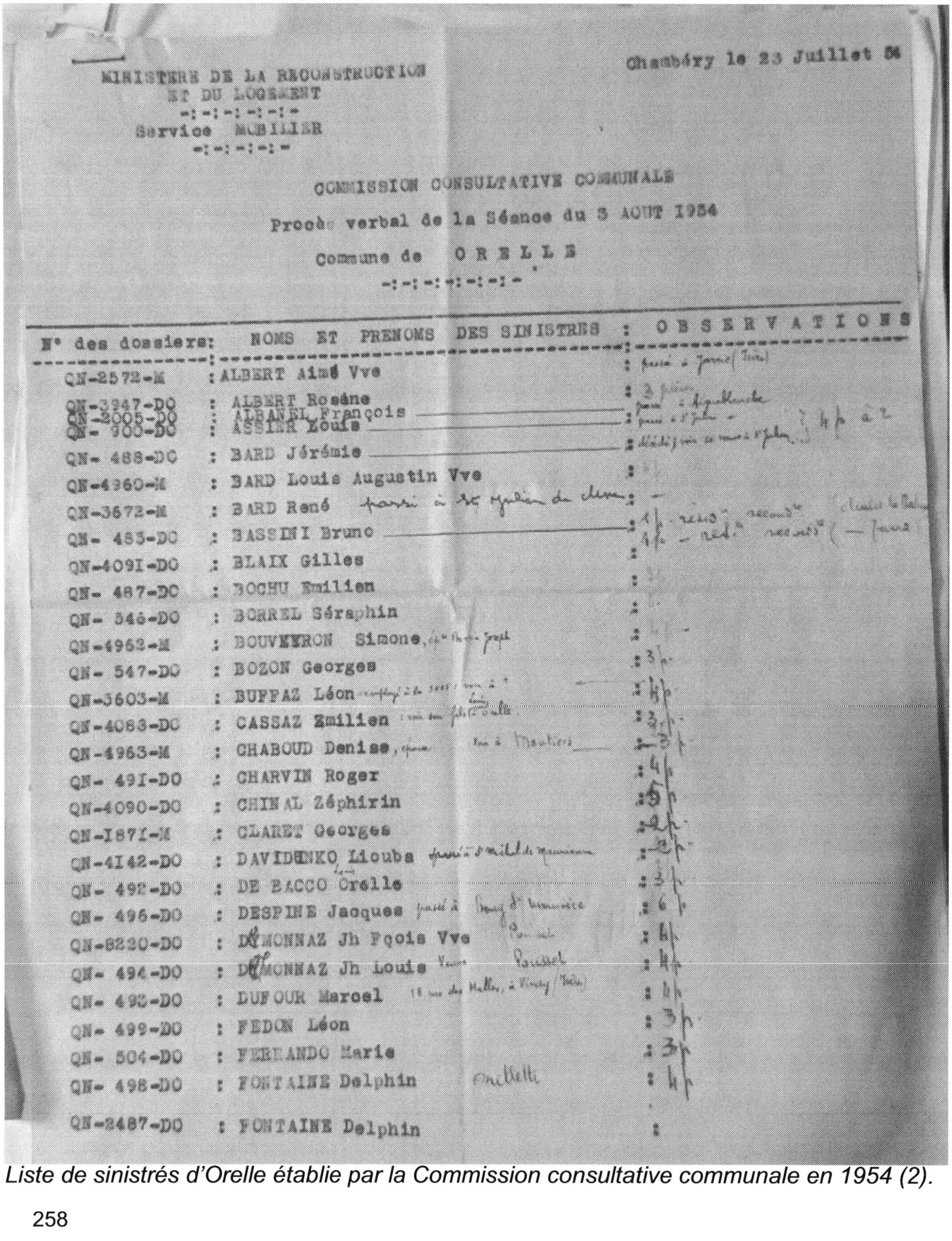

MINISTERE DE LA RECONSTRUCTION
ET DU LOGEMENT
-:-:-:-:-:-
Service MOBILIER
-:-:-:-:-

Chambéry le 23 Juillet 54

COMMISSION CONSULTATIVE COMMUNALE

Procès verbal de la Séance du 3 AOUT 1954

Commune de O R E L L E

-:-:-:-:-:-:-

| N° des dossiers | NOMS ET PRENOMS DES SINISTRES | OBSERVATIONS |
|---|---|---|
| QN-2572-M | ALBERT Aimé Vve | |
| QN-3947-DO | ALBERT Rosane | |
| QN-2005-DO | ALBANEL François | |
| QN- 900-DO | ASSIER Louis | |
| QN- 488-DO | BARD Jérémie | |
| QN-4960-M | BARD Louis Augustin Vve | |
| QN-3672-M | BARD René | |
| QN- 485-DO | BASSINI Bruno | |
| QN-4091-DO | BLAIX Gilles | |
| QN- 487-DO | BOCHU Emilien | |
| QN- 546-DO | BORREL Séraphin | |
| QN-4962-M | BOUVEYRON Simone | |
| QN- 547-DO | BOZON Georges | 3 p. |
| QN-3603-M | BUFFAZ Léon | 4 p |
| QN-4083-DO | CASSAZ Emilien | 3 p |
| QN-4963-M | CHABOUD Denise | 3 p |
| QN- 491-DO | CHARVIN Roger | 4 p |
| QN-4090-DO | CHINAL Zéphirin | 5 p |
| QN-1871-M | CLARET Georges | 2 p |
| QN-4142-DO | DAVIDENKO Lioubs | 2 p |
| QN- 492-DO | DE BACCO Orelle | 3 p |
| QN- 496-DO | DESPINE Jacques | 6 p |
| QN-8220-DO | DIMONNAZ Jh Fçois Vve | 4 p |
| QN- 494-DO | DIMONNAZ Jh Louis | 4 p |
| QN- 493-DO | DUFOUR Marcel | 4 p |
| QN- 499-DO | FEDON Léon | 3 p |
| QN- 504-DO | FERRANDO Marie | 3 p |
| QN- 498-DO | FONTAINE Delphin | 4 p |
| QN-2487-DO | FONTAINE Delphin | |

Liste de sinistrés d'Orelle établie par la Commission consultative communale en 1954 (2).

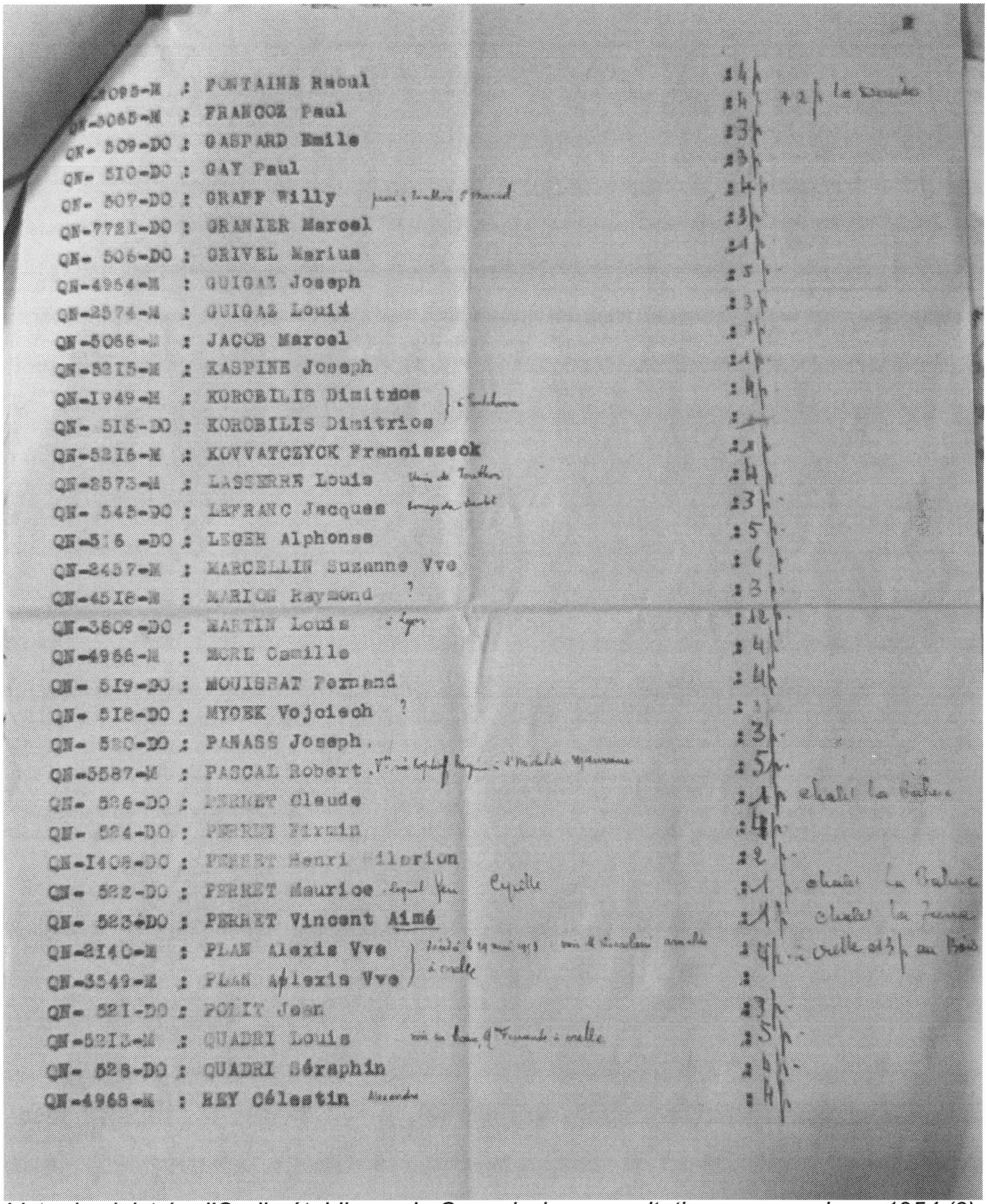

QN-2095-M : FONTAINE Raoul : 4 p
QN-3065-M : FRANCOZ Paul : 4 p + 2 p
QN- 509-DO : GASPARD Emile : 3 p
QN- 510-DO : GAY Paul : 3 p
QN- 507-DO : GRAFF Willy : 4 p
QN-7721-DO : GRANIER Marcel : 3 p
QN- 506-DO : GRIVEL Marius : 1 p
QN-4964-M : GUIGAZ Joseph : 5 p
QN-2574-M : GUIGAZ Louis : 3 p
QN-5066-M : JACOB Marcel : 3 p
QN-5215-M : KASPINE Joseph : 1 p
QN-1949-M : KORCBILIS Dimitrios : 4 p
QN- 515-DO : KORCBILIS Dimitrios :
QN-5216-M : KOVVATCZYCK Franciszeck : 2 p
QN-2573-M : LASSERRE Louis : 4 p
QN- 545-DO : LEFRANC Jacques : 3 p
QN-516 -DO : LEGER Alphonse : 5 p
QN-2437-M : MARCELLIN Suzanne Vve : 6 p
QN-4518-M : MARION Raymond ? : 3 p
QN-3609-DO : MARTIN Louis : 12 p
QN-4966-M : MORL Camille : 4 p
QN- 519-DO : MOUISSAT Fernand : 4 p
QN- 518-DO : MYCEK Vojciech ? :
QN- 520-DO : PANASS Joseph. : 3 p
QN-5587-M : PASCAL Robert. : 5 p
QN- 526-DO : PERRET Claude : 1 p
QN- 524-DO : PERRET Firmin : 4 p
QN-1408-DO : PERRET Henri Hilarion : 2 p
QN- 522-DO : PERRET Maurice : 1 p
QN- 523-DO : PERRET Vincent Aimé : 1 p
QN-2140-M : PLAN Alexis Vve : 4 p
QN-3549-M : PLAN Alexis Vve :
QN- 521-DO : POLIT Jean : 3 p
QN-5213-M : QUADRI Louis : 5 p
QN- 528-DO : QUADRI Séraphin : 4 p
QN-4968-M : REY Célestin : 4 p

*Liste de sinistrés d'Orelle établie par la Commission consultative communale en 1954 (3).*

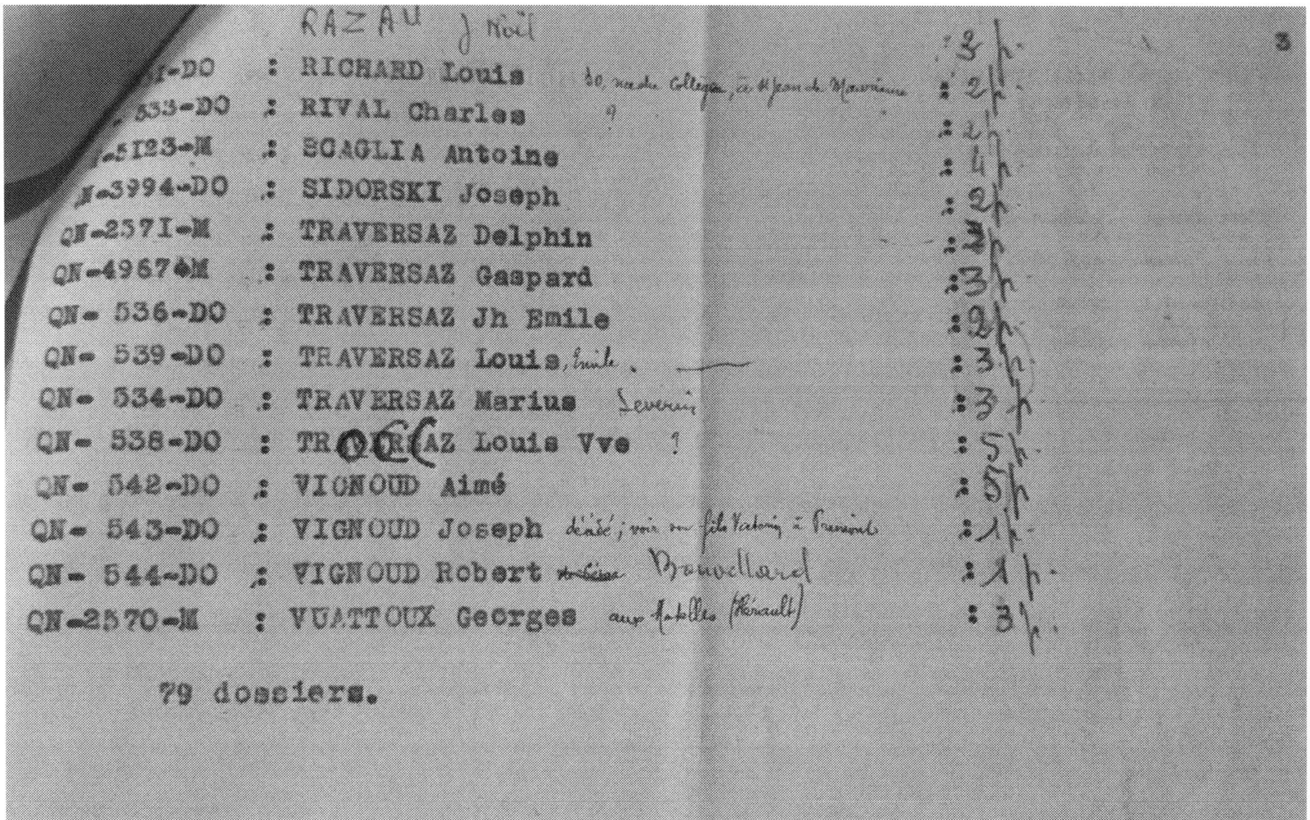

| | | | |
|---|---|---|---|
| | | RAZAU J Noël | 3 p. |
| …-DO | : | RICHARD Louis | 2 p. |
| …533-DO | : | RIVAL Charles | 2 p. |
| …-5123-M | : | SCAGLIA Antoine | 4 p. |
| …-3994-DO | : | SIDORSKI Joseph | 2 p. |
| QN-2571-M | : | TRAVERSAZ Delphin | 3 p. |
| QN-4967-M | : | TRAVERSAZ Gaspard | 3 p. |
| QN- 536-DO | : | TRAVERSAZ Jh Emile | 2 p. |
| QN- 539-DO | : | TRAVERSAZ Louis | 3 p. |
| QN- 534-DO | : | TRAVERSAZ Marius | 3 p. |
| QN- 538-DO | : | TR[illegible]AZ Louis Vve | 5 p. |
| QN- 542-DO | : | VIGNOUD Aimé | 5 p. |
| QN- 543-DO | : | VIGNOUD Joseph | 1 p. |
| QN- 544-DO | : | VIGNOUD Robert | 1 p. |
| QN-2570-M | : | VUATTOUX Georges | 3 p. |

79 dossiers.

*Liste de sinistrés d'Orelle établie par la Commission consultative communale en 1954 (4).*

En plus des innombrables objets dérobés par les soldats allemands dans la population civile à Orelle, il faut aussi savoir que la retraite étrangère de septembre 1944 a occasionné des dégâts sur les bâtiments. Il y en a des privés, mais aussi des municipaux comme l'école de la Denise, la mairie, l'école d'Orelle (chef-lieu) ainsi que l'église Saint-Maurice sur la place des Nobles d'Albert d'Orelle.

L'église Saint-Maurice du chef-lieu a eu ses vitraux soufflés et des dommages sur les façades. Des dégâts sont infligés aux écoles de la Denise et d'Orelle ainsi qu'au bâtiment de la mairie (toit et murs).

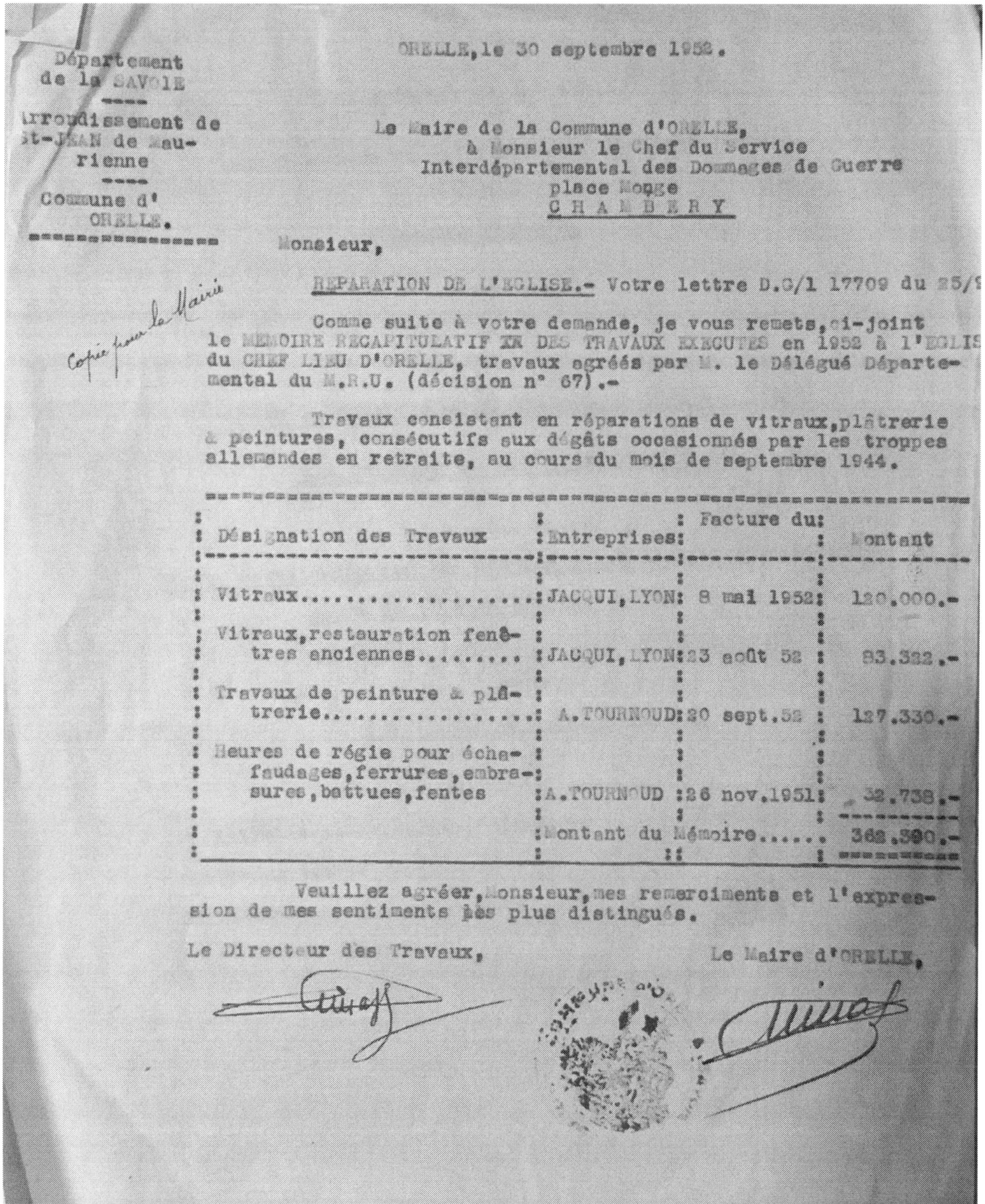

Département
de la SAVOIE
----
Arrondissement de
St-JEAN de Maurienne
----
Commune d'
ORELLE.

ORELLE, le 30 septembre 1952.

Le Maire de la Commune d'ORELLE,
à Monsieur le Chef du Service
Interdépartemental des Dommages de Guerre
place Monge
C H A M B E R Y

Monsieur,

RÉPARATION DE L'ÉGLISE.- Votre lettre D.G/1 17709 du 25/9

Copie pour la Mairie

Comme suite à votre demande, je vous remets, ci-joint le MÉMOIRE RÉCAPITULATIF ~~XX~~ DES TRAVAUX EXÉCUTÉS en 1952 à l'ÉGLISE du CHEF LIEU D'ORELLE, travaux agréés par M. le Délégué Départemental du M.R.U. (décision n° 67).-

Travaux consistant en réparations de vitraux, plâtrerie & peintures, consécutifs aux dégâts occasionnés par les troupes allemandes en retraite, au cours du mois de septembre 1944.

| Désignation des Travaux | Entreprises | Facture du: | Montant |
|---|---|---|---|
| Vitraux.................. | JACQUI, LYON | 8 mai 1952 | 120.000.- |
| Vitraux, restauration fenêtres anciennes......... | JACQUI, LYON | 23 août 52 | 83.322.- |
| Travaux de peinture & plâtrerie.................. | A. TOURNOUD | 20 sept.52 | 127.330.- |
| Heures de régie pour échafaudages, ferrures, embrasures, battues, fentes | A. TOURNOUD | 26 nov.1951 | 32.738.- |
| | Montant du Mémoire...... | | 362.390.- |

Veuillez agréer, Monsieur, mes remerciements et l'expression de mes sentiments les plus distingués.

Le Directeur des Travaux,

Le Maire d'ORELLE,

*Dépenses nécessaires à la réparation de l'église d'Orelle (chef-lieu) à la suite des dégâts de la Seconde Guerre mondiale (1952).*

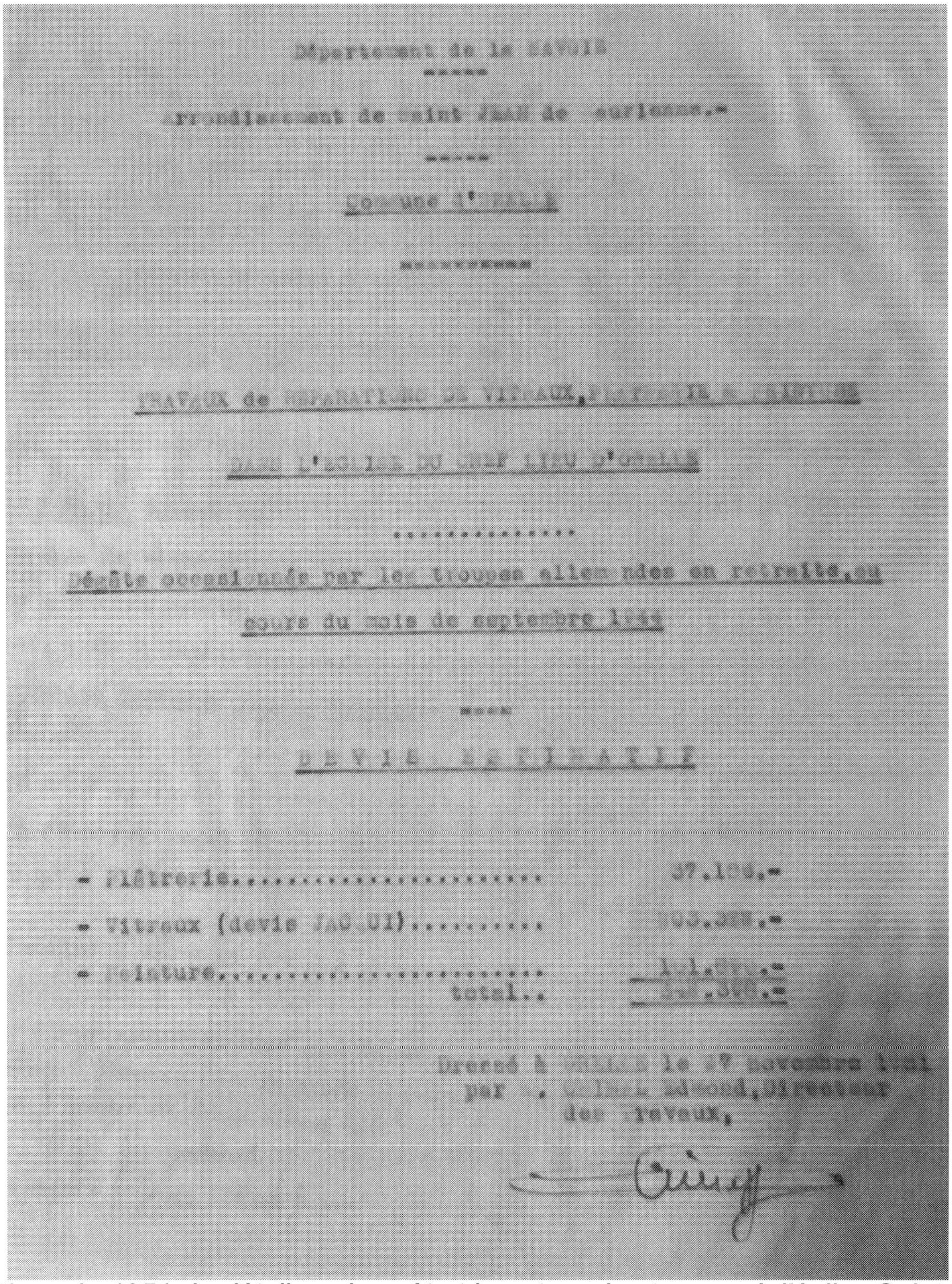

Département de la SAVOIE

Arrondissement de Saint JEAN de Maurienne.-

Commune d'ORELLE

TRAVAUX de REPARATIONS DE VITRAUX, PLATRERIE & PEINTURE

DANS L'EGLISE DU CHEF LIEU D'ORELLE

Dégâts occasionnés par les troupes allemandes en retraite, au cours du mois de septembre 1944

DEVIS ESTIMATIF

- Plâtrerie........................ 37.186.-
- Vitraux (devis JACQUI).......... 203.3[illegible].-
- Peinture........................ 1[illegible]1.[illegible].-
total.. [illegible].3[illegible].-

Dressé à ORELLE le 27 novembre 1951
par M. [illegible] Edmond, Directeur
des Travaux,

*Explications de 1951 du détail sur le coût et la nature des travaux à l'église Saint-Maurice (1).*

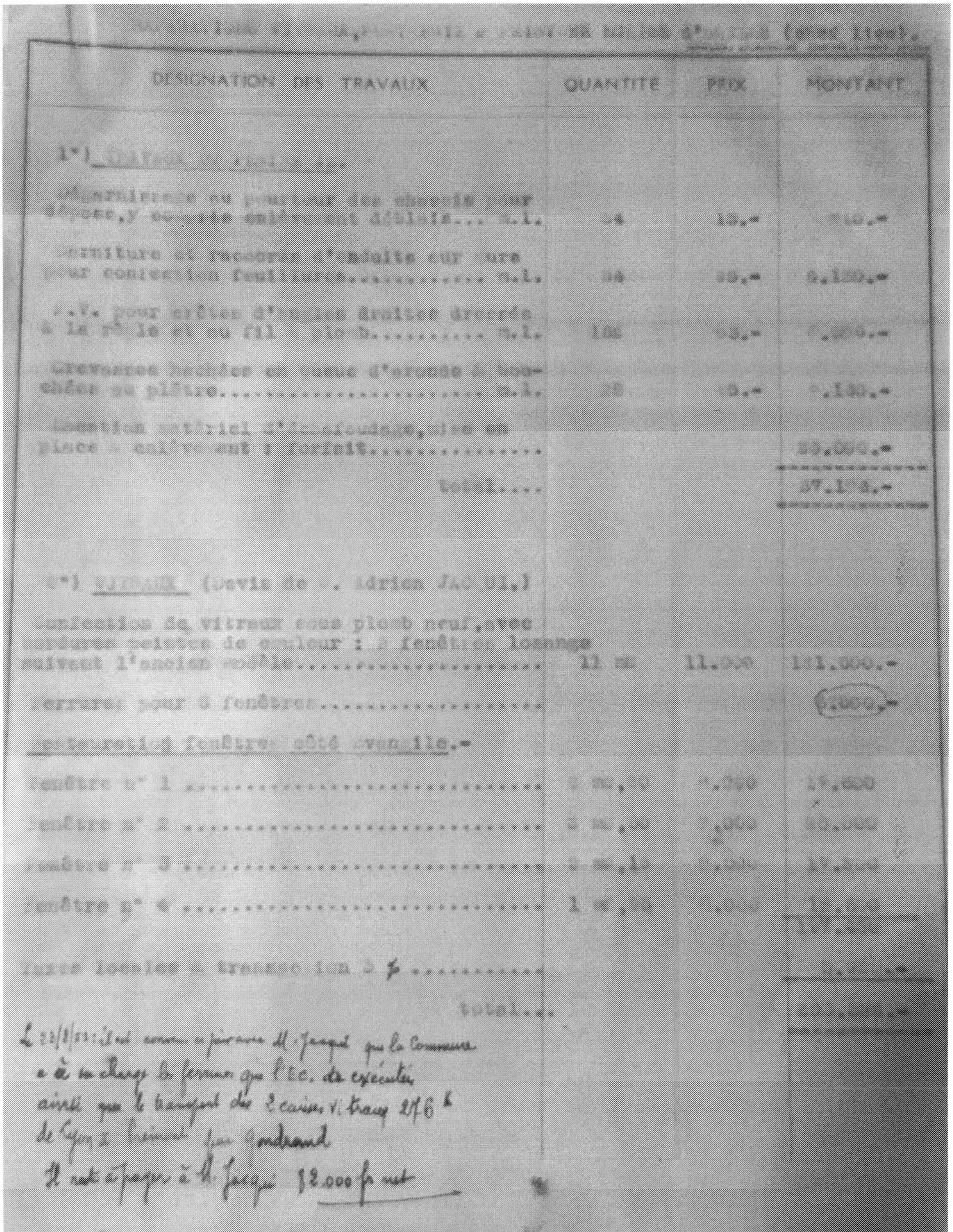

| DESIGNATION DES TRAVAUX | QUANTITE | PRIX | MONTANT |
| --- | --- | --- | --- |
| 1°) [illegible] | | | |
| Dégarnissage au pourtour des chassis pour dépose, y compris enlèvement déblais... m.l. | 34 | 15.- | [illegible].- |
| Fourniture et raccords d'enduits sur murs pour confection feuillures............ m.l. | 34 | [illegible].- | [illegible].- |
| P.V. pour arêtes d'angles droites dressés à la règle et au fil à plomb.......... m.l. | 136 | [illegible].- | [illegible].- |
| Crevasses hachées en queue d'aronde à bouchées au plâtre...................... m.l. | 28 | [illegible].- | [illegible].- |
| Location matériel d'échafaudage, mise en place & enlèvement : forfait.............. | | | [illegible].- |
| total.... | | | [illegible].- |
| 2°) VITRAUX (Devis de M. Adrien JACQUI.) | | | |
| Confection de vitraux sous plomb neuf, avec bordures peintes de couleur : 3 fenêtres losange suivant l'ancien modèle.......................... | 11 m² | 11.000 | 121.000.- |
| Ferrures pour 3 fenêtres.......................... | | | [illegible].- |
| Restauration fenêtres côté évangile.- | | | |
| Fenêtre n° 1 .............................. | [illegible] m²,[illegible] | [illegible] | [illegible] |
| Fenêtre n° 2 .............................. | [illegible] m²,[illegible] | [illegible] | [illegible] |
| Fenêtre n° 3 .............................. | [illegible] m²,[illegible] | [illegible] | [illegible] |
| Fenêtre n° 4 .............................. | 1 m²,[illegible] | [illegible] | [illegible] |
| | | | [illegible] |
| Taxes locales & transaction [illegible] % .......... | | | [illegible].- |
| total... | | | [illegible].- |

Le 22/8/51 : Il est convenu ce jour avec M. Jacqui que la Commune a à sa charge les ferrures que l'E.C. doit exécuter ainsi que le transport des 2 caisses vitraux [illegible] de Lyon à [illegible] par [illegible]
Il reste à payer à M. Jacqui 12.000 fr net

Explications de 1951 du détail sur le coût et la nature des travaux à l'église Saint-Maurice (2).

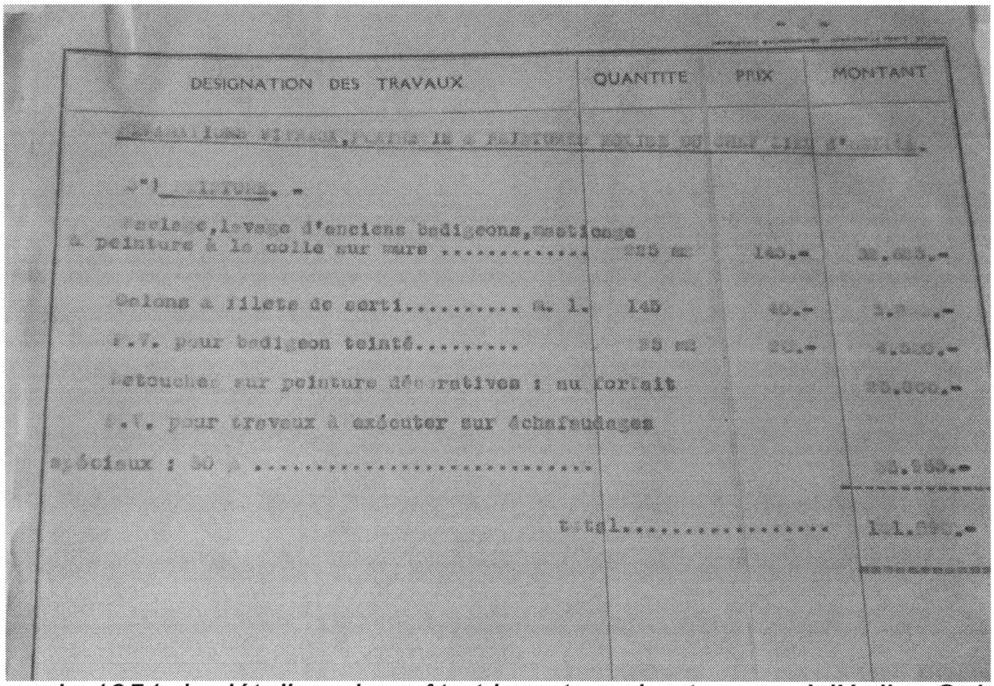

| DESIGNATION DES TRAVAUX | QUANTITE | PRIX | MONTANT |
|---|---|---|---|
| [illegible] VITRAUX, [illegible] | | | |
| [illegible]° 1 [illegible]. - | | | |
| [illegible]age, lavage d'anciens badigeons, masticage & peinture à la colle sur murs ............ | [illegible] m2 | 145.- | [illegible] |
| Galons à filets de serti.......... m. l. | 145 | 40.- | [illegible] |
| P.V. pour badigeon teinté......... | [illegible] m2 | [illegible] | [illegible] |
| Retouches sur peinture décoratives : au forfait | | | [illegible] |
| P.V. pour travaux à exécuter sur échafaudages spéciaux : 30 % ......................... | | | [illegible] |
| total................ | | | [illegible] |

*Explications de 1951 du détail sur le coût et la nature des travaux à l'église Saint-Maurice (3).*

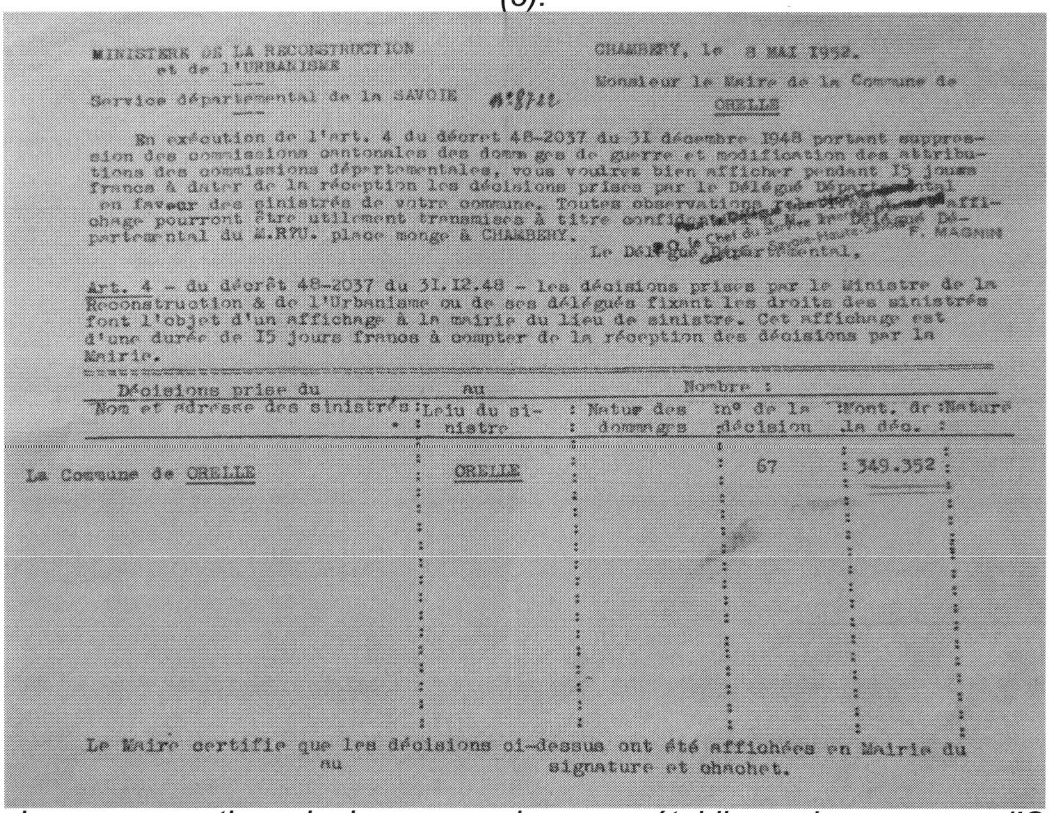

MINISTERE DE LA RECONSTRUCTION
et de l'URBANISME

Service départemental de la SAVOIE N°[illegible]

CHAMBERY, le 8 MAI 1952.

Monsieur le Maire de la Commune de
ORELLE

En exécution de l'art. 4 du décret 48-2037 du 31 décembre 1948 portant suppression des commissions cantonales des dommages de guerre et modification des attributions des commissions départementales, vous voudrez bien afficher pendant 15 jours francs à dater de la réception les décisions prises par le Délégué Départemental en faveur des sinistrés de votre commune. Toutes observations relatives à cet affichage pourront être utilement transmises à titre confidentiel à M. le Délégué Départemental du M.R.U. place monge à CHAMBERY.

Le Délégué Départemental,
P.O. le Chef du Service [illegible]
F. MAGNIN

Art. 4 - du décret 48-2037 du 31.12.48 - les décisions prises par le Ministre de la Reconstruction & de l'Urbanisme ou de ses délégués fixant les droits des sinistrés font l'objet d'un affichage à la mairie du lieu de sinistre. Cet affichage est d'une durée de 15 jours francs à compter de la réception des décisions par la Mairie.

Décisions prise du au Nombre :

| Nom et adresse des sinistrés | Leiu du sinistre | Natur des dommages | n° de la décision | Mont. de la déc. | Nature |
|---|---|---|---|---|---|
| La Commune de ORELLE | ORELLE | | 67 | 349.352 | |

Le Maire certifie que les décisions ci-dessus ont été affichées en Mairie du au

signature et chachet.

*Montant des compensations de dommages de guerre établi pour la commune d'Orelle le 8 mai 1952 par les services du ministère de la Reconstruction et de l'Urbanisme.*

MINISTÈRE DE LA RECONSTRUCTION
ET DE L'URBANISME

Délégation Départementale
de la Savoie

RÉPUBLIQUE FRANÇAISE

**DÉCISION DU DÉLÉGUÉ DÉPARTEMENTAL**

loi du 28 Octobre 1946 sur les dommages de guerre

| NUMÉRO DE LA DÉCISION B | | |
|---|---|---|
| Dep. | N° d'ordre | Indice |
| [illegible] | 64 | [illegible] B |

**BIENS SINISTRÉS**

Dossier N° : [illegible] 2
Adresse : ORELLE

Destination : Ecole de la Denise
Bâtiment
Date du sinistre : 6 et 7 Septembre 1944
Cause du sinistre : destruction partielle par les troupes allemandes

Etat de la reconstitution : terminée

**BÉNÉFICIAIRE**

Nom ou raison sociale : La Commune d'ORELLE
Prenoms ou forme de la société :
Domicile ou Siège Social :
Nationalité :
Lieu et date de naissance ou date de constitution :
Situation de famille :
Régime matrimonial :

**ALLOCATIONS ANTÉRIEURES**

| Au titre de | Dates | N° des décisions | Montants |
|---|---|---|---|
| | | Total ... | |

Nom du Mandataire : Le Receveur Municipal de
Prénoms : la Commune d'ORELLE
Domicile :

OBSERVATIONS :

Mode de Paiement : par bon de caisse sur la Trésorerie Générale

**DÉCISION ÉVALUATIVE D'INDEMNITÉ (A)**

Montant de l'indemnité de reconstitution : 36.547

A déduire : sommes reçues d'une autorité française ou alliée, de l'ennemi ou au titre d'un contrat d'assurance (art. 17, 2° et 3°).

Allocations antérieures :
Total des déductions :

Somme à porter au crédit du compte : Principal 36.547

(1) en cas de paiement par traite

**DÉCISION DE PROGRAMME (B)**

La présente décision a pour objet d'indemniser la totalité / une partie des travaux ou opérations de reconstitution.

Les versements susceptibles d'être effectués dans les conditions indiquées au verso, s'élèveront à 36.547

se décomposant comme suit : 36.547 en 1949
en 19
en 19

Date : CHAMBÉRY 30 MARS 1949

MINISTÈRE DE LA RECONSTRUCTION ET DE L'URBANISME — Cachet Service Départemental de la Savoie

M. MICHAUD

| NUMÉRO DE LA DÉCISION A | | | |
|---|---|---|---|
| Dep. | N° d'ordre | | Indice |
| [illegible] | 64 | [illegible] | |

| NUMÉRO DE LA DÉCISION B | | |
|---|---|---|
| Rubrique | N° d'ordre | Indice |
| XI | 1 | |

*Somme nécessaire à la reconstruction des parties endommagées sur l'école de la Denise indiquée le 30 mars 1949 (le même document est fait pour le lavoir de la Denise).*

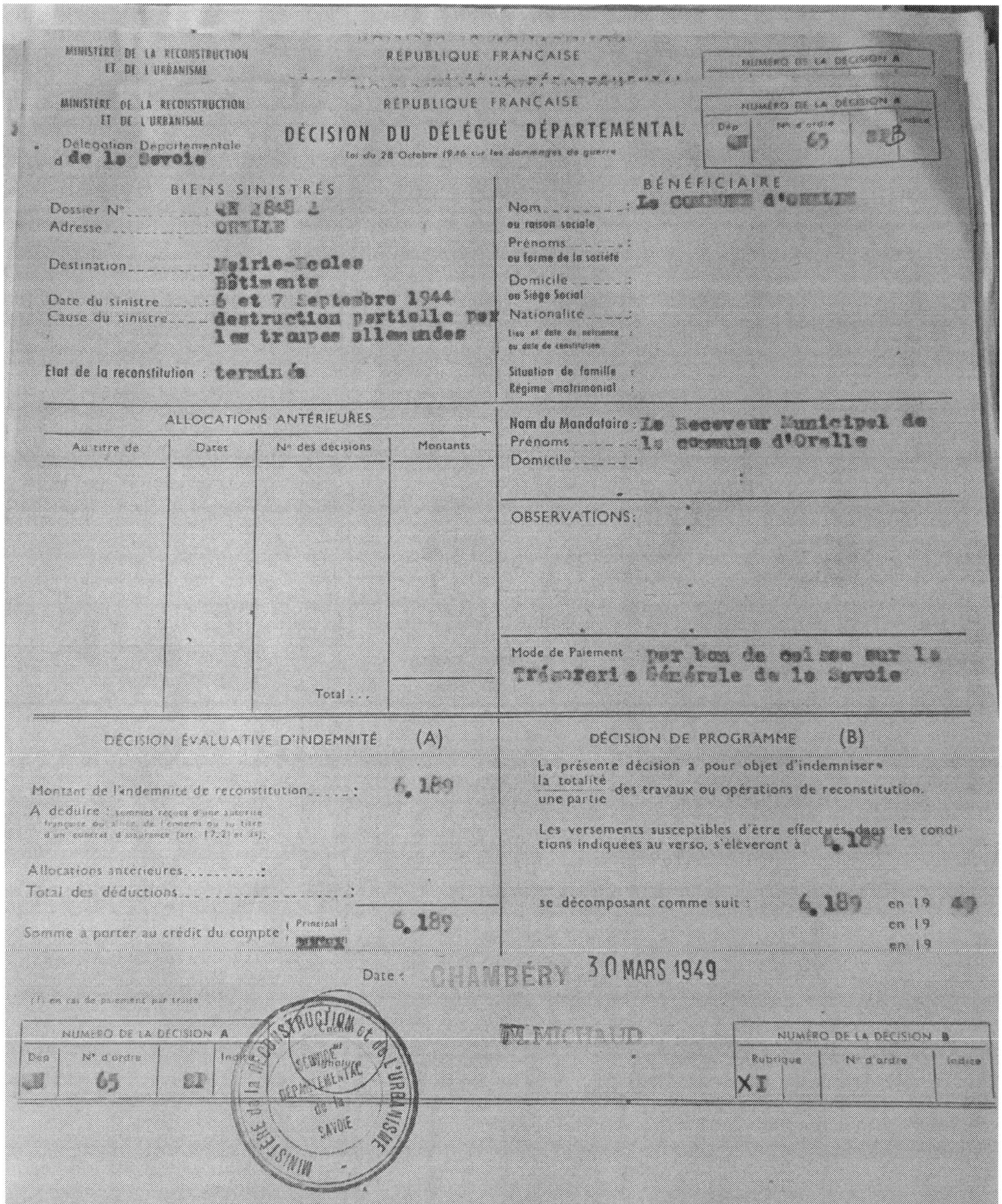

MINISTÈRE DE LA RECONSTRUCTION
ET DE L'URBANISME

RÉPUBLIQUE FRANÇAISE

NUMÉRO DE LA DÉCISION A

MINISTÈRE DE LA RECONSTRUCTION
ET DE L'URBANISME

Délégation Départementale
de la Savoie

RÉPUBLIQUE FRANÇAISE

DÉCISION DU DÉLÉGUÉ DÉPARTEMENTAL

Loi du 28 Octobre 1946 sur les dommages de guerre

| NUMÉRO DE LA DÉCISION A | | |
|---|---|---|
| Dép | Nº d'ordre | Indice |
| [illegible] | 65 | [illegible] |

BIENS SINISTRÉS

Dossier Nº : [illegible]
Adresse : ORELLE
Destination : Mairie-Ecoles Bâtiments
Date du sinistre : 6 et 7 Septembre 1944
Cause du sinistre : destruction partielle par les troupes allemandes
Etat de la reconstitution : terminée

BÉNÉFICIAIRE

Nom ou raison sociale : La COMMUNE d'ORELLE
Prénoms ou forme de la société :
Domicile ou Siège Social :
Nationalité :
Lieu et date de naissance ou date de constitution :
Situation de famille
Régime matrimonial

ALLOCATIONS ANTÉRIEURES

| Au titre de | Dates | Nº des décisions | Montants |
|---|---|---|---|
| | | Total ... | |

Nom du Mandataire : Le Receveur Municipal de
Prénoms : la commune d'Orelle
Domicile :

OBSERVATIONS :

Mode de Paiement : par bon de caisse sur la Trésorerie Générale de la Savoie

DÉCISION ÉVALUATIVE D'INDEMNITÉ (A)

Montant de l'indemnité de reconstitution : 6.189
A déduire : sommes reçues d'une autorité française ou alliée, de l'ennemi ou au titre d'un contrat d'assurance (art. 17-2º et 34).
Allocations antérieures :
Total des déductions :
Somme à porter au crédit du compte : Principal : 6.189

DÉCISION DE PROGRAMME (B)

La présente décision a pour objet d'indemniser la totalité / une partie des travaux ou opérations de reconstitution.
Les versements susceptibles d'être effectués dans les conditions indiquées au verso, s'élèveront à 6.189
se décomposant comme suit : 6.189 en 1949
en 19
en 19

Date : CHAMBÉRY 30 MARS 1949

(1) en cas de paiement par traite

| NUMÉRO DE LA DÉCISION A | | |
|---|---|---|
| Dép | Nº d'ordre | Indice |
| [illegible] | 65 | [illegible] |

MINISTÈRE de la RECONSTRUCTION et de l'URBANISME — SERVICE DÉPARTEMENTAL de la SAVOIE

M. MICHAUD

| NUMÉRO DE LA DÉCISION B | | |
|---|---|---|
| Rubrique | Nº d'ordre | Indice |
| XI | | |

*Document attestant de dégâts engendrés par les occupants allemands sur le bâtiment de la mairie et de l'école d'Orelle (30 mars 1949).*

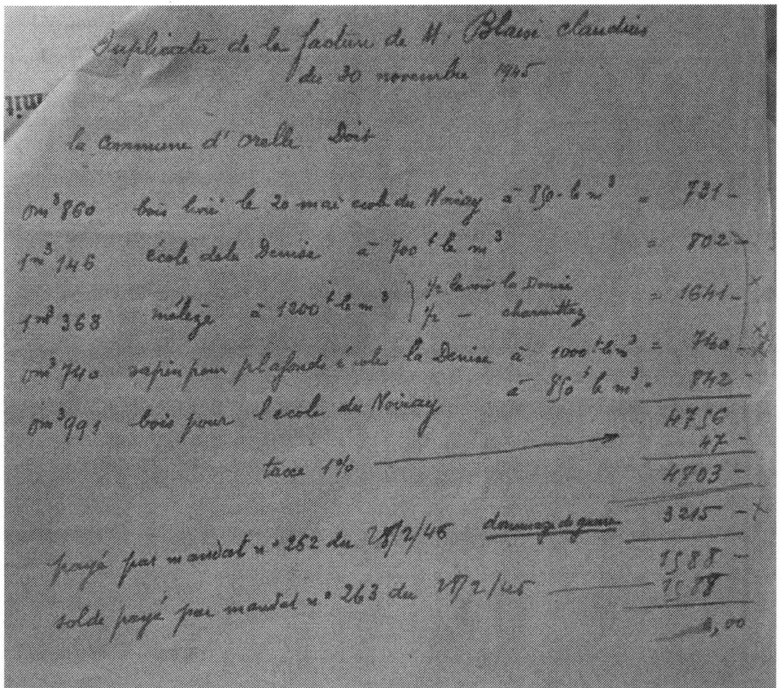

Duplicata de la facture de M. Blanc claudier
du 30 novembre 1945

la Commune d'Orelle Doit

| | | |
|---|---|---|
| 0m³860 | bois livré le 20 mai école du Noiray à 850 le m³ | = 731 - |
| 1m³146 | école de la Denise à 700 le m³ | = 802 - |
| 1m³368 | mélèze à 1200 le m³ } ½ l'école la Denise, ½ – charmettes | = 1641 - |
| 0m³740 | sapin pour plafond école la Denise à 1000 le m³ | = 740 - |
| 0m³991 | bois pour l'école du Noiray à 850 le m³ | = 842 - |
| | | 4756 |
| | taxe 1% | 47 - |
| | | 4703 - |
| | dommages de guerre | 3215 - |
| | payé par mandat n° 252 du 28/2/46 | 1588 - |
| | solde payé par mandat n° 263 du 28/2/46 | 1588 |
| | | 0,00 |

*Matériaux que la commune d'Orelle doit nécessairement fournir pour assurer la reconstruction des bâtiments (30 novembre 1945).*

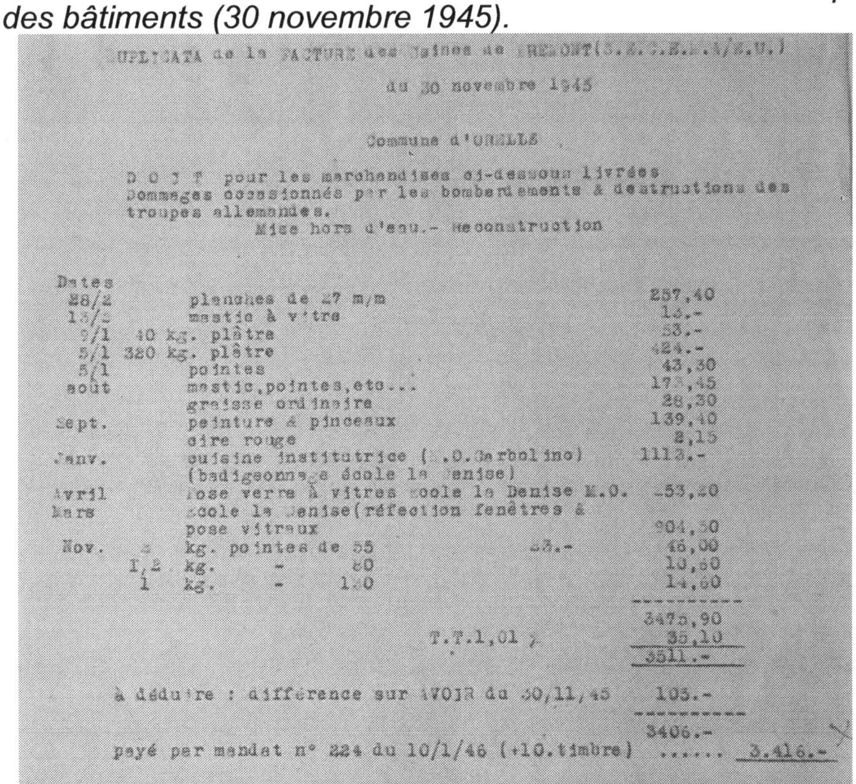

DUPLICATA de la FACTURE des Usines de PREMONT(S.E.C.E.M.A/E.U.)

du 30 novembre 1945

Commune d'ORELLE

D O I T pour les marchandises ci-dessous livrées
Dommages occasionnés par les bombardements & destructions des troupes allemandes.
Mise hors d'eau.- Reconstruction

| Dates | | | |
|---|---|---|---|
| 28/2 | | planches de 27 m/m | 257,40 |
| 13/2 | | mastic à vitre | 16.- |
| 9/1 | 40 kg. | plâtre | 53.- |
| 5/1 | 320 kg. | plâtre | 424.- |
| 5/1 | | pointes | 43,30 |
| août | | mastic,pointes,etc... | 173,45 |
| | | graisse ordinaire | 28,30 |
| Sept. | | peinture & pinceaux | 139,40 |
| | | cire rouge | 2,15 |
| Janv. | | cuisine institutrice (M.O.Carbolino) (badigeonnage école la Denise) | 1113.- |
| Avril | | Pose verre à vitres école la Denise M.O. | 153,20 |
| Mars | | école la Denise(réfection fenêtres & pose vitraux | 904,50 |
| Nov. | 2 | kg. pointes de 55 — 23.- | 46,00 |
| | 1,2 | kg. - 80 | 10,60 |
| | 1 | kg. - 120 | 14,60 |
| | | | 3475,90 |
| | | T.T.1,01 % | 35,10 |
| | | | 3511.- |
| | | à déduire : différence sur AVOIR du 30,11,45 | 105.- |
| | | | 3406.- |
| | | payé par mandat n° 224 du 10/1/46 (+10.timbre) ...... | 3.416.- |

*Demande de l'usine de Prémont pour la réfection des bâtiments industriels (30 novembre 1945).*

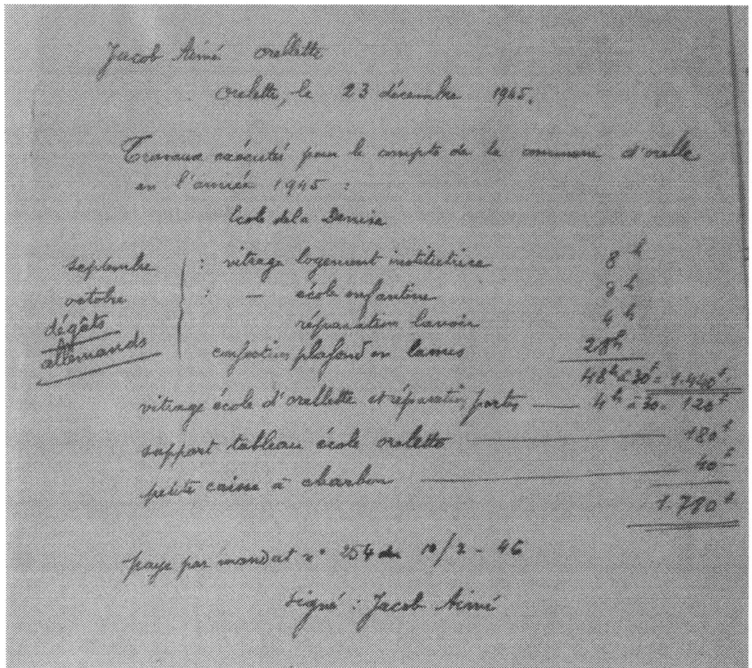
Jacob Aimé Orellette

Orellette, le 23 décembre 1945.

Travaux exécutés pour le compte de la commune d'Orelle en l'année 1945 :

école de la Denise

| | | |
|---|---|---|
| septembre | : vitrage logement institutrice | 8 h |
| octobre | : — école enfantine | 8 h |
| dégâts allemands | réparation lavoir | 4 h |
| | confection plafond en lames | 28 h |
| | | 48 h à 30 f = 1.440 f |
| | vitrage école d'Orellette et réparation porte | 4 h à 30 = 120 f |
| | support tableau école Orellette | 180 f |
| | petite caisse à charbon | 40 f |
| | | 1.780 f |

payé par mandat n° 254 du 10/2-46

signé : Jacob Aimé

*Détail des travaux effectués à Orelle et plus précisément au hameau d'Orellette (23 décembre 1945).*

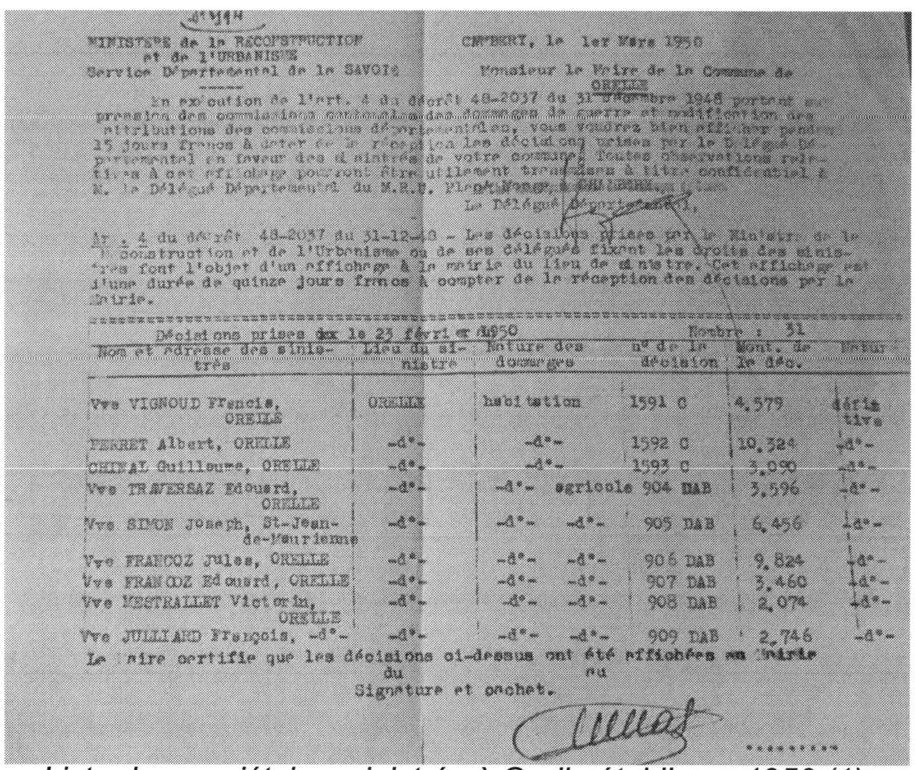
n° 1914

MINISTERE de la RECONSTRUCTION et de l'URBANISME
Service Départemental de la SAVOIE

CHAMBERY, le 1er Mars 1950

Monsieur le Maire de la Commune de ORELLE

En exécution de l'art. 4 du décret 48-2037 du 31 décembre 1948 portant suppression des commissions cantonales des dommages de guerre et modification des attributions des commissions départementales, vous voudrez bien afficher pendant 15 jours francs à dater de la réception les décisions prises par le Délégué Départemental en faveur des sinistrés de votre commune. Toutes observations relatives à cet affichage pourront être utilement transmises à titre confidentiel à M. le Délégué Départemental du M.R.U. [illegible] à CHAMBERY.

Le Délégué Départemental,

Art. 4 du décret 48-2037 du 31-12-48 – Les décisions prises par le Ministre de la Reconstruction et de l'Urbanisme ou de ses délégués fixant les droits des sinistrés font l'objet d'un affichage à la mairie du lieu de sinistre. Cet affichage est d'une durée de quinze jours francs à compter de la réception des décisions par la Mairie.

Décisions prises ~~au~~ le 23 février 1950 — Nombre : 31

| Nom et adresse des sinistrés | Lieu du sinistre | Nature des dommages | | n° de la décision | Mont. de la déc. | Nature |
|---|---|---|---|---|---|---|
| Vve VIGNOUD Francis, ORELLE | ORELLE | habitation | | 1591 C | 4.579 | définitive |
| PERRET Albert, ORELLE | -d°- | -d°- | | 1592 C | 10.324 | -d°- |
| CHINAL Guillaume, ORELLE | -d°- | -d°- | | 1593 C | 3.090 | -d°- |
| Vve TRAVERSAZ Edouard, ORELLE | -d°- | -d°- | agricole | 904 DAB | 3.596 | -d°- |
| Vve SIMON Joseph, St-Jean-de-Maurienne | -d°- | -d°- | -d°- | 905 DAB | 6.456 | -d°- |
| Vve FRANCOZ Jules, ORELLE | -d°- | -d°- | -d°- | 906 DAB | 9.824 | -d°- |
| Vve FRANCOZ Edouard, ORELLE | -d°- | -d°- | -d°- | 907 DAB | 3.460 | -d°- |
| Vve MESTRALLET Victorin, ORELLE | -d°- | -d°- | -d°- | 908 DAB | 2.074 | -d°- |
| Vve JULLIARD François, -d°- | -d°- | -d°- | -d°- | 909 DAB | 2.746 | -d°- |

Le Maire certifie que les décisions ci-dessus ont été affichées en Mairie du au

Signature et cachet.

*Liste de propriétaires sinistrés à Orelle établie en 1950 (1).*

n°1124

MINISTÈRE de la RECONSTRUCTION
et de l'URBANISME
Service Départemental de la SAVOIE

CHAMBÉRY, le 26 avril 1950

Monsieur le Maire de la Commune de
ORELLE

En exécution de l'art. 4 du décret 48-2037 du 31 décembre 1948 portant suppression des commissions cantonales des dommages de guerre et modification des attributions des commissions départementales, vous voudrez bien afficher pendant 15 jours francs à dater de la réception les décisions prises par le Délégué Départemental en faveur des sinistrés de votre commune. Toutes observations relatives à cet affichage pourront être utilement transmises à titre confidentiel à M. le Délégué Départemental du M.R.U. Place Monge à CHAMBÉRY.

Le Délégué Départemental,

Art. 4 du décret 48-2037 du 31-12-48 – Les décisions prises par le Ministre de la Reconstruction et de l'Urbanisme ou de ses délégués fixant les droits des sinistrés font l'objet d'un affichage à la mairie du lieu de sinistre. Cet affichage est d'une durée de quinze jours francs à compter de la réception des décisions par la Mairie.

Décisions prises le 4 avril 1950 — Nombre 5

| Nom et adresse des sinistrés | Lieu du sinistre | Nature des dommages | n° de la décision | Mont. de la déc. | Natur |
|---|---|---|---|---|---|
| FRANCOZ Eugène, Orelle | ORELLE | habitation | 1602 C | 5.370 | |
| TRAVERSAZ Marius, Orelle | -d°- | -d°- | 1603 C | 18.670 | |
| FONTAINE Antonin Orelle | -d°- | -d°- | 1604 C | 6.500 | |
| DEYMONAZ Joseph Orelle | -d°- | -d°- | 1605 C | 4.550 | |
| Vve VIGNOUD Marcel, Orelle | -d°- | -d°- | 1606 C | 5.000 | |

Le Maire certifie que les décisions ci-dessus ont été affichées en Mairie
du au
Signature et cachet.

*Liste de propriétaires sinistrés à Orelle établie en 1950 (2).*

| Nom et adresse des sinistrés | Lieu du sinistre | Nature des dommages | N° de la décision | Montant de la déc. | Nature |
|---|---|---|---|---|---|
| Vve FRANCOZ Honoré, ORELLE | ORELLE | hab. agr. | 910 DAB | 3.460 | définitive |
| Vve FRANCOZ Joseph, ORELLE | ORELLE | -d°- | 911 DAB | 2.620 | -d°- |
| Vve BOCHU Emilien -d°- | -d°- | -d°- | 912 DAB | 1.990 | -d°- |
| Vve CASSAZ Emilien -d°- | -d°- | -d°- | 913 DAB | 5.396 | -d°- |
| Vve DEYMONAZ Jh. -d°- | -d°- | -d°- | 914 DAB | 7.664 | -d°- |
| Vve FONTAINE Eugène, -d°- | -d°- | -d°- | 915 DAB | 2.539 | -d°- |
| ALBERT Emilien Fçois -d°- | -d°- | agricole | 916 DAB | 4.951 | -d°- |
| CHINAL Félix -d°- | -d°- | hab. agr. | 917 DAB | 2.749 | -d°- |
| CASSAZ Marcel -d°- | -d°- | -d°- | 918 DAB | 4.090 | -d°- |
| BLAIX Léon -d°- | -d°- | -d°- | 919 DAB | 9.182 | -d°- |
| CHINAL Jean Louis -d°- | -d°- | -d°- | 920 DAB | 3.544 | -d |
| FONTAINE Léon -d°- | -d°- | -d°- | 921 DAB | 3.393 | -d°- |
| FONTAINE Jh. Aug. -d°- | -d°- | -d°- | 922 DAB | 4.510 | -d°- |
| FRANCOZ Joseph -d°- | -d°- | -d°- | 923 DAB | 5.910 | -d°- |
| JOET Germain -d°- | -d°- | -d°- | 924 DAB | 14.005 | -d°- |
| FERRET Claude Gilles -d°- | -d°- | -d°- | 925 DAB | 3.250 | -d°- |
| FERRET Urbain, -d°- | -d°- | -d°- | 926 DAB | 1.780 | -d°- |
| Melle REYNAUD Félicie -d°- | -d°- | -d°- | 927 DAB | 2.935 | -d°- |
| TRAVERSAZ Louis Emile -d°- | -d°- | -d°- | 928 DAB | 2.814 | -d°- |
| Melle TRAVERSAZ Cécile -d°- | -d°- | -d°- | 929 DAB | 3.880 | -d°- |
| VIGNOUD César -d°- | -d°- | -d°- | 930 DAB | 7.850 | -d°- |
| GUIGEZ Joseph -d°- | -d°- | -d°- | 931 DAB | 99.428 | -d°- |

*Liste de propriétaires sinistrés à Orelle établie en 1950 (3).*

« J'ai conservé la lettre que ma mère, France Despine, habitant Orelle au moment de la libération de la Maurienne, envoya à sa mère en septembre 1944. Mon père, Jacques Despine, était alors ingénieur en poste à l'usine de Prémont. Mes parents ont habité un immeuble à Orelle jusqu'en 1947 ou 48. Ma mère attendait son deuxième enfant au moment des faits. J'ai retrouvé cette lettre bien plus tard, après le décès de ma mère en 1995. J'y ajoute quelques anecdotes qu'elle nous racontait mais qui ne figurent pas dans la lettre. Mon mari a cherché à relier cette lettre aux événements historiques avérés. Ma mère a souvent évoqué, au long de sa vie, les événements survenus en Haute-Maurienne en septembre 1944 où elle vivait et, quand, après son décès, j'ai retrouvé cette lettre datée du 14 septembre qu'elle avait elle-même écrite à ses parents, j'ai eu l'impression d'en connaître déjà un peu son contenu. Toutefois, certaines anecdotes qu'elle nous racontait souvent ne figurent pas dans la lettre ; je vais donc essayer de me les rappeler pour compléter ce souvenir. Elle évoque un Allemand qui était entré dans notre cuisine et qui a installé son fusil mitrailleur sur la table, devant la fenêtre. Elle n'était vraiment pas rassurée. Guy et moi avons récupéré, il y a quelques années, la table de cuisine où j'ai pris tous mes déjeuners et goûters d'enfance ; la couverture en lino que je lui avais toujours vue avait été enlevée, sans doute pour retrouver le bois d'origine ; en cherchant bien sur le plateau, nous avons retrouvé trois légers impacts (déterminant un triangle) et avons pensé que cela était dû à l'empreinte du fusil-mitrailleur, cette table de cuisine était sans doute déjà la table de cuisine d'Orelle en Haute-Maurienne, lieu de ces événements. Ma mère avait une poule, qui s'appelait la « poule gentille » ; elle donnait chaque jour un œuf qu'elle gardait pour faire un gâteau à Gaby ; un petit gâteau qui gonflait beaucoup : en sortant du four, il était « comme ça ! ». Les Allemands ont malheureusement mangé la poule ; après leur départ, ma mère a récupéré la graisse qui restait au fond du plat ; nous n'avions rien, c'était une aubaine. Un jour, en longeant la maison, elle a vu tomber des éclats d'obus pas loin d'elle ; c'est drôle, mais elle dit ne même pas avoir eu peur. Elle m'a aussi dit : « nous descendions à la cave, dès qu'il y avait des alertes ; nous étions un peu serrés les uns contre les autres ; nous récitions des chapelets avec les Léger, nos voisins. Les ponts étaient minés, tout pouvait sauter, nous entendions des sirènes ; je ne savais jamais si Jacques allait pouvoir revenir... ». À Orelle, en hiver, nous ne voyions pas le soleil de la journée ; il faut ajouter à cela les privations de la guerre. Dès que les jours grandissaient un peu, on voyait le soleil qui descendait chaque jour un peu plus bas. »

*Élisabeth Despine-Claus, 18 juillet 2024.*

« Mes chers parents,
Nous avons reçu aujourd'hui 14 septembre la lettre de Maman et cela nous a été une grande joie ; il y a si longtemps que nous n'avons signe de vie les uns des autres. Nous sommes heureux de savoir que cette phase terrible s'est bien passée pour vous. Nous aussi nous étions inquiets. Mais nous avons été rassurés quand on nous a dit qu'à Grenoble la Libération s'est bien passée. Nous avons fait envoyer un mot il y a quelques jours, je pense qu'il est déjà venu vous rassurer.
Puisque vous voulez beaucoup de détails je vais tâcher de vous raconter ces jours d'inquiétude. Nous avons été épargnés et privilégiés : « nous n'avons rien vu ». Il s'est passé beaucoup d'horreurs en Maurienne, villages brûlés, etc. Début d'inquiétude avant la débâcle allemande. La Maurienne devait soit disant être bombardée par l'aviation anglo-américaine venant d'Italie ; au ronflement d'avions descente à la cave, à

des moments assez mal choisis, bain de Gabrielle.
Puis le calme s'établit dans les cieux pour laisser libre cours à l'agitation terrestre – convois défilant sous nos fenêtres, il en venait de Grenoble c'est à ce moment que ça se gâte. Quelques maquis de par là, font résonner la mitrailleuse, ou plutôt le fusil mitrailleur. Ils s'étaient postés sur la route allant à Orelle, sous la terrasse de la maison – pour tirer sur un convoi descendant de Modane – : grand vacarme, les Allemands se déploient dans le village. Jacques regardant à la fenêtre, est mis en joue, mais se retire à temps.
Le lendemain coup de feu dans la combe, les Allemands prennent possession de l'immeuble, magnifique observatoire, se mettent à tirer au fusil mitrailleur de la fenêtre de la cuisine. Nous attrapons Gabrielle et descendons à la cave, où nous nous apprêtons à passer la nuit. Mais vers dix heures, nous remontons afin que ces messieurs ne saccagent pas tout. Car nous avions affaire aux fameux SS brûleurs de village. Le calme est revenu ; ils font la cuisine au lard et sont corrects.
Quelques jours assez calmes se passent, mais on apprend que Saint-Michel est pillée, que des villages brûlent. On décide d'arrêter l'usine presque complètement (le lundi 28). Nous faisons hâtivement des ballots de linge que l'on cache dans le canal. Nous travaillons jusqu'à minuit à enterrer mes bijoux dans la cave. Nous cachons les chères bergères sous un tas de bois, nous cachons divers objets dans le charbon etc...
La plus grande partie du personnel de l'usine grimpe dans la montagne – à Bonvillard, où je suis allée avec Maman et dans les chalets – : gens calmes, nous restons avec les Léger, nos voisins.
Quelques jours de calme, mais les Allemands embouteillés à Modane s'attardent trop et commencent le saccage de l'usine. Ils veulent tout faire sauter – les ponts, la route – les chères dynamos de Jacques

attendent leur tour.
L'usine étant arrêtée, plus de lumière. Un général la réclame, Jacques est menacé d'être fusillé s'il ne la remet pas – il est tout seul – se rend sur une moto allemande au barrage pour faire baisser les vannes, puis dans la nuit à la mise en charge (là où il a son second jardin) enfin au bout de 1h et ½ la lumière revient, temps prévu. Jacques passe la nuit à l'usine surveillant ses machines, et y reste tout seul le lendemain matin. Pendant ce temps, les Allemands viennent à domicile faire sortir les gens ; hommes et femmes (on m'a laissée par égard pour mon état et pour Gabrielle), on ramasse les hommes, on renvoie les femmes. Les hommes sont gardés à vue dans une remise. Jacques ne sait rien. Je vais lui porter à manger, et ils le ramènent pour le faire prisonnier.
Je rentre chez moi. Les obus crépitent. Avec les Léger, nous descendons à la cave où nous passons la nuit. Nuit calme. Jacques étant obligé d'aller à l'usine toujours pour la lumière, est libre de circuler et vient me retrouver dans la matinée. Jacques me quitte pour aller à l'usine avec Martin et son chef de centrale. Après-midi d'un calme lourd. Le soir, nouveau crépitement (nous avons des tuiles cassées).
Passons une seconde nuit – nuit terrible à la cave – grondement des explosions. Avons l'illusion que l'on creuse des tranchées autour de la maison – mais ce n'était qu'un effet de l'imagination. Les explosions se rapprochent, ébranlent la maison. Puis s'éloignent - tout se calme. Les hommes sortent de leur remise et partent pour l'usine qui brûle retrouver Jacques [et] Martin. Ces derniers se sont sauvés dans la nuit ayant peur de l'explosion des chlorates et demandant asile à une ferme. Ferme des lamentations car elle servait d'abri à de pauvres gens durement éprouvés par les représailles allemandes. Deux hameaux brûlés (hameaux de Saint-Michel).

*La population parquée dans l'école de la Denise. Femmes et enfants dans les caves, les hommes dans la cour, sous la garde des fusils. Le maquis tire des obus croyant tirer sur les Allemands, presque tous les hommes tombent, quelques-uns seulement se relèvent. Cela se passait deux jours avant les explosions – et nous n'en savions rien (les explosions et le départ de ces messieurs ont eu lieu dans la nuit du 6 au 7). Jacques et Martin reviennent après avoir fait une prière sur les cadavres de la Denise. Jacques est claqué et impressionné. Nous déjeunons encore chez les Léger qui ont été très gentils pour moi puis regagnons nos appartements ; deux vitres cassées à la cuisine.*

*Les FFI prennent place. On est heureux de les accueillir. Il tire du canon sur Modane et ses environs – belle résonance dans la vallée. On voit des villages brûler sur la montagne – derniers exploits de ces messieurs. Enfin, ils sont partis et pour longtemps. Gabrielle a été très sage et gentille. Les explosions ne l'ont même pas réveillée.*

*Le ravitaillement ne va pas mal, l'usine ayant distribué ses dernières ressources. Mais point ou presque pas de pain. J'ai encore de la farine pour Gabrielle et du sucre. Elle n'a pas manqué de lait bien que la vache de l'usine ait pris les hauteurs pour quelques jours. Je lui ai donné pendant deux jours du lait de la chèvre d'Emilienne qui est très bon.*

*Maintenant, tout est rentré dans le calme, nous sortons nos affaires de leur cachette. Les Allemands nous ont emporté le poste de TSF et la bicyclette de Jacques a été déchiquetée par l'explosion. Ma montre à croix de Lorraine a failli rester dans la poche d'un brûleur de village, mais Jacques qui n'en craint point me l'a faite rendre.*

*Voilà le résumé de ces jours-ci qui n'ont rien à voir avec tout ce que l'on a entendu dire comme horreurs. [...] France* »

*France Despine, 14 septembre 1944.*

Le 27 octobre 1945, le maire d'Orelle demande au préfet de la Savoie de donner à la population des chaussures. En effet, les ouvriers en manquent et travaillent dans des conditions désastreuses. Les écoles communales sont, de plus, approvisionnées en bois de chauffage par les ouvriers. La population manque cruellement de textiles en tout genre : habits de tous les jours, vêtements chauds, souliers, etc.

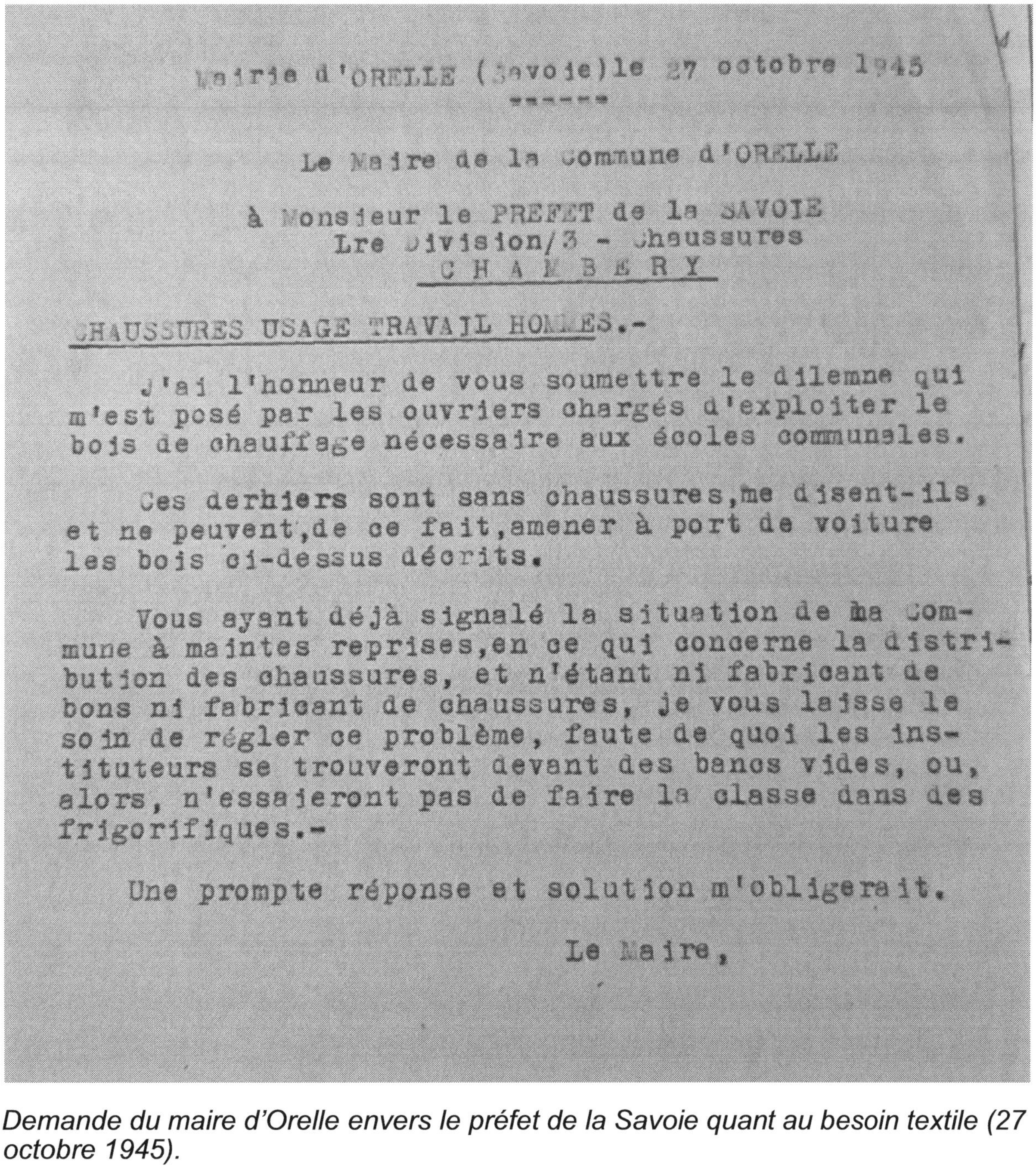

Mairie d'ORELLE (Savoie)le 27 octobre 1945

------

Le Maire de la Commune d'ORELLE

à Monsieur le PREFET de la SAVOIE
Lre Division/3 - Chaussures
CHAMBERY

CHAUSSURES USAGE TRAVAIL HOMMES.-

J'ai l'honneur de vous soumettre le dilemne qui m'est posé par les ouvriers chargés d'exploiter le bois de chauffage nécessaire aux écoles communales.

Ces derhiers sont sans chaussures,me disent-ils, et ne peuvent,de ce fait,amener à port de voiture les bois ci-dessus décrits.

Vous ayant déjà signalé la situation de ma Commune à maintes reprises,en ce qui concerne la distribution des chaussures, et n'étant ni fabricant de bons ni fabricant de chaussures, je vous laisse le soin de régler ce problème, faute de quoi les instituteurs se trouveront devant des bancs vides, ou, alors, n'essaieront pas de faire la classe dans des frigorifiques.-

Une prompte réponse et solution m'obligerait.

Le Maire,

*Demande du maire d'Orelle envers le préfet de la Savoie quant au besoin textile (27 octobre 1945).*

Dans un registre, extrêmement détaillé, sont inscrits les noms des demandeurs d'articles textiles à Orelle.

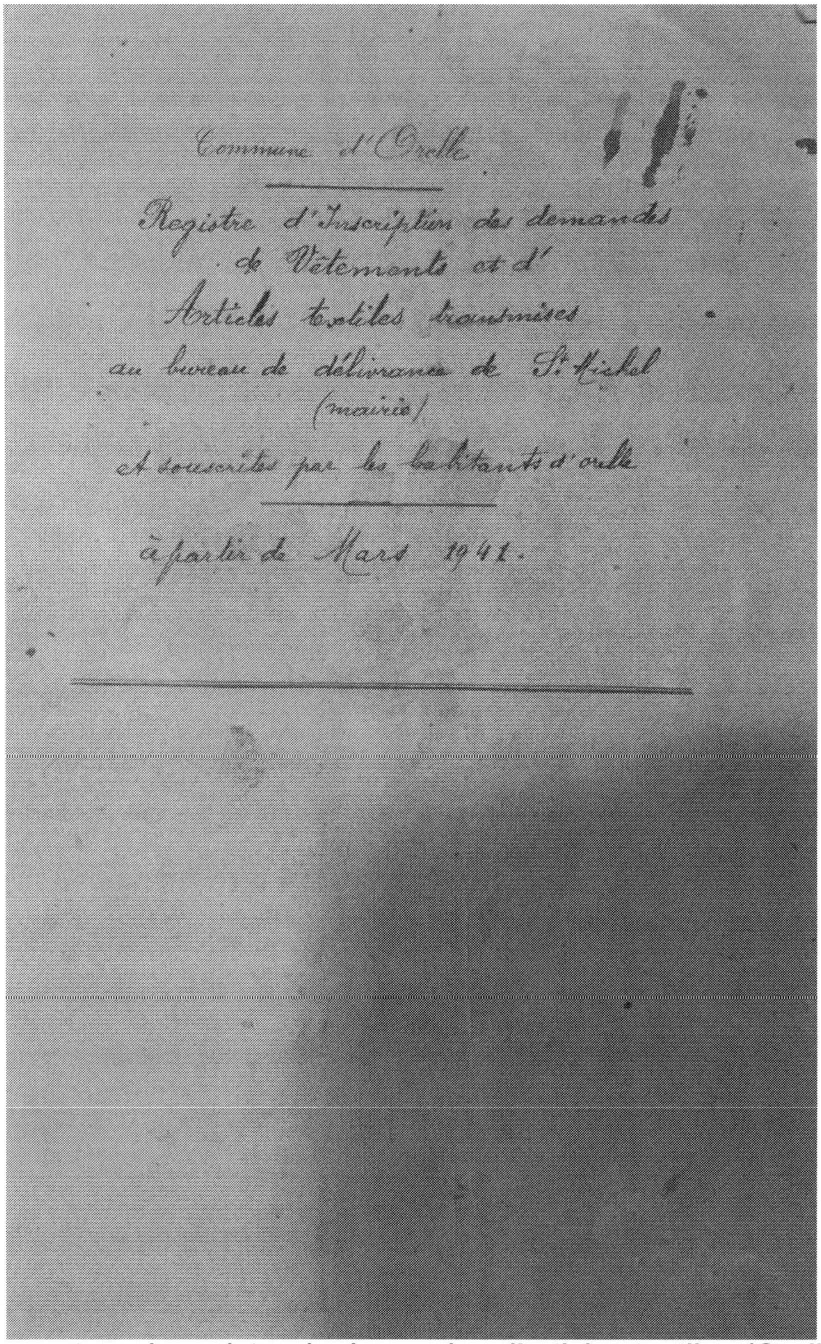

Commune d'Orelle

Registre d'Inscription des demandes de Vêtements et d'
Articles textiles transmises
au bureau de délivrance de St Michel
(mairie)
et souscrites par les habitants d'Orelle

à partir de Mars 1941.

*Couverture du registre de demandes d'articles textiles (Orelle).*

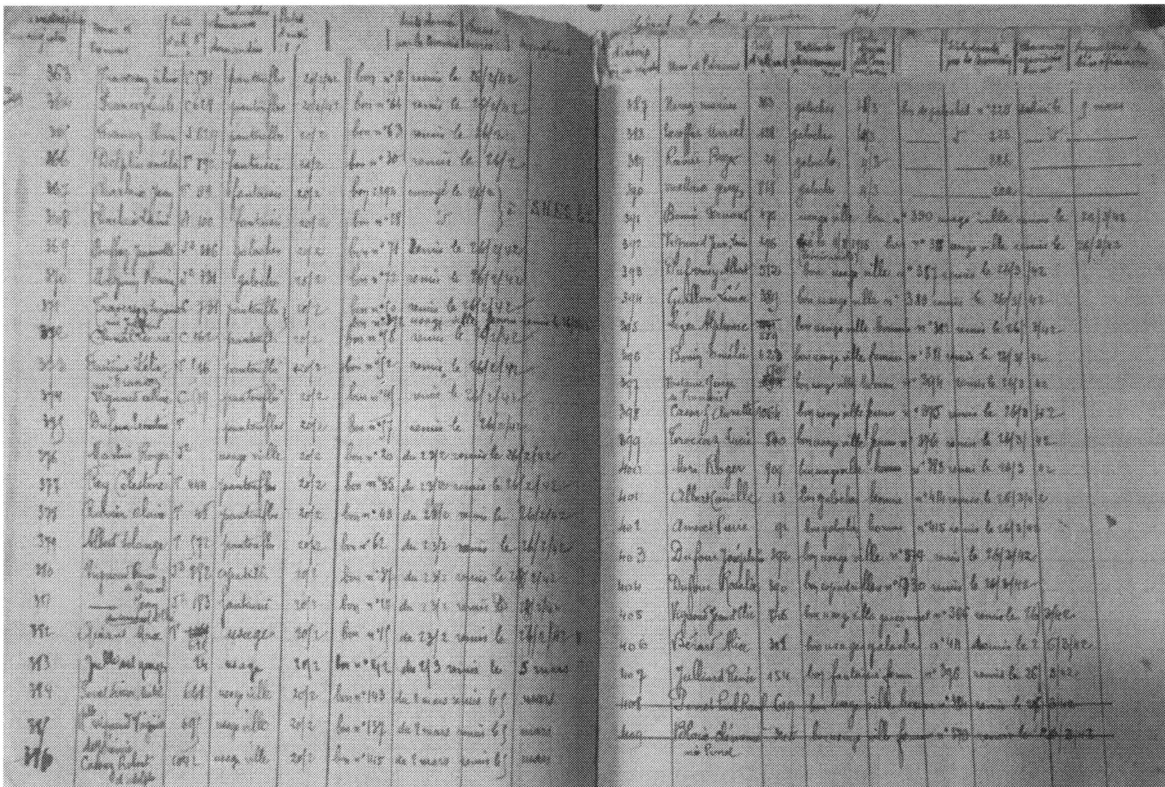

*Extrait du registre de demandeurs de vêtements (1).*

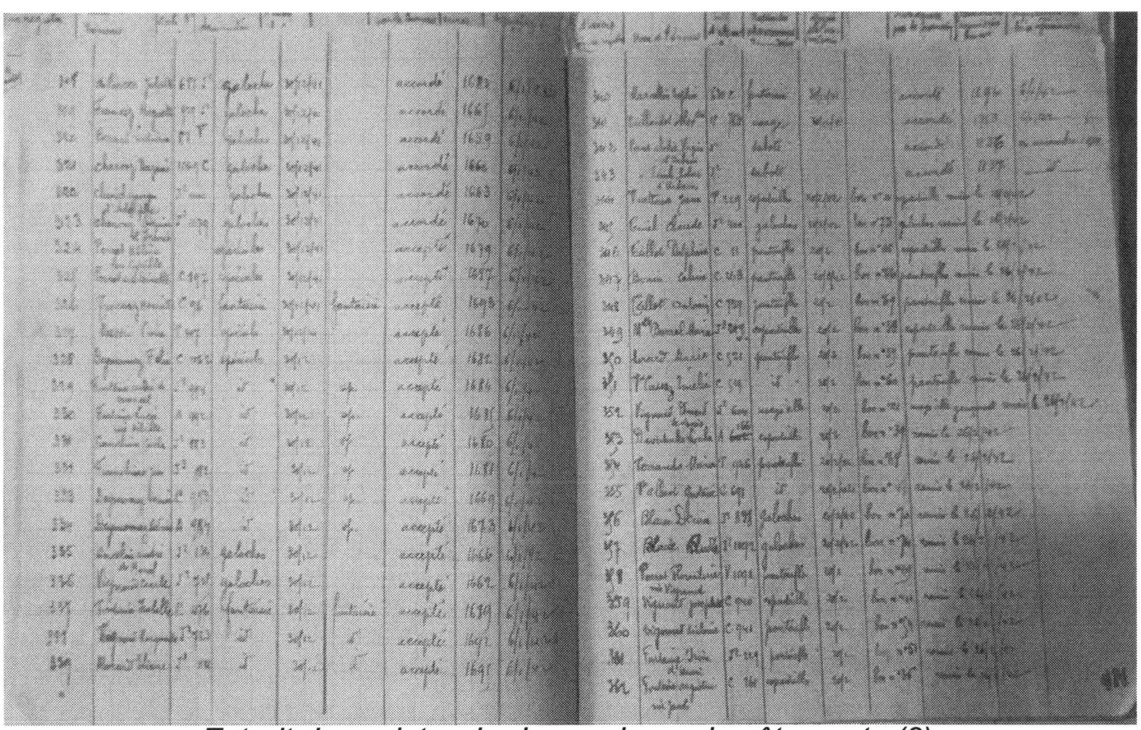

*Extrait du registre de demandeurs de vêtements (2).*

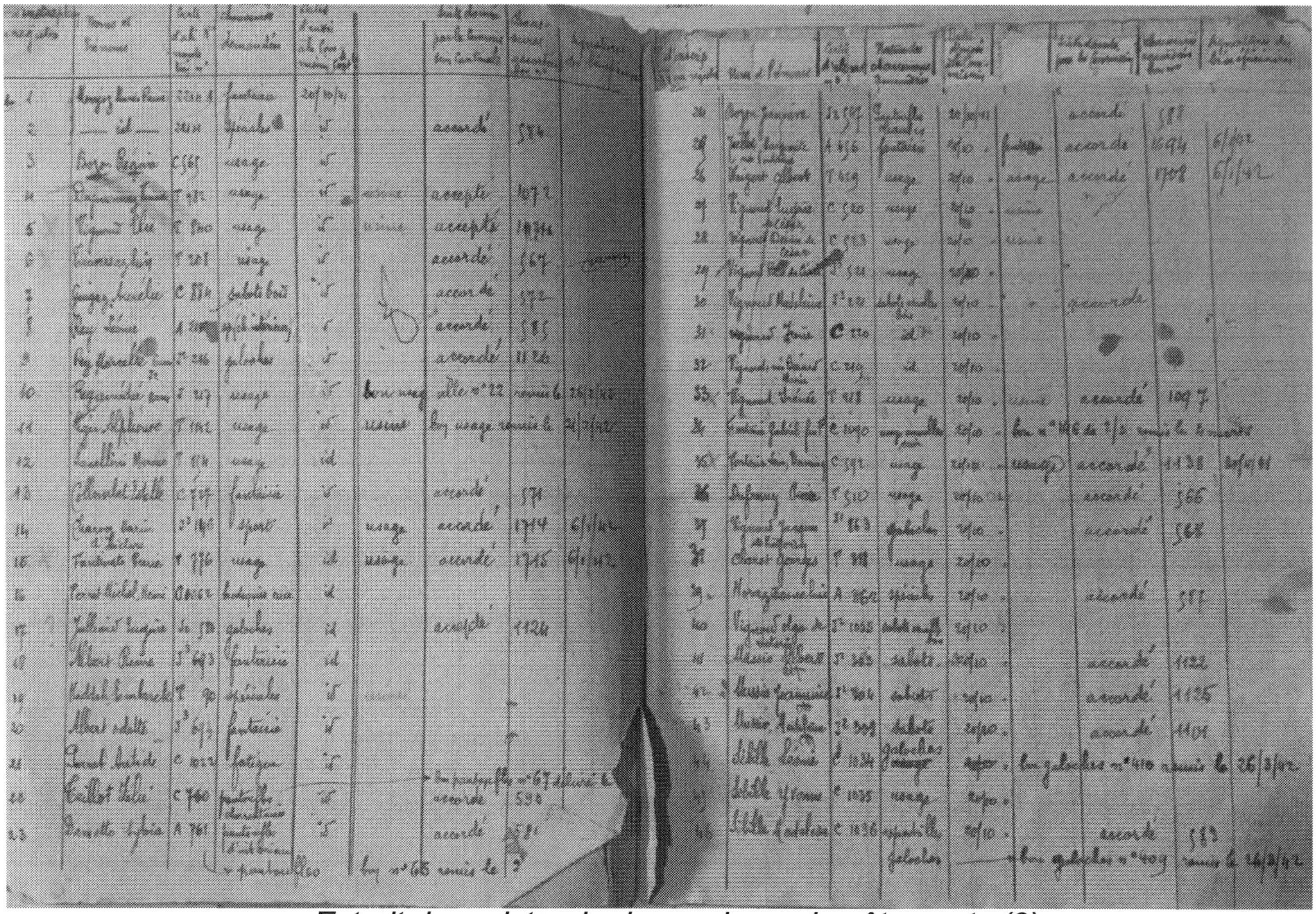

*Extrait du registre de demandeurs de vêtements (3).*

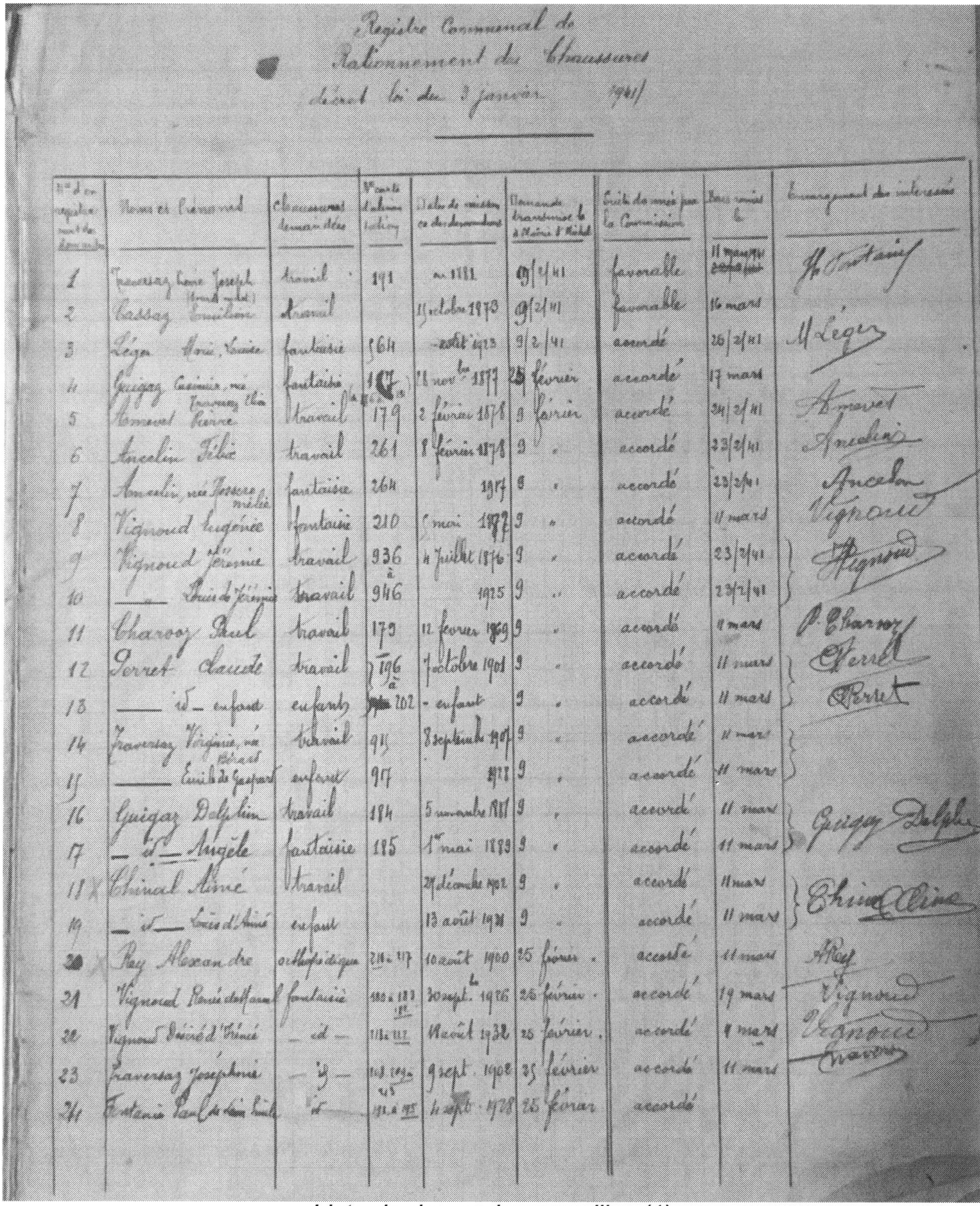

Registre Communal de
Rationnement des Chaussures
(décret loi du 3 janvier 1941)

| N° d'enregistrement des demandes | Noms et Prénoms | Chaussures demandées | N° carte d'alimentation | Date de naissance des demandeurs | Demande transmise le à Moûtiers | Avis donné par la Commission | Bons remis le | Émargement des intéressés |
|---|---|---|---|---|---|---|---|---|
| 1 | Traversaz Louis Joseph | travail | 171 | en 1881 | 9/2/41 | favorable | 11 mars 41 | H. Fontaine |
| 2 | Bassay Emilien | travail | | 11 octobre 1873 | 9/2/41 | favorable | 16 mars | |
| 3 | Léger Marie Louise | fantaisie | 564 | août 1923 | 9/2/41 | accordé | 26/2/41 | M Léger |
| 4 | Guigaz Casimir, née Traversaz Clém. | fantaisie | 1[illegible] | 21 novbre 1877 | 25 février | accordé | 17 mars | |
| 5 | Amenet Pierre | travail | 179 | 2 février 1878 | 9 février | accordé | 24/2/41 | Amenet |
| 6 | Ancelin Félix | travail | 261 | 8 février 1878 | 9 " | accordé | 23/2/41 | Ancelin |
| 7 | Ancelin, née Josserand Mélie | fantaisie | 264 | 1917 | 9 " | accordé | 23/2/41 | Ancelin |
| 8 | Vignoud Eugénie | fantaisie | 210 | 5 mai 1877 | 9 " | accordé | 11 mars | Vignoud |
| 9 | Vignoud Jérémie | travail | 936 à | 4 juillet 1876 | 9 " | accordé | 23/2/41 | Vignoud |
| 10 | — Louis de Jérémie | travail | 946 | 1925 | 9 " | accordé | 23/2/41 | |
| 11 | Charvoz Paul | travail | 179 | 12 février 1869 | 9 " | accordé | 9 mars | P. Charvoz |
| 12 | Perret Claude | travail | 196 à | 7 octobre 1901 | 9 " | accordé | 11 mars | Perret |
| 13 | — id — enfant | enfants | 202 | — enfant | 9 " | accordé | 11 mars | Perret |
| 14 | Traversaz Virginie, née Bérard | travail | 915 | 8 septembre 1907 | 9 " | accordé | 11 mars | |
| 15 | — Emile de Gaspard | enfant | 917 | 1928 | 9 " | accordé | 11 mars | |
| 16 | Guigaz Delphin | travail | 184 | 5 novembre 1881 | 9 " | accordé | 11 mars | Guigaz Delphin |
| 17 | — id — Angèle | fantaisie | 185 | 1er mai 1889 | 9 " | accordé | 11 mars | |
| 18 | Chinal Aimé | travail | | 27 décembre 1902 | 9 " | accordé | 11 mars | Chinal Aimé |
| 19 | — id — Louis d'Aimé | enfant | | 13 août 1928 | 9 | accordé | 11 mars | |
| 20 | Rey Alexandre | orthopédique | 211 à 217 | 10 août 1900 | 25 février | accordé | 11 mars | A Rey |
| 21 | Vignoud René de Manuel | fantaisie | 180 à 183 | 30 septbre 1926 | 26 février | accordé | 19 mars | Vignoud |
| 22 | Vignoud Désiré d'Irénée | — id — | 116 à 117 | 14 août 1932 | 25 février | accordé | 9 mars | Vignoud |
| 23 | Traversaz Joséphine | — id — | 113 à 114 | 9 sept. 1908 | 25 février | accordé | 11 mars | Traversaz |
| 24 | Fontaine Paul de Louis Emile | id | 121 à 125 | 4 sept. 1928 | 25 février | accordé | | |

Liste de demandeurs orellins (1).

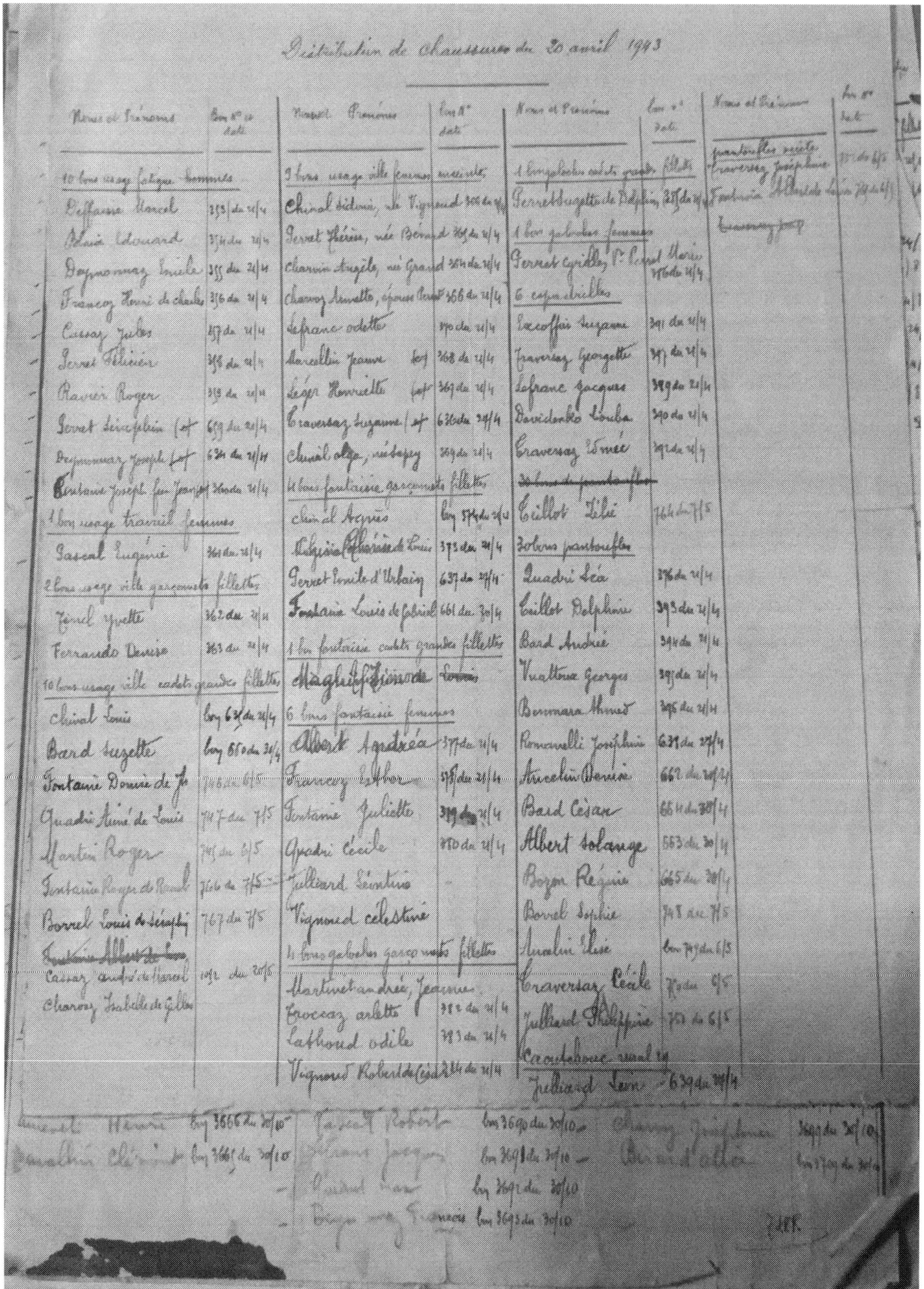

Distribution de chaussures du 20 avril 1943

| Noms et Prénoms | Bon N° et date | Noms et Prénoms | Bon N° et date | Noms et Prénoms | Bon N° et date | Noms et Prénoms | Bon N° et date |
|---|---|---|---|---|---|---|---|
| 10 bons usage fatigue hommes | | 9 bons usage ville femmes | | 1 [illegible] cadets grandes fillettes | | pantoufles [illegible] | |
| Deffaisse Marcel | 353 du 21/4 | Chinal Victorine, née Vignoud | 366 du 21/4 | Perret Bugette de Delphin | 375 du 21/4 | Traversaz Joséphine | [illegible] |
| Blanc Edouard | 354 du 21/4 | Perret Thérèse, née Bérard | 365 du 21/4 | 1 bon galoches femmes | | Fontaine Albert de Louis | [illegible] |
| Daynonnaz Emile | 355 du 21/4 | Charvin Angèle, née Grand | 364 du 21/4 | Perret Cyrille, V^e Perret Marie | 376 du 21/4 | | |
| Francoz Henri de Charles | 356 du 21/4 | Charvoz Annette, épouse Perret | 366 du 21/4 | 6 cafignons [illegible] | | | |
| Cassaz Jules | 357 du 21/4 | Lefranc Odette | 370 du 21/4 | Excoffier Suzanne | 391 du 21/4 | | |
| Perret Félicien | 358 du 21/4 | Marcellin Jeanne | 368 du 21/4 | Traversaz Georgette | 387 du 21/4 | | |
| Ravier Roger | 359 du 21/4 | Léger Henriette | 367 du 21/4 | Lefranc Jacques | 389 du 21/4 | | |
| Perret Séraphin | 659 du 30/4 | Traversaz Suzanne | 636 du 27/4 | Davidenko Louba | 390 du 21/4 | | |
| Daynonnaz Joseph | 634 du 27/4 | Chinal Olga, née Sapey | 369 du 21/4 | Traversaz Aimée | 392 du 21/4 | | |
| Fontaine Joseph [illegible] | 360 du 21/4 | 4 bons fantaisie garçonnets fillettes | | ~~30 bons de pantoufles~~ | | | |
| 1 bon usage travail femmes | | Chinal Agnès | bon 374 du 21/4 | Caillot Lili | 766 du 7/5 | | |
| Pascal Eugénie | 361 du 21/4 | [illegible] | 373 du 21/4 | 30 bons pantoufles | | | |
| 2 bons usage ville garçonnets fillettes | | Perret Emile d'Urbain | 637 du 27/4 | Quadri Léa | 376 du 21/4 | | |
| Jinel Yvette | 362 du 21/4 | Fontaine Louis de Gabriel | 661 du 30/4 | Caillot Delphine | 393 du 21/4 | | |
| Ferrando Denise | 363 du 21/4 | 1 bon fantaisie cadets grandes fillettes | | Bard Andrée | 394 du 21/4 | | |
| 10 bons usage ville cadets grandes fillettes | | ~~[illegible]~~ | | Vualtrin Georges | 395 du 21/4 | | |
| Chinal Louis | bon 635 du 27/4 | 6 bons fantaisie femmes | | Bonnnaire Aimée | 396 du 21/4 | | |
| Bard Suzette | bon 660 du 30/4 | Albert Andrée | 377 du 21/4 | Romanelli Joséphine | 639 du 27/4 | | |
| Fontaine Denise de Jo | 748 du 6/5 | Francoz Esther | 378 du 21/4 | Ancelin Denise | 662 du 30/4 | | |
| Quadri Aimé de Louis | 747 du 7/5 | Fontaine Juliette | 379 du 21/4 | Bard César | 664 du 30/4 | | |
| Martin Roger | 745 du 6/5 | Quadri Cécile | 380 du 21/4 | Albert Solange | 663 du 30/4 | | |
| Fontaine Roger de Raoul | 766 du 7/5 | Julliard Léontine | | Bozon Régine | 665 du 30/4 | | |
| Borrel Louis de Séraphin | 767 du 7/5 | Vignoud Célestine | | Borrel Sophie | 748 du 7/5 | | |
| ~~Fontaine Albert de Louis~~ | | 4 bons galoches garçonnets fillettes | | Ancelin Elise | bon 749 du 6/5 | | |
| Cassaz André de Marcel | 1092 du 20/5 | Martinet Andrée, Jeannes | | Traversaz Cécile | 750 du 6/5 | | |
| Charvoz Isabelle de Gilles | | Procaz Arlette | 382 du 21/4 | Julliard Philippine | 752 du 6/5 | | |
| | | Lathoud Odile | 383 du 21/4 | Caoutchouc vual [illegible] | | | |
| | | Vignoud Robert de Cécile | 384 du 21/4 | Julliard Léon | 639 du 27/4 | | |

| | | | | | |
|---|---|---|---|---|---|
| Ancelin Henri | bon 3666 du 30/10 | Pascal Robert | bon 3690 du 30/10 | Charvoz Joséphine | 3699 du 30/10 |
| Donalbin Clément | bon 3665 du 30/10 | [illegible] Jacques | bon 3691 du 30/10 | Bérard Olga | bon 3700 du 30/10 |
| | | [illegible] | bon 3692 du 30/10 | | |
| | | [illegible] François | bon 3693 du 30/10 | | |

Liste de demandeurs orellins (2).

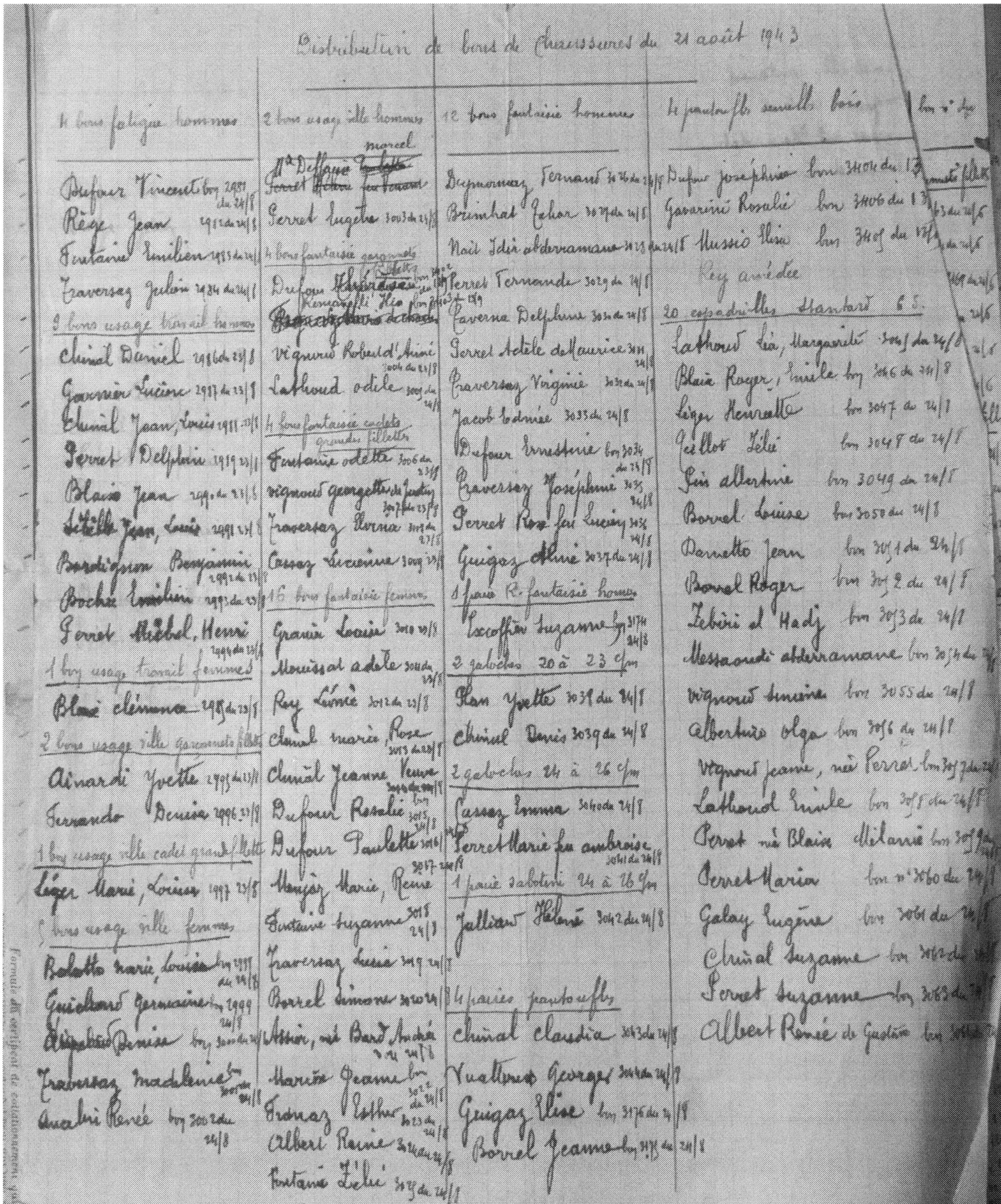

Distribution de bons de chaussures du 21 août 1943

4 bons fatigue hommes

Dufour Vincent bon 2981 du 24/8
Rège Jean 2982 du 24/8
Fontaine Emilien 2983 du 24/8
Traversaz Julien 2984 du 24/8

9 bons usage travail hommes

Chinal Daniel 2986 du 23/8
Garnier Lucien 2987 du 23/8
Chinal Jean, Louis 2988 du 23/8
Perret Delphin 2989 du 23/8
Blaise Jean 2990 du 23/8
[illegible] Jean, Louis 2991 du 23/8
Bardignon Benjamin 2992 du 23/8
Boche Emilien 2993 du 23/8
Perret Michel, Henri 2994 du 23/8

1 bon usage travail femmes

Blaise Clémence 2995 du 23/8

2 bons usage ville garçonnets fillettes

Ainardi Yvette 2995 du 23/8
Ferrando Denise 2996 23/8

1 bon usage ville cadet grande fillette

Léger Marie, Louise 2997 23/8

5 bons usage ville femmes

Bolatto Marie, Louise bon 2998 du 24/8
Guichard Germaine bon 2999 24/8
[illegible] Denise bon 3000 du 24/8
Traversaz Madeleine bon 3001 du 24/8
Anselmi Renée bon 3002 du 24/8

2 bons usage ville hommes

Mr Deffayet Marcel
Perret [illegible] feu [illegible]
Perret Eugène 3003 du 24/8

4 bons fantaisie garçonnets fillettes

Dufour [illegible] bon 3002 du 24/8
Remanelli Elio bon 3003 24/8
[illegible]
Vignaud Robert d'Aimé 3004 du 24/8
Lathoud Odile 3005 du 24/8

4 bons fantaisie cadets grandes fillettes

Fontaine Odette 3006 du 23/8
Vignaud Georgette de Justin 3007 du 23/8
Traversaz Ilona 3008 du 23/8
Cassaz Lucienne 3009 23/8

16 bons fantaisie femmes

Grania Louise 3010 23/8
Mouissat Adèle 3011 du 23/8
Rey Aimée 3012 du 23/8
Chinal Marie, Rose 3013 du 23/8
Chinal Jeanne Veuve 3014 du 24/8
Dufour Rosalie 3015 24/8
Dufour Paulette 3016
Vouzaz Marie, Reine 3017 24/8
Fontaine Suzanne 3018 24/8
Traversaz Lucia 3019 24/8
Borrel Simone 3020 24/8
Assier, née Bard André 3021 24/8
Marieta Jeanne bon 3022 du 24/8
Tronaz Esther 3023 du 24/8
Albert Reine 3024 du 24/8
Fontaine Félie 3025 du 24/8

12 bons fantaisie hommes

Dupraz Fernand 3026 du 24/8
Brimhat Zehor 3027 du 24/8
Naït Idir Abderramane 3028 du 24/8
Perret Fernande 3029 du 24/8
Caverne Delphine 3030 du 24/8
Perret Adèle de Maurice 3031 24/8
Traversaz Virginie 3032 du 24/8
Jacob Edmée 3033 du 24/8
Dufour Ernestine bon 3034 du 24/8
Traversaz Joséphine 3035 24/8
Perret Rose feu Lucien 3036 24/8
Guigaz Aline 3037 du 24/8

1 paire R. fantaisie hommes

Excoffier Suzanne bon 3174 24/8

2 galoches 20 à 23 c/m

Plan Yvette 3038 du 24/8
Chinal Denis 3039 du 24/8

2 galoches 24 à 26 c/m

Cassaz Emma 3040 du 24/8
Perret Marie feu Ambroise 3041 du 24/8

1 paire sabotins 24 à 26 c/m

Jallian Hélène 3042 du 24/8

4 paires pantoufles

Chinal Claudia 3043 du 24/8
Vuattoux Georges 3044 du 24/8
Guigaz Elise bon 3175 du 24/8
Borrel Jeanne bon 3178 du 24/8

4 pantoufles semelles bois

Dufour Joséphine bon 3404 du 13
Gavarini Rosalie bon 3406 du 13
Mussio Elisa bon 3405 du 13
Rey Amédée

20 espadrilles standard 6 S.

Lathoud Léa, Marguerite 3045 du 24/8
Blaise Roger, Emile bon 3046 du 24/8
Léger Henriette bon 3047 du 24/8
Geillot Félie bon 3048 du 24/8
Gros Albertine bon 3049 du 24/8
Borrel Louise bon 3050 du 24/8
Darnetto Jean bon 3051 du 24/8
Borrel Roger bon 3052 du 24/8
Zebiri el Hadj bon 3053 du 24/8
Messaoudi Abderramane bon 3054 du 24/8
Vignaud Lucienne bon 3055 du 24/8
Albertino Olga bon 3056 du 24/8
Vignaud Jeanne, née Perret bon 3057 du 24/8
Lathoud Emile bon 3058 du 24/8
Perret née Blaise Mélanie bon 3059 du 24/8
Perret Maria bon n° 3060 du 24/8
Galay Eugène bon 3061 du 24/8
Chinal Suzanne bon 3062 du 24/8
Perret Suzanne bon 3063 du 24/8
Albert Renée de Gustave bon 3064 du 24/8

Liste de demandeurs orellins (3).

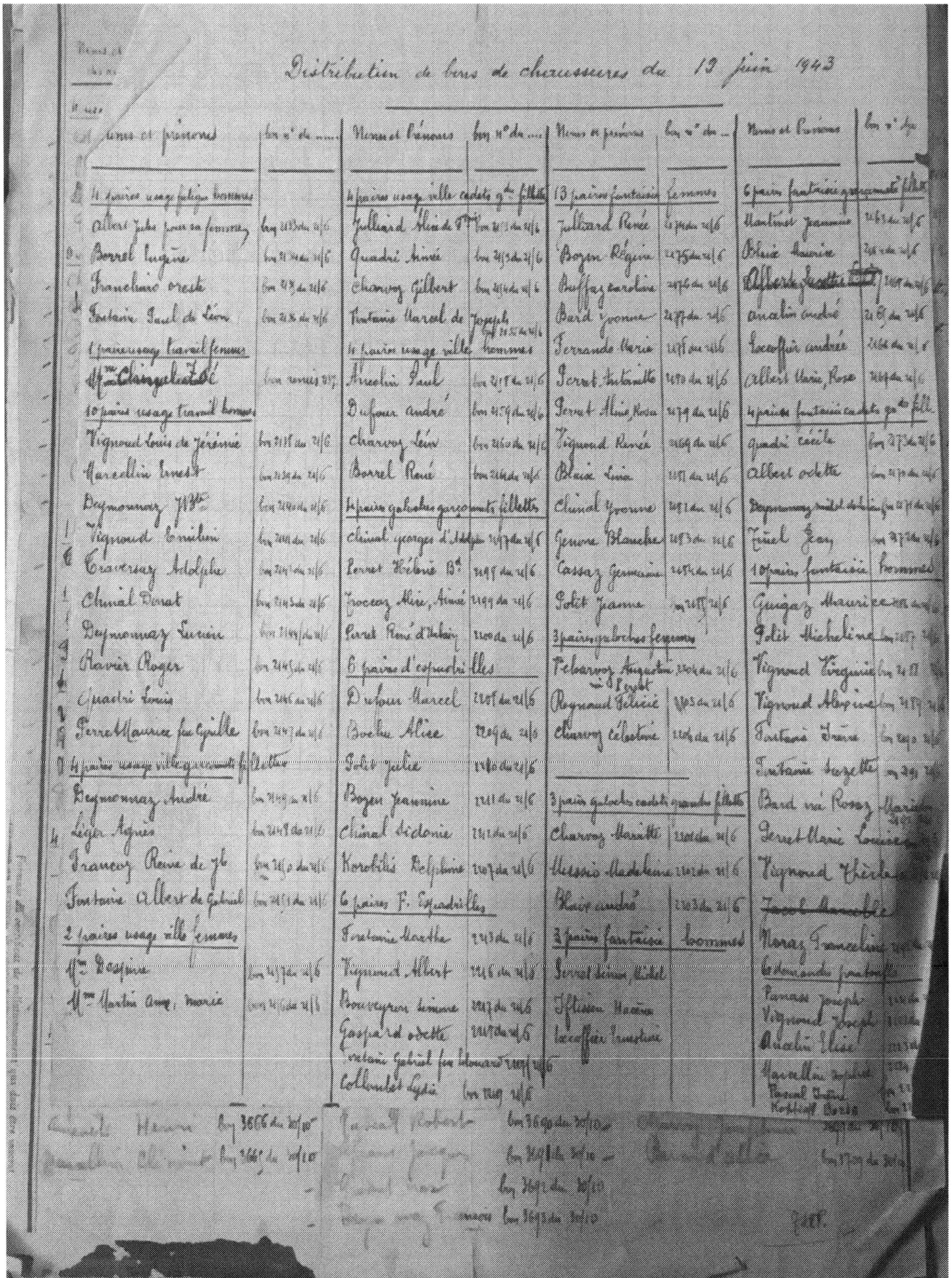

Distribution de bons de chaussures du 19 juin 1943

*Liste de demandeurs orellins (4).*

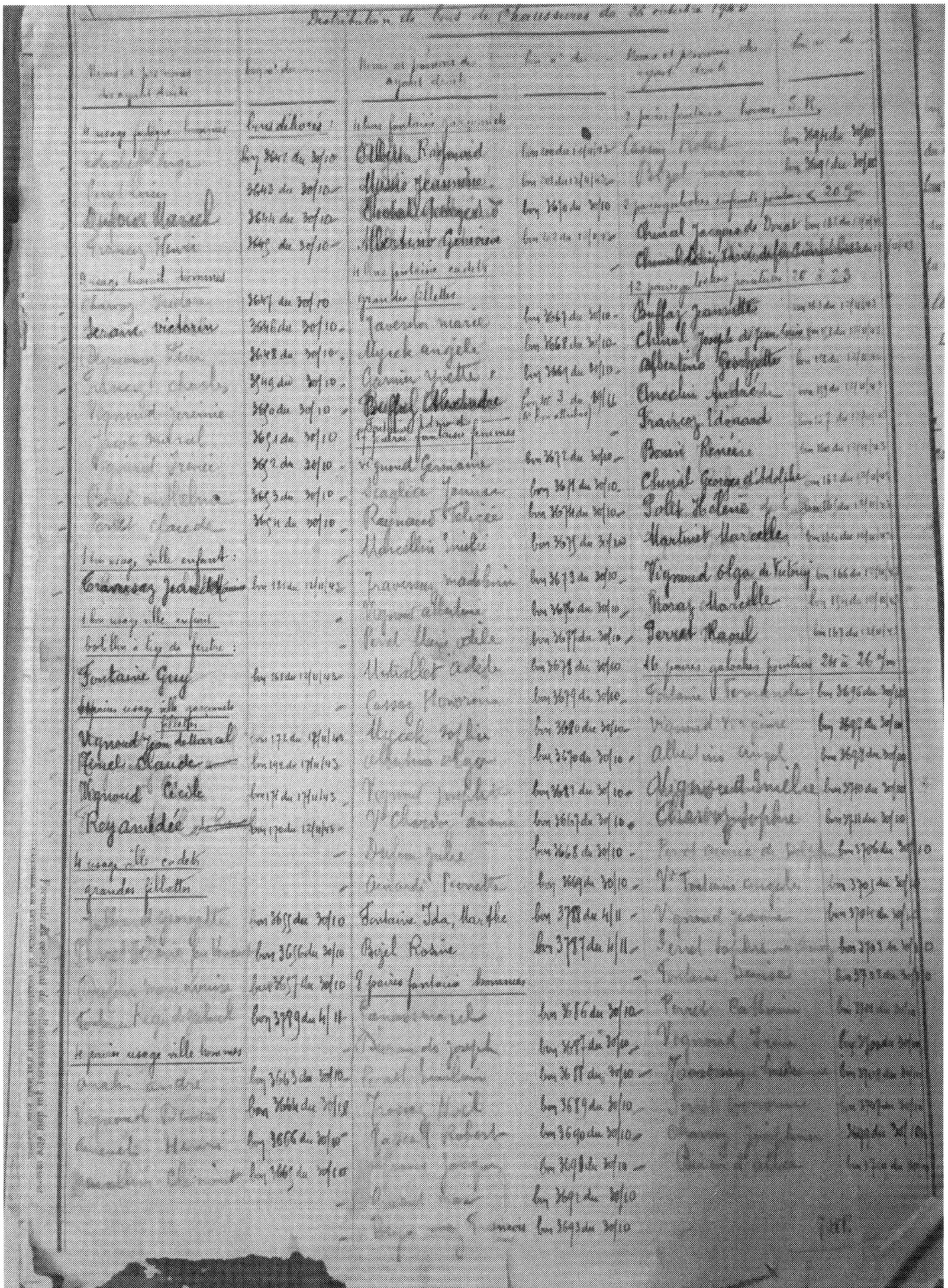

*Liste de demandeurs orellins (5).*

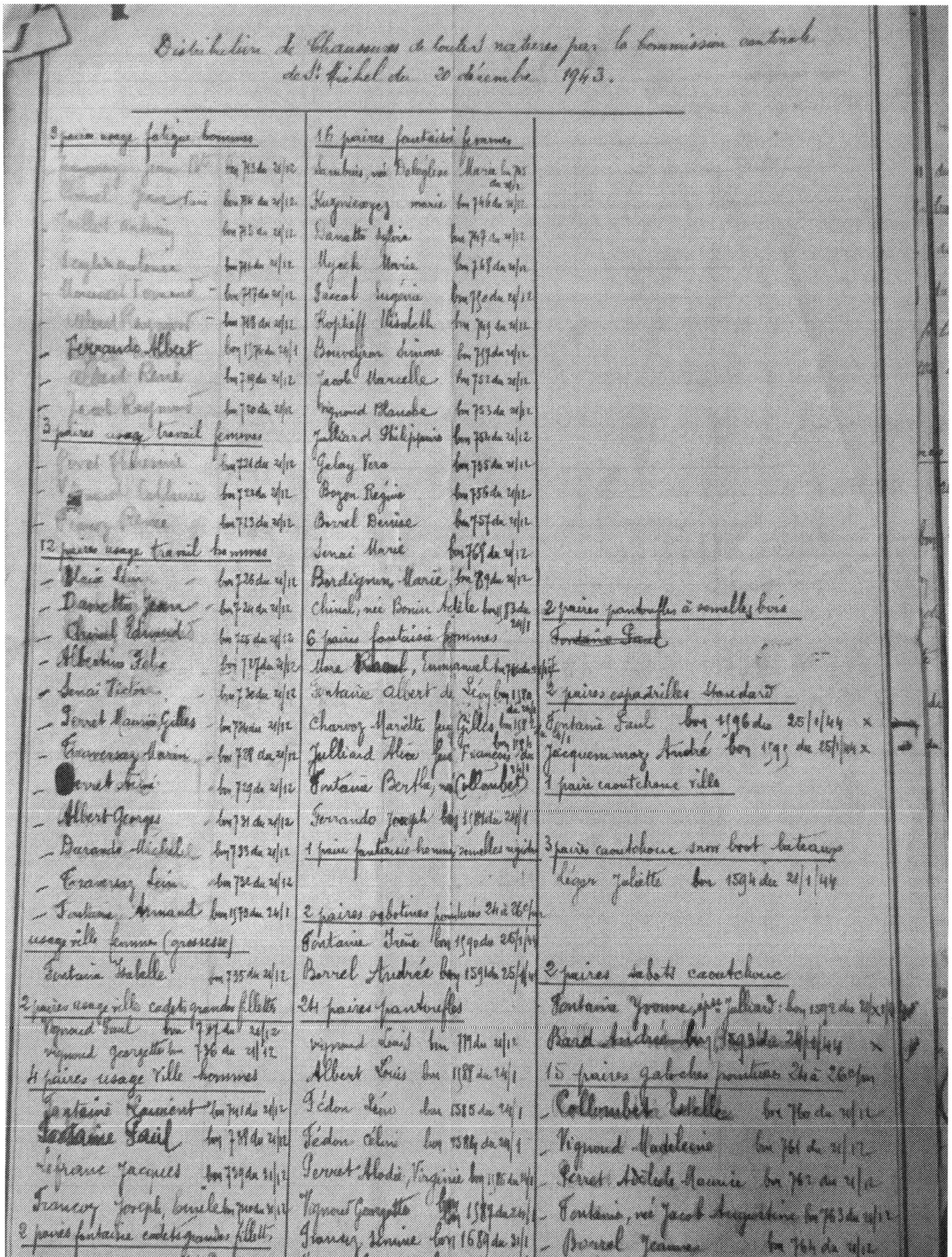

Distribution de Chaussures de toutes natures par la commission cantonale de St Michel du 20 décembre 1943.

3 paires usage fatigue hommes

3 paires usage travail femmes

12 paires usage travail hommes

16 paires fantaisie femmes

6 paires fantaisie hommes

2 paires pantoufles à semelles bois

2 paires espadrilles standard

1 paire caoutchouc ville

3 paires caoutchouc snow boot bateaux

2 paires sabots caoutchouc

15 paires galoches pointures 24 à 26

24 paires pantoufles

4 paires usage ville hommes

Liste de demandeurs orellins (6).

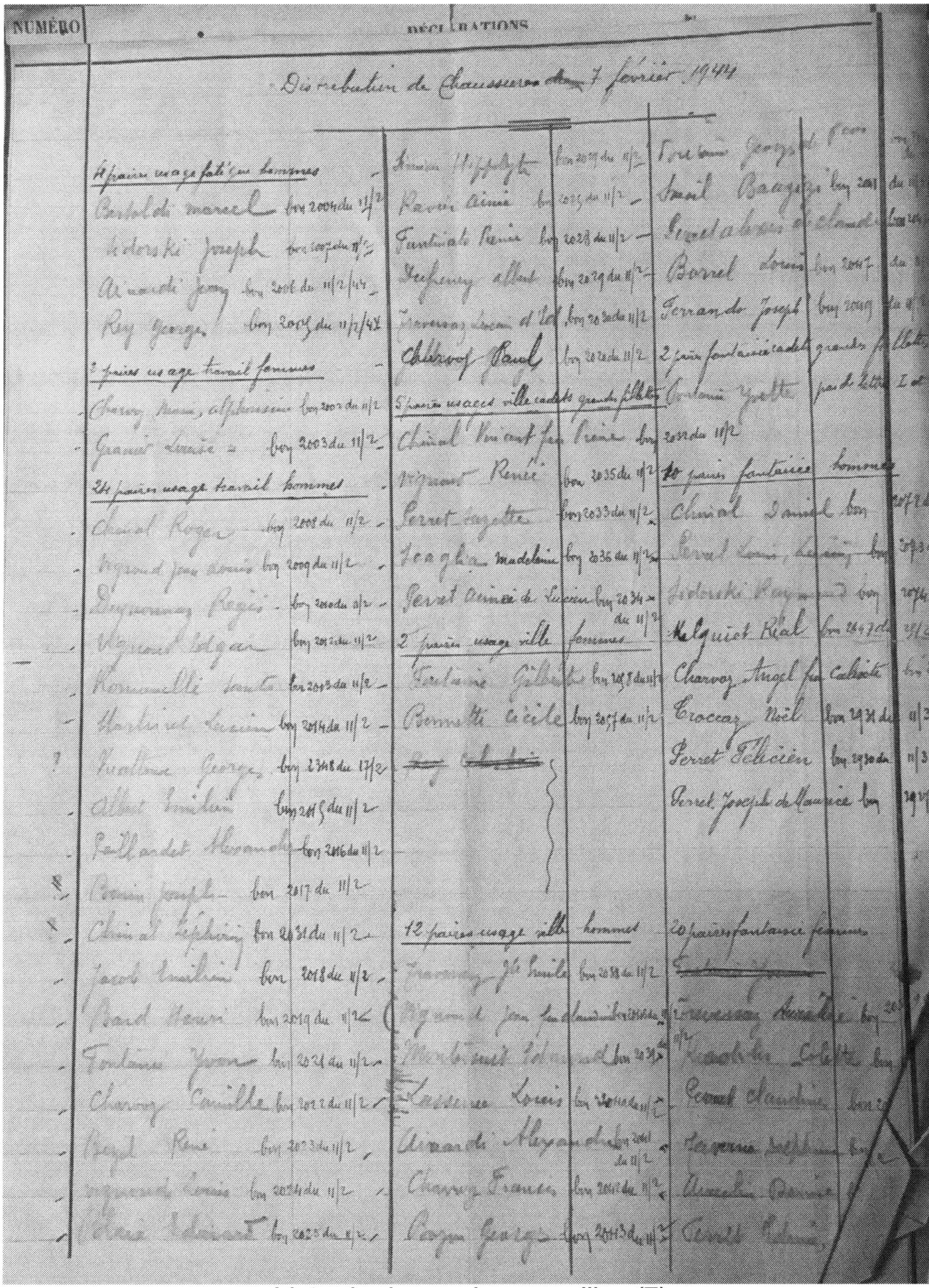
NUMÉRO | DÉCLARATIONS

Distribution de Chaussures du 7 février 1944

4 paires usage fatigue femmes
Bertoldi marcel bon 2004 du 11/2
Sidorski Joseph bon 2005 du 11/2
Aimardi Jenny bon 2006 du 11/2/44
Rey George bon 2007 du 11/2/44

2 paires usage travail femmes
Charvoz Anne, alphonsine bon 2002 du 11/2
Grand Louise bon 2003 du 11/2

24 paires usage travail hommes
Chival Roger bon 2008 du 11/2
Vignaud Jean Louis bon 2009 du 11/2
Duquenoy Régis bon 2010 du 11/2
Vignaud Edgar bon 2012 du 11/2
Romanelli Santo bon 2013 du 11/2
Martinet Lucien bon 2014 du 11/2
Trollioz George bon 2348 du 17/2
Albert Emilien bon 2015 du 11/2
Pallardet Alexandre bon 2016 du 11/2
Pesin Joseph bon 2017 du 11/2
Chival Zéphirin bon 2031 du 11/2
Jacob Emilien bon 2018 du 11/2
Baud Henri bon 2019 du 11/2
Fontaine Yvon bon 2021 du 11/2
Charvoz Camille bon 2022 du 11/2
Boyd René bon 2023 du 11/2
Vignaud Louis bon 2024 du 11/2
Ponce Edouard bon 2020 du 11/2

Hugon Hippolyte bon 2027 du 11/2
Ravoire Aimé bon 2025 du 11/2
Fantinato Rénie bon 2028 du 11/2
Duffenay Albert bon 2029 du 11/2
Tavernaz Lucien et Eol bon 2030 du 11/2
Chéroof Paul bon 2032 du 11/2

5 paires usages ville cadets grandes fillettes
Chival Vincent fils Irène bon 2032 du 11/2
Vignaud Renée bon 2035 du 11/2
Perret Lazette bon 2033 du 11/2
Scaglia Madeleine bon 2036 du 11/2
Perret Aimée de Lucien bon 2034 du 11/2

2 paires usage ville femmes
Fontaine Gilberte bon 2058 du 11/2
Bennetti Cécile bon 2057 du 11/2

12 paires usage ville hommes
Tavernaz Jle Emile bon 2038 du 11/2
Vignaud Jean fils Claudius bon 2056 du 11/2
Martinet Edmond bon 2039
Lassence Louis bon 2040 du 11/2
Aimardi Alexandre bon 2041 du 11/2
Charvoz Francis bon 2042 du 11/2
Pozzan George bon 2043 du 11/2

Tournier George bon
Smail Baazizi bon 2041 du 11/2
Perret Alexis et Claude bon 2046
Borrel Louis bon 2047 du 11/2
Terrando Joseph bon 2049 du 11/2

2 paires fantaisie cadets grandes fillettes
Fontaine Yvette par de lettre I et II

10 paires fantaisie hommes
Chival Daniel bon
Perret Louis, Lucien bon
Sidorski Raymond bon 2074
Malguiet Réal bon 2047 du 11/2
Charvoz Angel fils Calixte bon
Croccaz Noël bon 2931 du 11/3
Perret Félicien bon 2930 du 11/3
Perret Joseph de Maurice bon

20 paires fantaisie femmes
Tavernaz Amélie bon
Roux Colette bon
Perret Claudine bon
Lavorina Zéphirine bon
Aimardi Denise
Perret Edmée

Liste de demandeurs orellins (7).

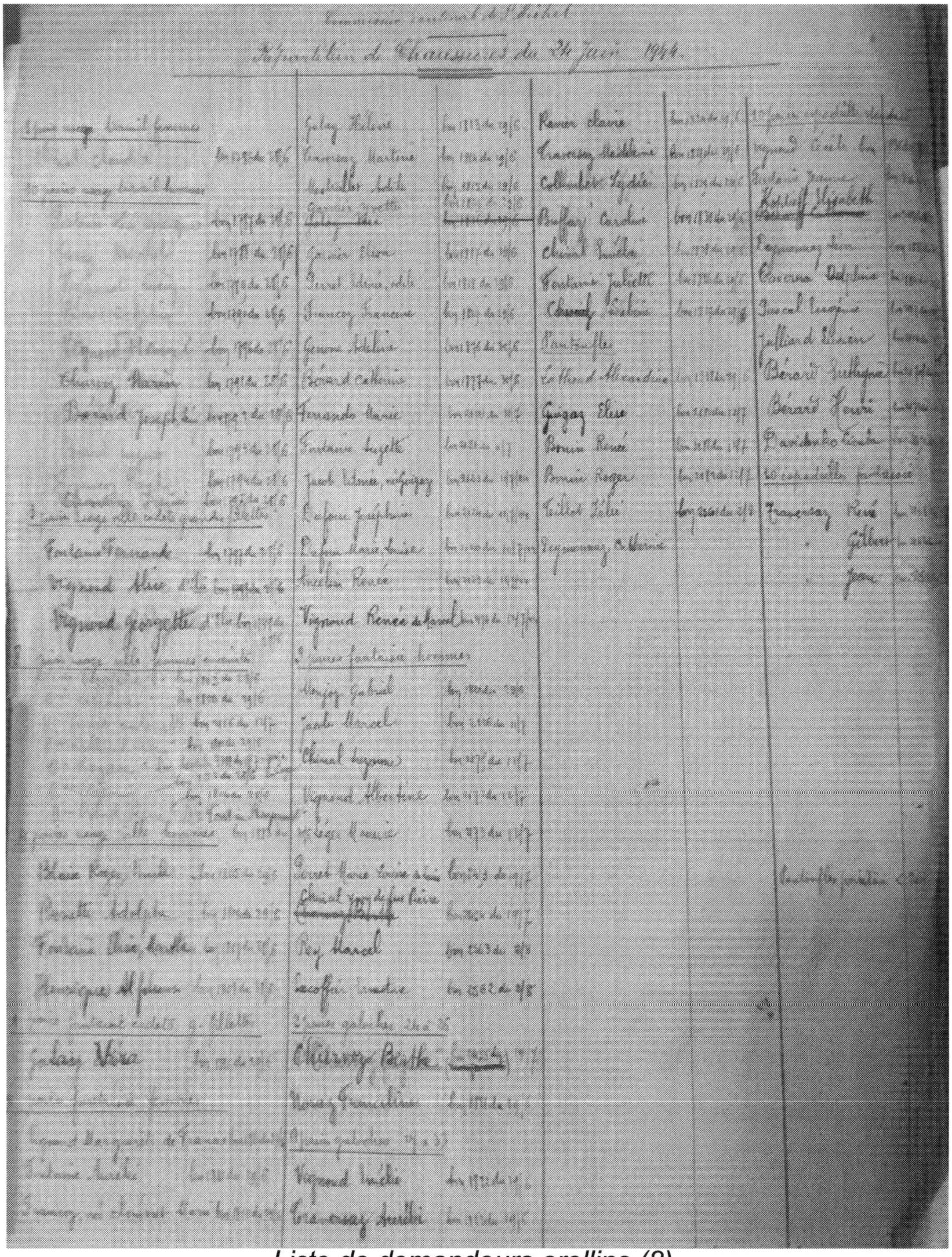


*Liste de demandeurs orellins (8).*

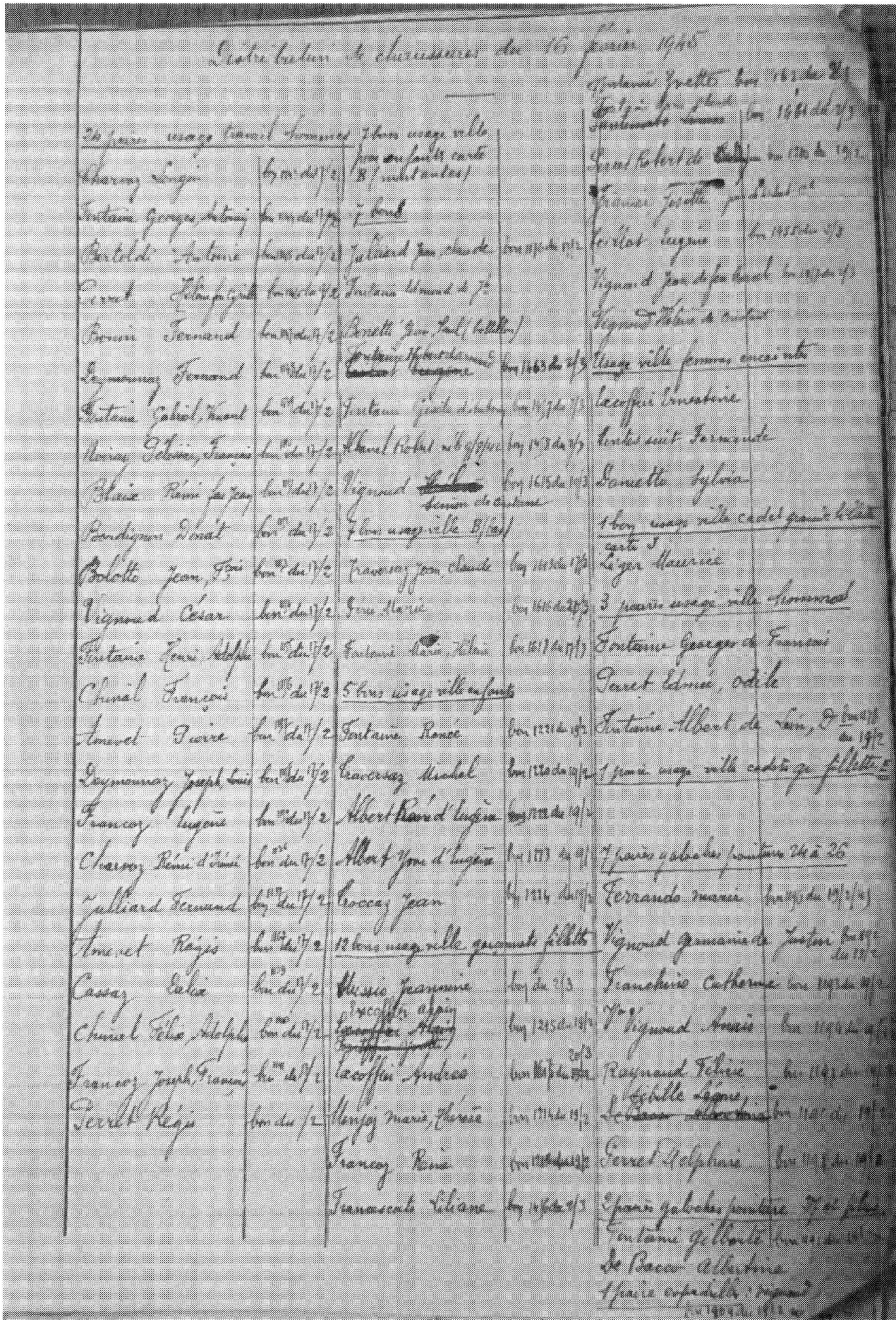

Distribution de chaussures du 16 février 1945

24 paires usage travail hommes

Charvoz Eugène — bon du 17/2
Fontaine Georges, Antoine — bon du 17/2
Bertoldi Antoine — bon du 17/2
Perret Hélène f. Cyrille — bon du 17/2
Bonin Fernand — bon du 17/2
Dezmonnaz Fernand — bon du 17/2
Fontaine Gabriel, Armand — bon du 17/2
Noiray Gélasia, François — bon du 17/2
Blaix Rémi fils Jean — bon du 17/2
Bordignon Donat — bon du 17/2
Bolotto Jean, Fçois — bon du 17/2
Vignoud César — bon du 17/2
Fontaine Henri, Adolphe — bon du 17/2
Chinal François — bon du 17/2
Amevet Pierre — bon du 17/2
Dezmonnaz Joseph Louis — bon du 17/2
Francoz Eugène — bon du 17/2
Charvoz Rémi d'Émile — bon du 17/2
Julliard Fernand — bon du 17/2
Amevet Régis — bon du 17/2
Cassaz Élie — bon du 17/2
Chinal Félix, Adolphe — bon du 17/2
Francoz Joseph, François — bon du 17/2
Perret Régis — bon du /2

7 bons usage ville pour enfants carte B (mutilantes)

7 bons
Julliard Jean, Claude — bon du 17/2
Fontaine Armand de Fçois
Bonetto Jean, Paul (bottillons)
~~Cattent Eugène~~ — bon 1663 du 2/3
Fontaine Gisèle d'Antoine — bon du 7/3
Albert Robert né le 9/7/42 — bon du 2/3
Vignoud ~~Michel~~ Simon de Constant — bon 1615 du 19/3

7 bons usage ville B(?)

Traversaz Jean, Claude — bon 1613 du 17/3
Gros Marie — bon 1616 du 27/3
Fontaine Marie, Hélène — bon 1617 du 17/3

5 bons usage ville enfants

Fontaine Renée — bon 1221 du 19/2
Traversaz Michel — bon 1220 du 19/2
Albert René d'Eugène — bon 1222 du 19/2
Albert Yves d'Eugène — bon 1223 du 19/2
Croccaz Jean — bon 1224 du 19/2

12 bons usage ville garçonnets fillettes

Alessio Jeannine — bon du 2/3
Escoffier Alain ~~Lacoffier Alain~~ — bon 1215 du 19/2
Lacoffier Andrée — bon du 20/3
Menjoz Marie, Thérèse — bon 1214 du 19/2
Francoz René — bon du 19/2
Francescato Liliane — bon du 2/3

Fontaine Yvette — bon 1662 du 2/3
Fontaine Jean Claude ~~Fontaine~~ — bon 1661 du 2/3
Perret Robert de ~~Ballaz~~ — bon 1210 du 19/2
Granier Josette — bon du 19/2
Feillat Eugène — bon 1455 du 2/3
Vignoud Jean de feu Marcel — bon du 2/3
Vignoud Hélène de Constant

Usage ville femmes enceintes

Lacoffier Ernestine
Fontes née Fernande
Danetto Sylvia

1 bon usage ville cadet garçon Lolette carte J

Léger Maurice

3 paires usage ville hommes

Fontaine Georges de François
Perret Edmée, Odile
Fontaine Albert de Léon, D — bon du 19/2

1 paire usage ville cadette fillette E

7 paires galoches pointures 24 à 26

Ferrando Marie — bon du 19/2
Vignoud Germaine de Justin — bon du 19/2
Franchino Catherine — bon 1193 du 19/2
Vve Vignoud Anaïs — bon 1194 du 19/2
Raynaud Félicie — bon 1197 du 19/2
Sibille Léonie ~~Sibaud Albertine~~ — bon du 19/2
Perret Delphine — bon du 19/2

2 paires galoches pointure 37 et plus

Fontaine Gilberte — bon du 19/2
De Bacco Albertine
1 paire espadrilles : Vignoud — bon du 19/2

Liste de demandeurs orellins (9).

Distribution de chaussures du 22 juin 1945

Distribution de chaussures du 1 août 1945

Liste de demandeurs orellins (10).

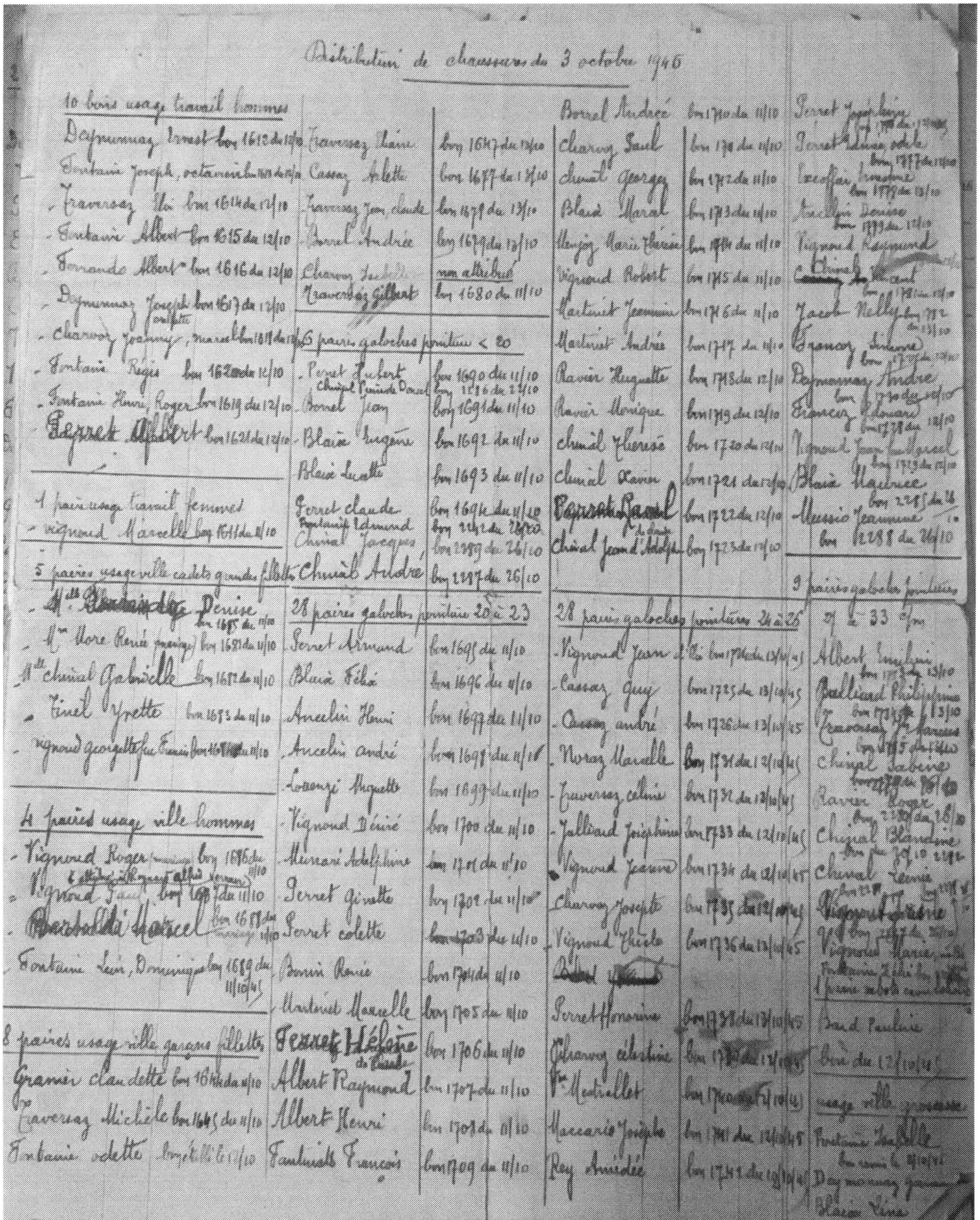

Distribution de chaussures du 3 octobre 1945

10 bons usage travail hommes
Dépommaz Ernest bon 1612 du 12/10
Fontaine Joseph, retenu bon 1613 du 12/10
Traversaz Eloi bon 1614 du 12/10
Fontaine Albert bon 1615 du 12/10
Fernando Albert bon 1616 du 12/10
Dépommaz Joseph bon 1617 du 12/10
Charvoz Jeanny, Marcel bon 1618 du 12/10
Fontaine Régis bon 1620 du 12/10
Fontaine Henri, Roger bon 1619 du 12/10
Perret Albert bon 1621 du 12/10

1 paire usage travail femmes
Vignoud Marcelle bon 1611 du 11/10

5 paires usage ville cadets grandes fillettes
Mlle [illegible] Denise bon 1685 du 11/10
Mme More Renée bon 1681 du 11/10
Mlle Chenal Gabrielle bon 1682 du 11/10
Finel Yvette bon 1683 du 11/10
Vignoud Georgette bon 1684 du 11/10

4 paires usage ville hommes
Vignoud Roger bon 1686 du 11/10
Vignoud Paul bon 1687 du 11/10
Bertoldi Marcel bon 1688 du 11/10
Fontaine Léon, Dominique bon 1689 du 11/10/45

8 paires usage ville garçons fillettes
Granier Claudette bon 1644 du 11/10
Traversaz Michèle bon 1645 du 11/10
Fontaine Odette bon 1646 du 12/10

Traversaz Claire bon 1647 du 12/10
Cassaz Arlette bon 1677 du 12/10
Traversaz Jean Claude bon 1678 du 13/10
Borrel Andrée bon 1679 du 13/10
Charvoz Isabelle non attribué
Traversaz Gilbert bon 1680 du 11/10

6 paires galoches pointure < 20
Perret Hubert bon 1690 du 11/10
Borrel Jean bon 1691 du 11/10
Blaise Eugène bon 1692 du 11/10
Blaise Lucette bon 1693 du 11/10
Perret Claude bon 1694 du 11/10
Chenal Jacques bon 2289 du 26/10
Chenal Andrée bon 2287 du 26/10

28 paires galoches pointure 20 à 23
Perret Armand bon 1695 du 11/10
Blaise Félix bon 1696 du 11/10
Ancelin Henri bon 1697 du 11/10
Ancelin André bon 1698 du 11/10
Cassaz Huguette bon 1699 du 11/10
Vignoud Désiré bon 1700 du 11/10
Mercari Adolphine bon 1701 du 11/10
Perret Ginette bon 1702 du 11/10
Perret Colette bon 1703 du 11/10
Bonin Rosie bon 1704 du 11/10
Martinet Marcelle bon 1705 du 11/10
Perret Hélène bon 1706 du 11/10
Albert Raymond bon 1707 du 11/10
Albert Henri bon 1708 du 11/10
Faulniets François bon 1709 du 11/10

Borrel André bon 1710 du 11/10
Charvoz Paul bon 1711 du 11/10
Chenal Georges bon 1712 du 11/10
Blaise Marcel bon 1713 du 11/10
Ubojoz Marie Thérèse bon 1714 du 11/10
Vignoud Robert bon 1715 du 11/10
Martinet Jeannine bon 1716 du 11/10
Martinet Andrée bon 1717 du 11/10
Ravier Huguette bon 1718 du 12/10
Ravier Monique bon 1719 du 12/10
Chenal Thérèse bon 1720 du 12/10
Chenal Xavier bon 1721 du 12/10
[illegible] bon 1722 du 12/10
Chenal Jean de Adolphe bon 1723 du 12/10

28 paires galoches pointures 24 à 25
Vignoud Jean bon 1724 du 13/10/45
Cassaz Guy bon 1725 du 13/10/45
Cassaz André bon 1726 du 13/10/45
Noraz Marcelle bon 1731 du 12/10/45
Traversaz Céline bon 1732 du 12/10/45
Jalliard Joséphine bon 1733 du 12/10/45
Vignoud Jeanne bon 1734 du 12/10/45
Charvoz Joseph bon 1735 du 12/10/45
Vignoud [illegible] bon 1736 du 12/10/45
Perret Honorine bon 1738 du 12/10/45
Charvoz Célestine bon 1739 du 12/10/45
Vve Mestrallet bon 1740 du 12/10/45
Maccario Joseph bon 1741 du 12/10/45
Rey Amédée bon 1742 du 12/10/45

Perret Joséphine
Perret Odile
Tresoffier [illegible]
Ancelin Denise
Vignoud Raymond
Chenal [illegible]
Jacob Nelly
Francoz Etienne
Dépommaz André
Francoz Edouard
Vignoud Jean Marcel
Blaise Maurice
Mussio Jeannine bon 2288 du 26/10

9 paires galoches pointures 27 à 33
Albert Emilien
Bailliard Philippine
Traversaz [illegible]
Chenal Sabine
Ravier Roger
Chenal Blandine
Chenal Lénie
[illegible]
Vignoud Marie
Fontaine Félix
1 paire sabots [illegible]
Baud Paulette
bon du 12/10/45
usage ville [illegible]
Fontaine Isabelle
Dépommaz [illegible]
Blaise Lina

Liste de demandeurs orellins (11).

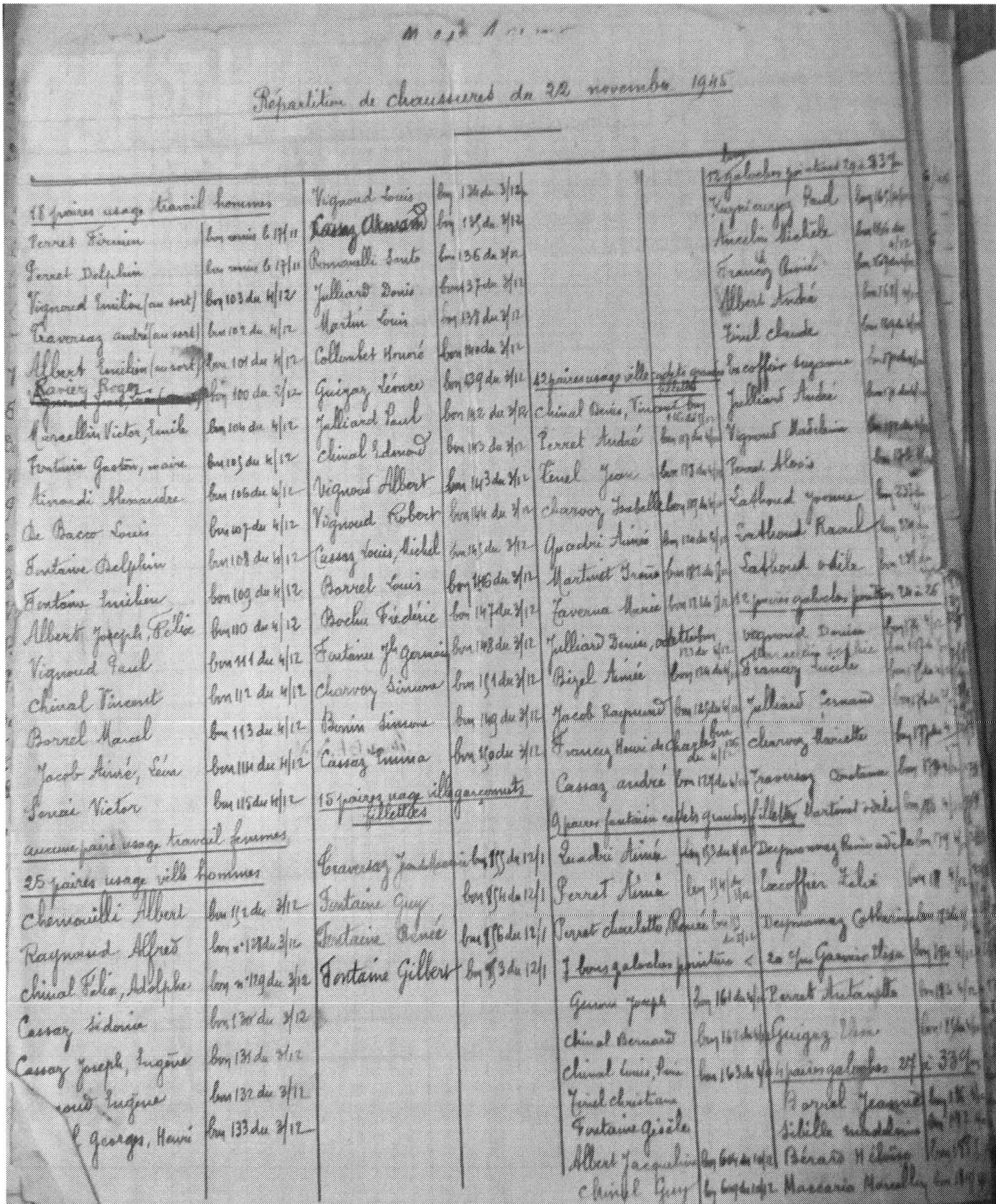
Répartition de chaussures du 22 novembre 1945

18 paires usage travail hommes

Perret Firmin — bon mairie le 17/11
Perret Delphin — bon mairie le 17/11
Vignoud Emilien (au sort) — bon 103 du 4/12
Traversaz André (au sort) — bon 102 du 4/12
Albert Emilien (au sort) — bon 101 du 4/12
Ravier Roger — bon 100 du 2/12
Marcellin Victor, Emile — bon 104 du 4/12
Fontaine Gaston, maire — bon 105 du 4/12
Rinaudi Alexandre — bon 106 du 4/12
De Bacco Louis — bon 107 du 4/12
Fontaine Delphin — bon 108 du 4/12
Fontaine Emilien — bon 109 du 4/12
Albert Joseph, Félix — bon 110 du 4/12
Vignoud Paul — bon 111 du 4/12
Chinal Vincent — bon 112 du 4/12
Borrel Marcel — bon 113 du 4/12
Jacob Aimé, Léon — bon 114 du 4/12
Sornai Victor — bon 115 du 4/12

aucune paire usage travail femmes

25 paires usage ville hommes

Chevrouilli Albert — bon 1?2 du 3/12
Raymond Alfred — bon n° 128 du 3/12
Chinal Félix, Adolphe — bon n° 129 du 3/12
Cassaz Isidore — bon 130 du 3/12
Cassaz Joseph, Eugène — bon 131 du 3/12
[illegible] Eugène — bon 132 du 3/12
[illegible] Georges, Henri — bon 133 du 3/12

Vignoud Louis — bon 134 du 3/12
Cassaz Armand — bon 135 du 3/12
Romanelli Santo — bon 136 du 3/12
Julliard Denis — bon 137 du 3/12
Martin Louis — bon 138 du 3/12
Collombet Honoré — bon 140 du 3/12
Guigaz Léonce — bon 139 du 3/12
Julliard Paul — bon 142 du 3/12
Chinal Edmond — bon 143 du 3/12
Vignoud Albert — bon 143 du 3/12
Vignoud Robert — bon 144 du 3/12
Cassaz Louis, Michel — bon 145 du 3/12
Borrel Louis — bon 146 du 3/12
Bochu Frédéric — bon 147 du 3/12
Fontaine Jh Germain — bon 148 du 3/12
Charvoz Simone — bon 151 du 3/12
Bonin Simone — bon 149 du 3/12
Cassaz Emma — bon 150 du 3/12

15 paires usage ville garçonnets fillettes

Traversaz Jean Marie — bon 153 du 12/1
Fontaine Guy — bon 154 du 12/1
Fontaine Renée — bon 156 du 12/1
Fontaine Gilbert — bon 153 du 12/1

12 paires usage ville [illegible]

Chinal Denis, Vincent — bon [illegible]
Perret André — bon [illegible]
Tirel Jean — bon [illegible]
Charvoz Isabelle — bon [illegible]
Gondri Aimé — bon [illegible]
Martinet Irène — bon [illegible]
Faverna Marie — bon [illegible]
Julliard Denise, Odette — bon [illegible]
Bizel Aimé — bon [illegible]
Jacob Raymond — bon [illegible]
Francoz Henri de Chazelet — bon [illegible]
Cassaz André — bon [illegible]

9 paires fantaisie [illegible]

Gondri Aimé — bon [illegible]
Perret Aimé — bon [illegible]
Perret Charlotte, Renée — bon [illegible]

7 bons galoches pointures < 20

Gunn Joseph — bon 161 [illegible]
Chinal Bernard — bon 162 [illegible]
Chinal Louis, Pierre — bon 163 [illegible]
Tirel Christian
Fontaine Gisèle
Albert Jacqueline — bon [illegible]
Chinal Guy — bon [illegible]

12 galoches pointures 27 à 33

Raymond Paul
Ancelin Natalie
Francoz Aimé
Albert André
Tirel Claude
Lecoffier Suzanne
Julliard André
Vignoud Madeleine
Perret Alexis
Lathoud Yvonne
Lathoud Raoul
Lathoud Odile

12 paires galoches pointures 20 à 26

Vignoud Denise
Francoz Lucile
Julliard Fernand
Charvoz Henriette
Traversaz Constance
Martinet Odile
Despinasse Marie Odile
Lecoffier Félix
Despinasse Catherine
Garnier Elisa
Perret Antoinette
Guigaz Eliane

4 paires galoches 27 à 33

Borrel Jeanine
Sibille Madeleine
Bérard Hélène
Mascarin Marcelle

Liste de demandeurs orellins (12).

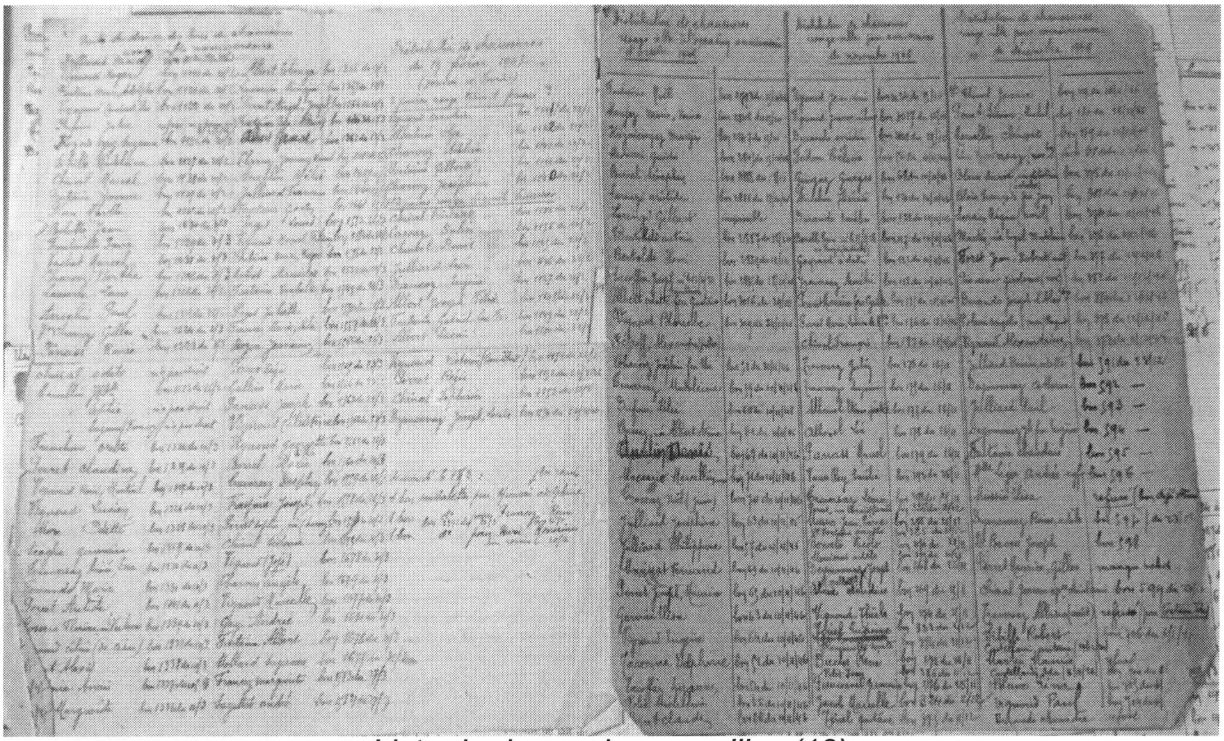

*Liste de demandeurs orellins (13).*

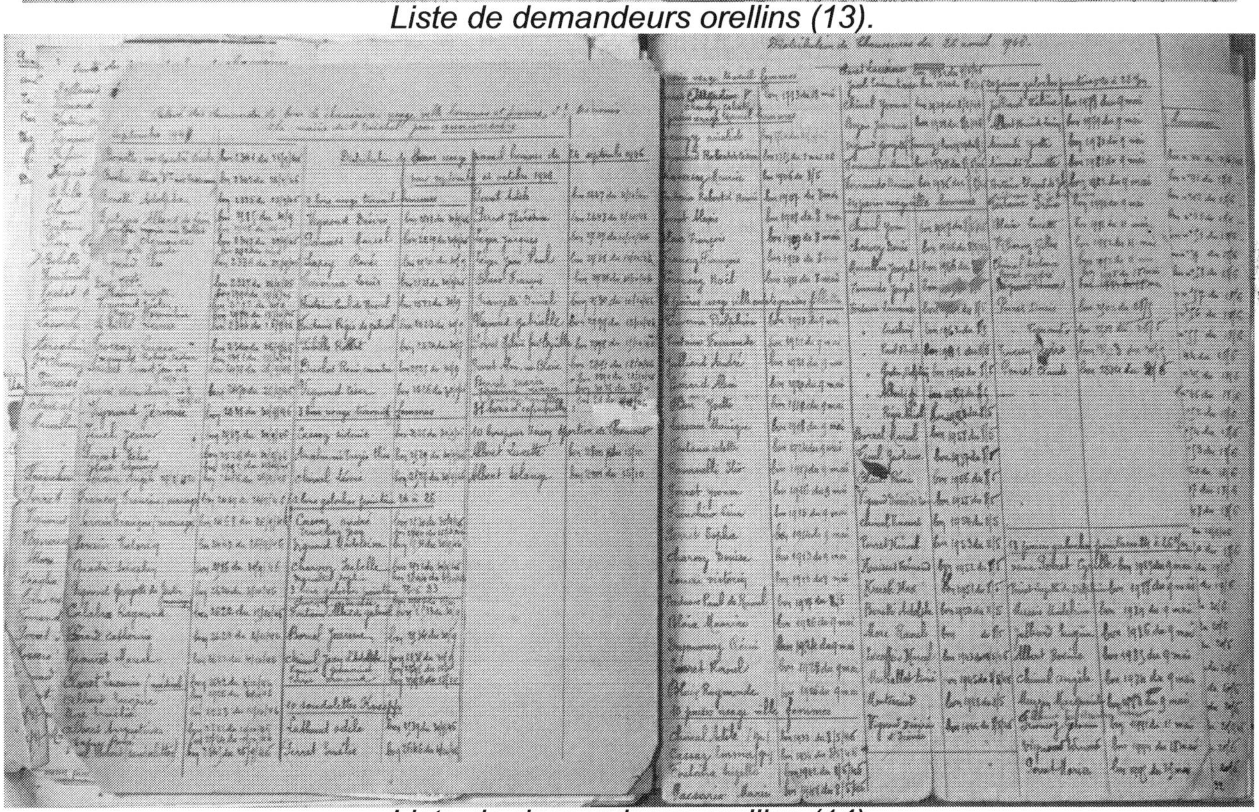

*Liste de demandeurs orellins (14).*

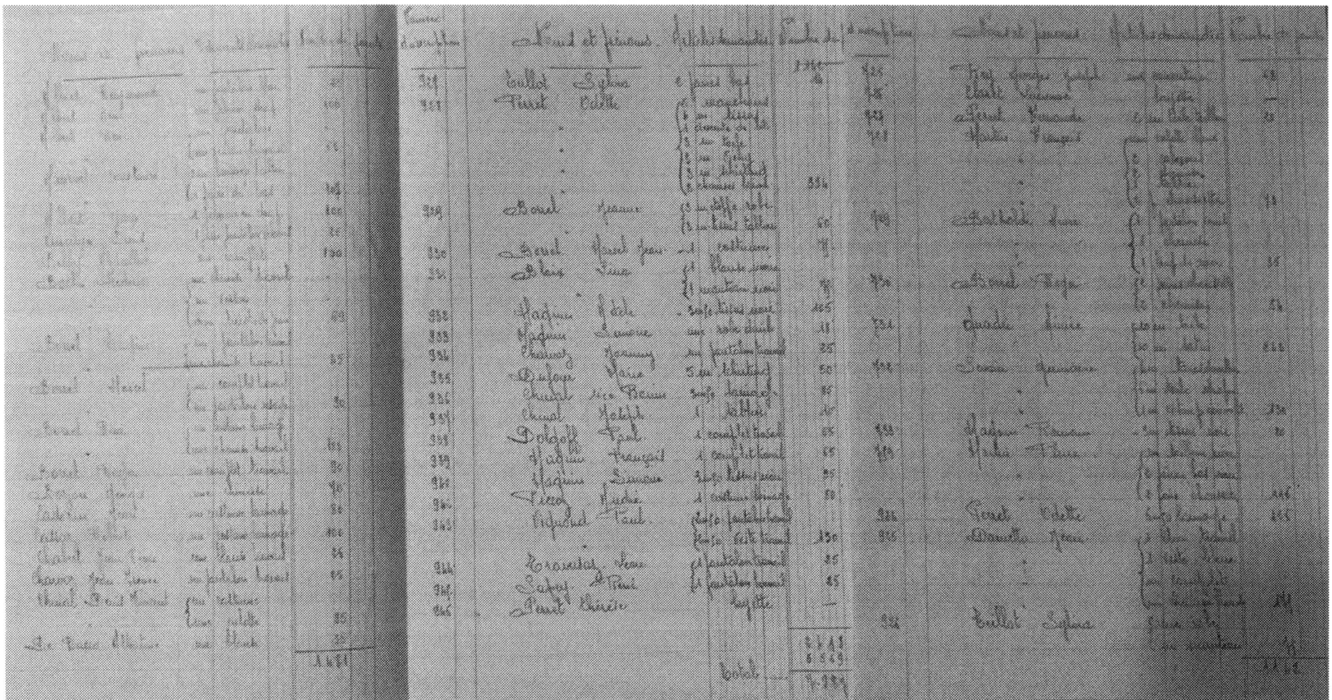

*Liste de demandeurs orellins (15).*

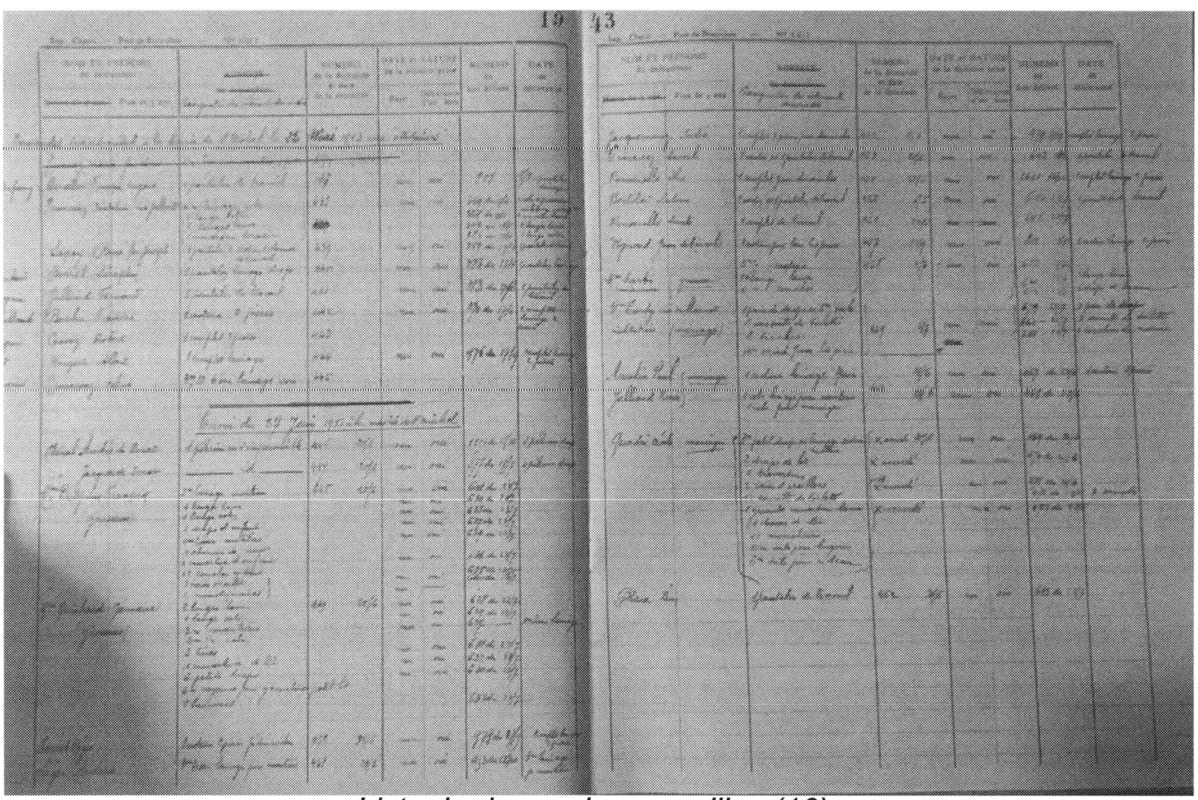

*Liste de demandeurs orellins (16).*

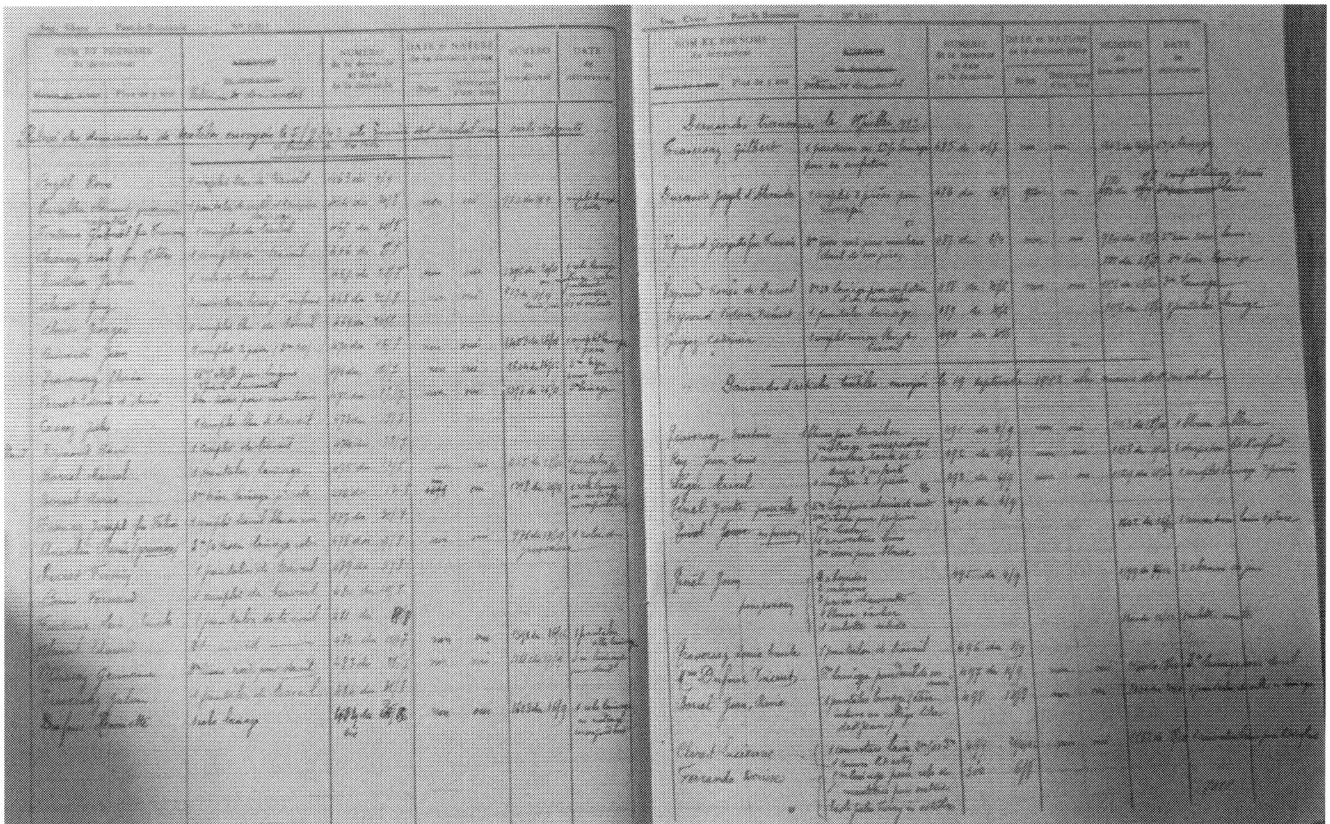

*Liste de demandeurs orellins (17).*

Il y a plusieurs demandes de dédommagement agricole consécutives à la guerre. Les parcelles concernées sont des champs de culture qui ont subi des abîmages consécutifs aux bombardements et aux explosions militaires. Il faut aussi prendre en compte les animaux domestiques vendus, volés ou perdus, ainsi que le cas des automobiles et des vélos dérobés par l'occupant.

Mairie d'ORELLE ( Savoie ), le 8 mars 1949.-

Le Maire de la Commune d'ORELLE

à Monsieur le Chef du Service des Dommages Agricoles de la Reconstruction, place Monge
CHAMBERY

Monsieur,

SINISTRES AGRICOLES.-

Comme suite à votre lettre du 17/2, dont des exemplaires ont été affichés dans les divers hameaux de ma commune dès le [illegible]/2, j'ai l'honneur de vous remettre, ci-joint, différents reçus souscrits par des fournisseurs de cheptel et de matériel agricole vis à vis des sinistrés de ma commune.

A toutes fins utiles, ci-dessous détail des documents transmis:

-reçu de M. CHAMPLONG Louis, de St-JEAN de Maurienne, du [illegible]/9/1946 pour cession à M. FONTAINE Henri, d'Orellette, d'une vache de 5 ans terme fin septembre pour fr. 40.000. -

-reçu de M. VIGNOUD Roger, d'ORELLE, du 28/2/49 déclarant avoir cédé à Mme Vve CHARVOZ Gilles, le 26.9/46, d'une vache pour 43.000 fr.-

-Reçu de M. ANSELIN Marcel, du 15/11/46, déclarant avoir vendu à M. ALBERT Lucien, une vache froment, 6 ans pour la somme de 36.000 fr.-

-Reçu du 29/10/45 de M. TSAMBUIS Albert, d'ALBIEZ le VIEUX, de 8.000 fr. pour cession d'un cochon à Mme Vve FONTAINE Angèle

-Reçu du 26/9/46 de M. DEYMONNAZ Fernand, pour cession d'une vache à Mme JULLIARD Léon de fr. 45.000.-

-Reçu du 26/9/47 de 50.000.- délivré par M. FRASCOZ Joseph, Emile à M. JULLIARD Paul pour cession d'une vache

-Reçu du 20/9/45 de 2500.- délivré par M. A.GUILLOT, charron à St-Michel pour refaire le brancard d'une voiture appartenant à Mme Vve FRASCOZ Jules.-

Tous les documents ci-dessus sont établis avec timbres quittance.

Je vous demande de bien vouloir vérifier si les reçus considérés ne feraient pas double emploi avec ceux ayant dû être précédemment transmis.

Veuillez agréer, Monsieur, mes salutations distinguées.

Le Maire,

*Demande établie par la mairie d'Orelle le 8 mars 1949 concernant les animaux de la ferme et une automobile.*

Commune d'ORELLE (Savoie).

----

COMMISSION CONSULTATIVE COMMUNALE

(Arrêté préfectoral du 14 juin 1949).-

---------------

PROCES VERBAL DE LA REUNION DU 22 juillet 1950(18 h.)

Etaient présents : MM. CHINAL Donat,président; FONTAINE Armand; TRAVERSAZ Maurice; REY Alexandre; CHINAL Edmond,memb

La Commission,après pris connaissance de la lettre 13487 du 4/7 de la Délégation de la Savoie de la Reconstruction et de la liste des sinistrés dressée par cette dernière,qui paraissent comporter des "Dommages Agricoles", et après avoir consulté les déclarations des intéressés enregistrées en temps utile sur des cahiers,

Déclare que,outre les sinistrés en regard des noms desquels figurent déjà la mention "pas de pertes ou dégats agricoles" inscrite par les Services de CHAMBERY, ne doivent pas être considérés comme ayant subi des pertes agricoles :

Dossier 611 - Vve BARD Cécile
- 625 - CHOMAZ Eugène (inconnu à ORELLE).
- 2612 - CHINAL Jean,Louis
- 615 - FRANCOZ Charles
- 660 - FONTAINE Georges,Antonin
- 665 - Vve FRANCOZ Zélie
- 4648 - JACOB Marcel
- 2614 - PAILLARDET Alexandre (Vve)
- 4649 - Vve REY Domminique
- 634 - SIBILLE Jean,Louis
- 4630 - SCAGLIA Antoine
- 4631 - VIGNOUD Aimé
- 5255 - ALBERT, Vve, née TRAVERSAZ Rosine
- 5282 - TRAVERSAZ Maurice,instituteur à ORELLE.-

- 4632 - Vve BOCHU Emilien -fait double emploi avec 613 Vve BOCHU Emilien,née FESSEMAZ Alice
- 4651 - GASPARD Emile,gendre de Mme TRAVERSAZ Aurélie,déjà inscrite sous les numéros 610 & 639 - double emploi)
- 637 - Vve MARCELLIN,née CHARVOZ Florine (
- 2375 - MARCELLIN Edouard,époux de la précédente) décédés.-

Après avoir reconnu qu'il n'y a aucun ressortissant étranger, indique,ci-après,la liste de priorité qu'il y a lieu d'observer pour le paiement des sommes dûes au titre des Dommages agricoles,suivant l' importance des pertes subies :

Matériel agricole.- 1 - MM.FONTAINE Armand,Ernest Dossier 619
2 - Vve FONTAINE François,Clément - 644
3 ( Vve FRANCOZ,née BONIN Marie - 641
4 - CHINAL Félix - 628

.../...

*Liste (1950) des personnes sur Orelle ayant ou non besoin de dédommagement agricole après vérification physique (1).*

5 - Veuve FRANCOZ, née CLEMENT Marie — Dossier 652
6 - CASSAZ Sidonie — 629
7 - FRANCOZ Joseph feu Félix — 609
8 - FONTAINE Léon, Dominique — 663
9 - Vve GRANGE Louis, née CHINAL — 654
10 - JULLIARD Germain -s'il n'a pas déjà été réglé) — 642

**Cheptel vif**

1 - BORREL Eugène
2 - Vve CHARVOZ Gilles, née VIGNOUD Augustine — 3378
3 - REYNAUD Félicie — 659
4 - Vve FONTAINE ~~Angèle~~ Louis, Baptistin — 635
5 - Vve JULLIARD Léon, Théophile, née VIGNOUD — 618
6 - FONTAINE Henri, Adolphe — 3376
7 - ALBERT Lucien, Germain — 3377
8 - JULLIARD Paul, Aimé — 633
9 - Vve BOCHU Emilien, née FESSEMA[illegible] Alice — 3379
10 - CHINAL Aimé, Louis — 613
11 - Vve DEYMONNAZ Zélie, née GRANGE — 627
12 - FONTAINE Delphin — 623
— 616

*demande de réglement au titre pour M. Fontaine Delphin adressée le 27/4 à la Reconstruction*

Avez vous déjà payé des indemnités pour les dossiers 3376 & 3379 ?

La Commission consultative, ne pouvant se rendre compte des paiements qui auraient déjà pu être effectués, aux ayant droits, demande à ce que :

- les réglements adressés au titre des Dommages Agricoles soient, pour que l'on puisse inscrire et vérifier, transmis par la Mairie.

- qu'il lui soit remis la liste des dossiers déjà réglés et les sommes payées.

- Le solde des dossiers à régler suivant importance des sinistres subis : à voir.

Enfin, un certain nombre de vélos ont été volés par les allemands aux personnes ci-après : Ces vélos étaient utilisés pour usage agricole et pour se rendre à leur travail d'ouvriers d'usine :

MM. FONTAINE Germain
ALBERT Lucien
PERRET Régis
TRAVERSAZ Julien
BONIN Joseph )
BONIN Simone ( non agricoles
QUADRI Séraphin (2 vélos).

*Ci-joint en retour, liste communiquée pour étude*

Les Membres de la Commission consultative,

*[signatures]*

*Liste (1950) des personnes sur Orelle ayant besoin de dédommagement agricole ou cycliste après vérification physique (2).*

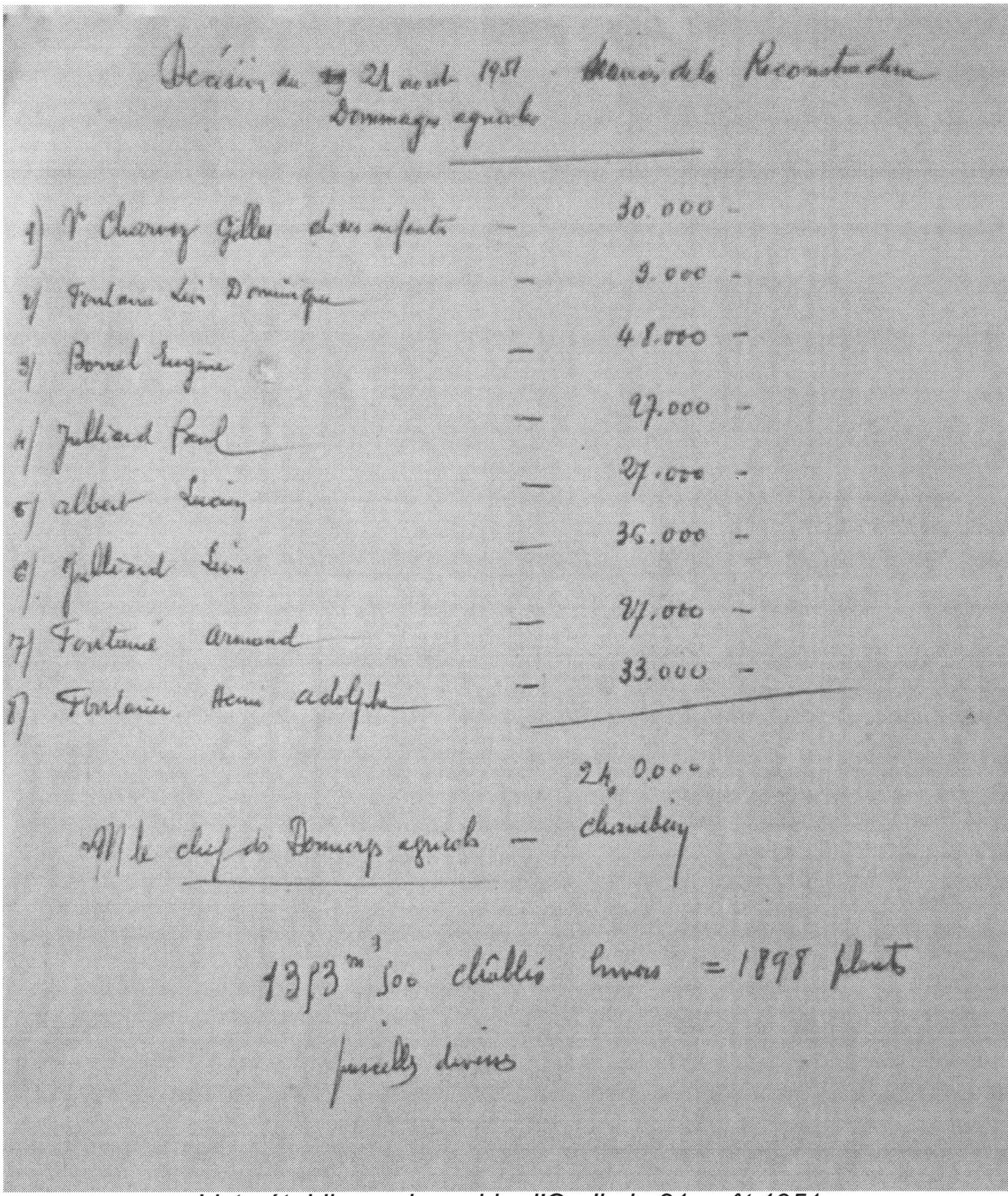

Décision du 21 août 1951 – Ministère de la Reconstruction
Dommages agricoles

1) Vve Charvoz Gilles et ses enfants — 30.000 -
2/ Fontaine Léon Dominique — 9.000 -
3/ Borrel Eugène — 48.000 -
4/ Jullierd Paul — 27.000 -
5/ albert Lucien — 27.000 -
6/ Jullierd Léon — 36.000 -
7/ Fontaine Armand — 27.000 -
8/ Fontaine Henri adolphe — 33.000 -

240.000

à M. le chef des Dommages agricoles — Chambéry

1383 m³ 500 châblis bois = 1898 plants
parcelles diverses

*Liste établie par la mairie d'Orelle le 21 août 1951.*

Commune d'ORELLE (Savoie)

Orelle, le 18 juillet 1953

Monsieur le Chef du Service
des Dommages Agricoles
(Service de la Reconstruction)
Place Monge
C H A M B E R Y

RPJ/OC - Dommages Agricoles
D.A.M. N° I3 078
(V/ lettre du 9/7/53)

Monsieur le Chef de Service,

J'ai l'honneur de vous retourner ci-joint les imprimés que j'ai fait signer aux intéressés, soit : IO DG2 et 3 DG4.

| | | | | |
|---|---|---|---|---|
| | N° 609. | FRANCOZ Joseph, Orelle, | DG2 | F. I 500. |
| | 614. | DEYMONNAZ Jh Louis, Veuve, | " | F. 7 000. |
| 623 | 625. | DEYMONNAZ Jh François, Veuve | " | F. [illegible] 300. |
| | 616. | FONTAINE Delphin | " | F. [illegible] 500. |
| | 627. | CHINAL Aimé Louis | " | F.[illegible]3 000. |
| | 635. | REYNAUD Félicie | " | F. 5 650. |
| | 644. | FONTAINE François, Veuve | " | F. 4 300. |
| | 653. | GUIGAZ Delphin | " | F. 7 500. |
| | 654. | Grange Louis, Veuve (décédée, héritiers inconnus) | | |
| | 66I. | QUADRI Séraphin | " | F.2I I00. |
| | 628. | CHINAL Félix | DG4 | F.II 000. |
| | 629. | CASSAZ Sidonie | " | F. 9 900. |
| QN - 4632 AG. | | BOCHU Emilien, Veuve | " | F.3I 450. |

Dans l'espoir d'un prompt règlement, je vous prie d'agréer, Monsieur le Chef de Service, avec mes remerciements anticipés, l'expression de mes sentiments distingués.

Le Maire,

*Décision du Service des dommages agricoles en date du 18 juillet 1953.*

Par ailleurs, les logements des villages du Bois-Dessus et du Bois-Dessous ainsi que ceux des Basilières sont ruinés, puisqu'ils ont été incendiés par les nazis au mois de septembre 1944. Il faut donc reloger les gens qui ont perdu leur maison. Les villageois des Basilières et ceux des habitations détruites de la Denise doivent être relogés par le département de la Savoie qui souhaite acheter une parcelle de terrain à Orelle. Les démarches dureront jusqu'en 1962. Les documents de l'époque parlent d'un « transfert de village » pour évoquer le déplacement des habitants des Basilières vers les nouveaux logements du Poucet.

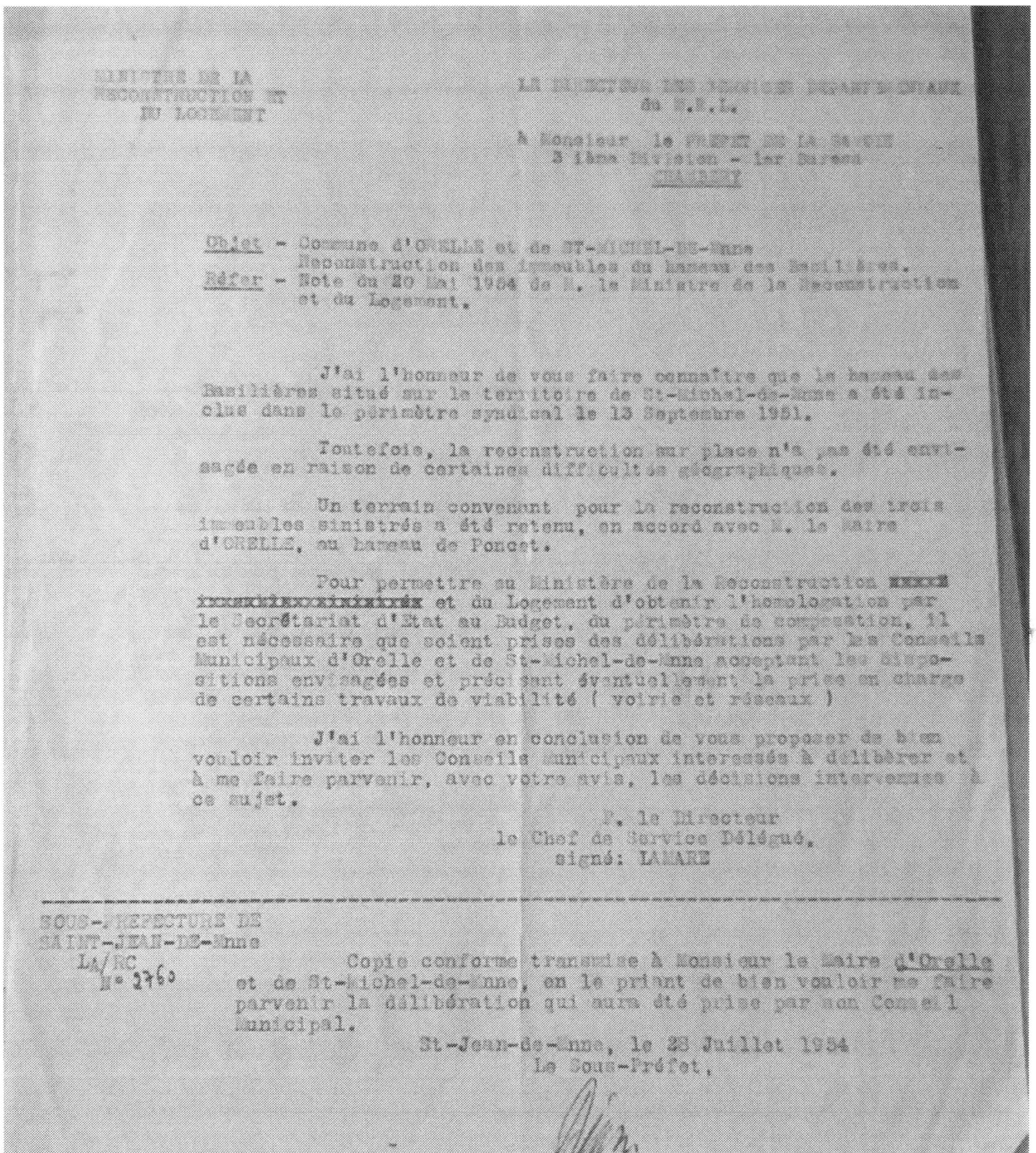

MINISTERE DE LA RECONSTRUCTION ET DU LOGEMENT

LE DIRECTEUR DES SERVICES DEPARTEMENTAUX du M.R.L.

A Monsieur le PREFET DE LA SAVOIE
3 ième Division - 1er Bureau
CHAMBERY

Objet - Commune d'ORELLE et de ST-MICHEL-DE-Mnne
Reconstruction des immeubles du hameau des Basilières.
Réfer - Note du 20 Mai 1954 de M. le Ministre de la Reconstruction et du Logement.

J'ai l'honneur de vous faire connaître que le hameau des Basilières situé sur le territoire de St-Michel-de-Mnne a été inclus dans le périmètre syndical le 13 Septembre 1951.

Toutefois, la reconstruction sur place n'a pas été envisagée en raison de certaines difficultés géographiques.

Un terrain convenant pour la reconstruction des trois immeubles sinistrés a été retenu, en accord avec M. le Maire d'ORELLE, au hameau de Poncet.

Pour permettre au Ministère de la Reconstruction et du Logement d'obtenir l'homologation par le Secrétariat d'Etat au Budget, du périmètre de compensation, il est nécessaire que soient prises des délibérations par les Conseils Municipaux d'Orelle et de St-Michel-de-Mnne acceptant les dispositions envisagées et précisant éventuellement la prise en charge de certains travaux de viabilité ( voirie et réseaux )

J'ai l'honneur en conclusion de vous proposer de bien vouloir inviter les Conseils Municipaux intéressés à délibérer et à me faire parvenir, avec votre avis, les décisions intervenues à ce sujet.

P. le Directeur
le Chef de Service Délégué,
signé: LAMARE

SOUS-PREFECTURE DE SAINT-JEAN-DE-Mnne
LA/RC
N° 2760

Copie conforme transmise à Monsieur le Maire d'Orelle et de St-Michel-de-Mnne, en le priant de bien vouloir me faire parvenir la délibération qui aura été prise par son Conseil Municipal.

St-Jean-de-Mnne, le 28 Juillet 1954
Le Sous-Préfet,

*Message de la sous-préfecture de Saint-Jean-de-Maurienne du 28 juillet 1954 concernant les hameaux des Basilières et du Poucet : une insistance est faite sur les conditions d'accès jugées difficiles au hameau des Basilières.*

*Les maisons anciennes de l'impasse du Four au Poucet, où sont relogés les habitants des logements sinistrés après la guerre (2024).*

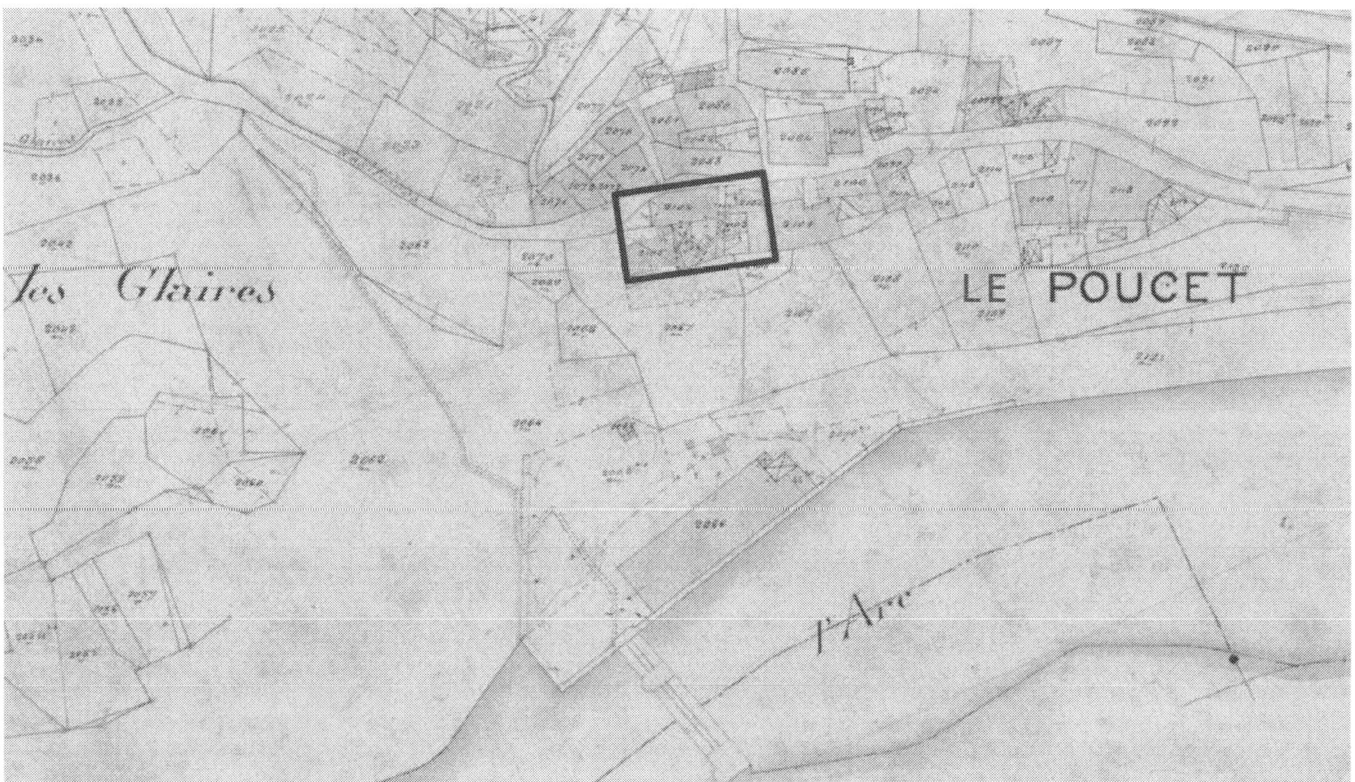


*Parcelles et leurs logements concernés par le relogement dans le hameau du Poucet figurant sur le* Premier cadastre français de 1931 *; le barrage de la Denise et son lac sont bien visibles, ils permettent d'alimenter l'usine de la Saussaz située en contrebas (le tout est saboté par les Allemands en septembre 1944).*

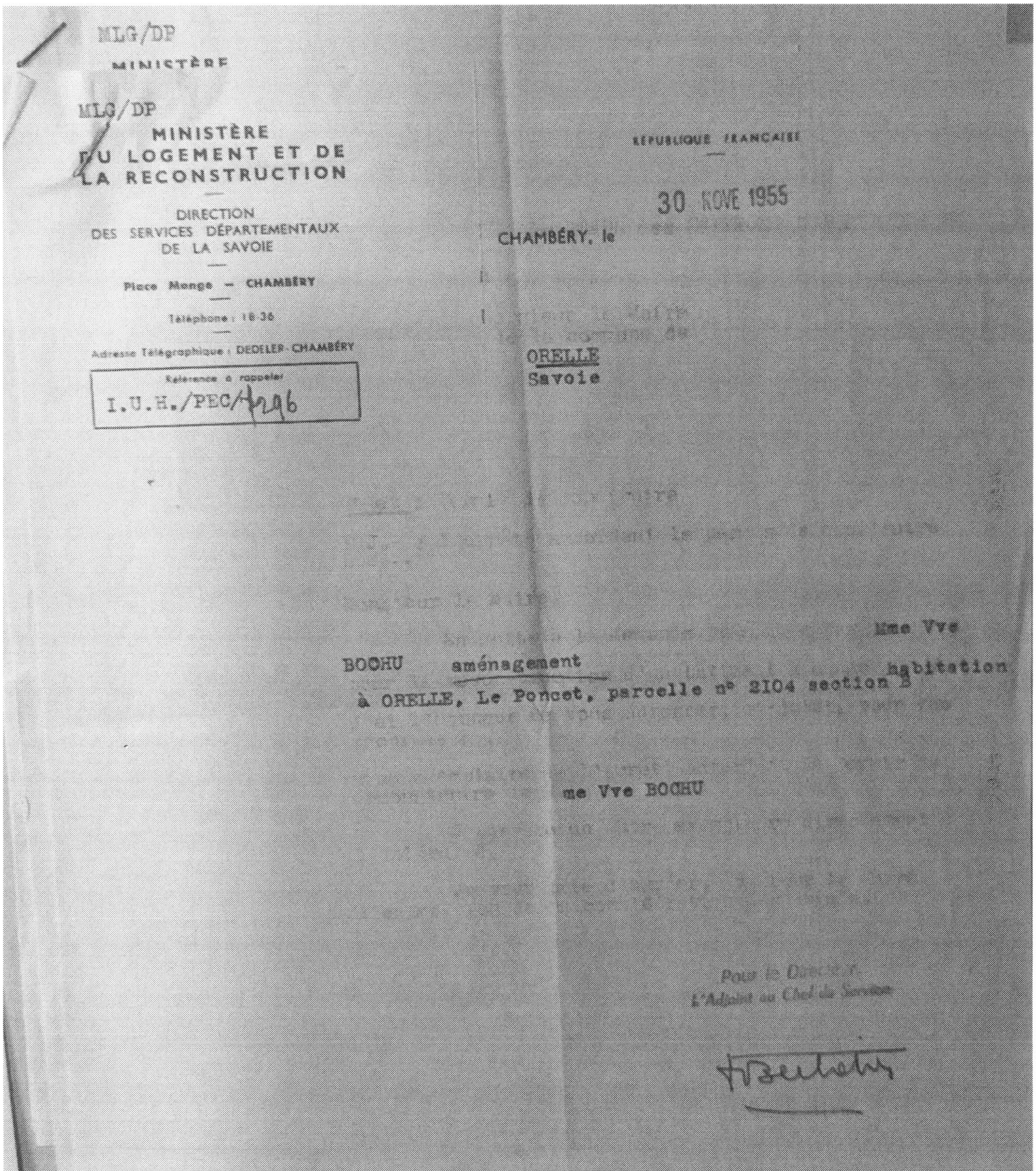

MLG/DP

MINISTÈRE

MLG/DP

MINISTÈRE
DU LOGEMENT ET DE
LA RECONSTRUCTION

DIRECTION
DES SERVICES DÉPARTEMENTAUX
DE LA SAVOIE

Place Monge — CHAMBÉRY

Téléphone : 18-36

Adresse Télégraphique : DEDELER-CHAMBÉRY

Référence à rappeler
I.U.H./PEC/4296

RÉPUBLIQUE FRANÇAISE

CHAMBÉRY, le 30 NOVE 1955

ORELLE
Savoie

Mme Vve

BOCHU aménagement habitation

à ORELLE, Le Poncet, parcelle n° 2104 section B

me Vve BOCHU

Pour le Directeur,
L'Adjoint au Chef du Service

*En date du 30 novembre 1955, explications quant au permis de construire au Poucet pour une sinistrée…*

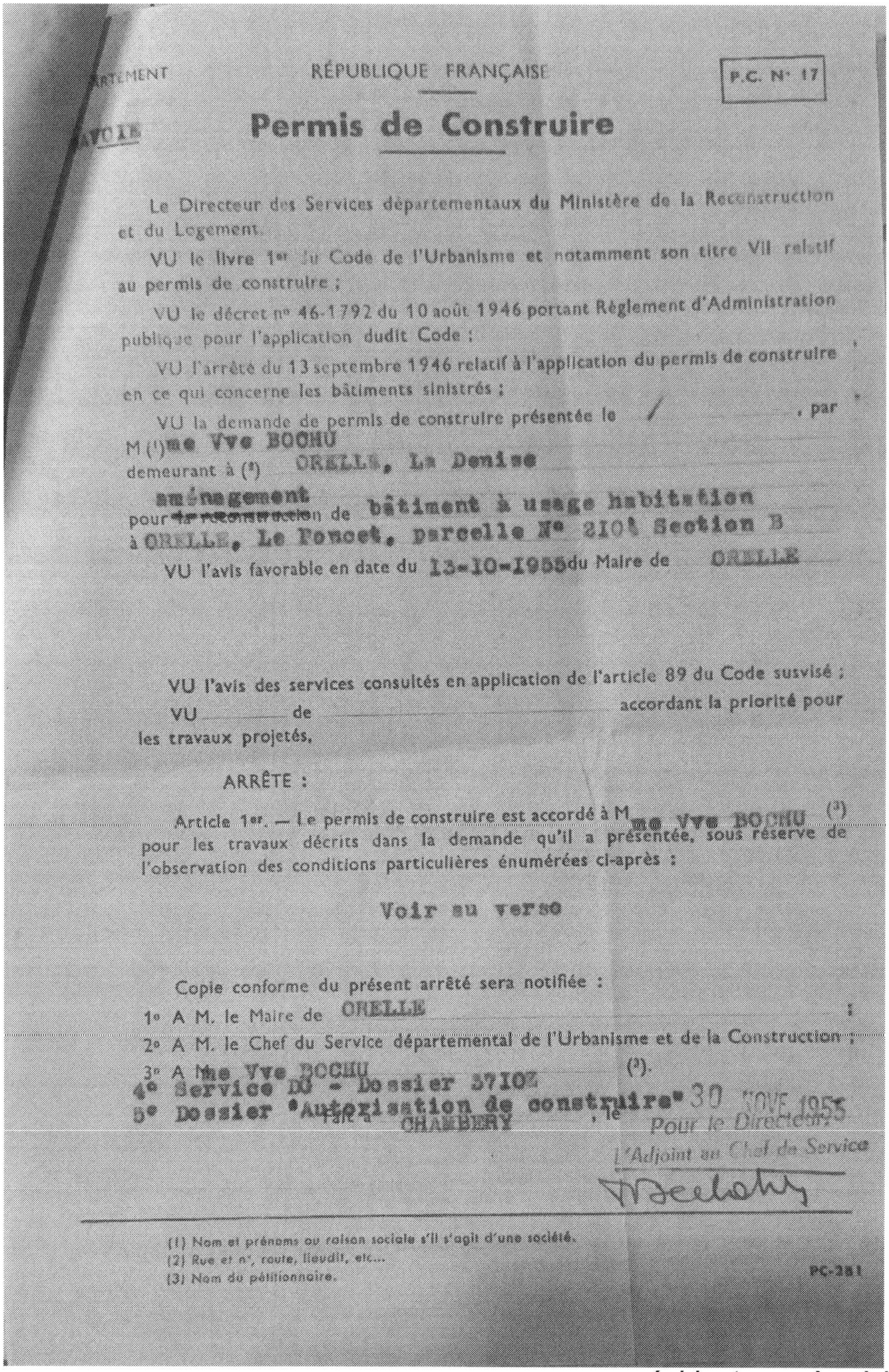

...RTEMENT

...VOIE

RÉPUBLIQUE FRANÇAISE

P.C. N° 17

# Permis de Construire

Le Directeur des Services départementaux du Ministère de la Reconstruction et du Logement,

VU le livre 1er du Code de l'Urbanisme et notamment son titre VII relatif au permis de construire ;

VU le décret n° 46-1792 du 10 août 1946 portant Règlement d'Administration publique pour l'application dudit Code ;

VU l'arrêté du 13 septembre 1946 relatif à l'application du permis de construire en ce qui concerne les bâtiments sinistrés ;

VU la demande de permis de construire présentée le / , par

M (1) me Vve BOCHU

demeurant à (2) ORELLE, La Denise

pour ~~la reconstruction~~ aménagement de bâtiment à usage habitation

à ORELLE, Le Poncet, parcelle N° 210⁴ Section B

VU l'avis favorable en date du 13-10-1955 du Maire de ORELLE

VU l'avis des services consultés en application de l'article 89 du Code susvisé ;

VU ______ de ______ accordant la priorité pour les travaux projetés,

ARRÊTE :

Article 1er. — Le permis de construire est accordé à Mme Vve BOCHU (3) pour les travaux décrits dans la demande qu'il a présentée, sous réserve de l'observation des conditions particulières énumérées ci-après :

Voir au verso

Copie conforme du présent arrêté sera notifiée :

1° A M. le Maire de ORELLE ;

2° A M. le Chef du Service départemental de l'Urbanisme et de la Construction ;

3° A Mme Vve BOCHU (3).

4° Service DU - Dossier 3710Z

5° Dossier "Autorisation de construire"

Fait à CHAMBERY , le 30 NOVE 1955

Pour le Directeur,

L'Adjoint au Chef de Service

(1) Nom et prénoms ou raison sociale s'il s'agit d'une société.

(2) Rue et n°, route, lieudit, etc...

(3) Nom du pétitionnaire.

PC-251

*...résidant naguère à la Denise.*

**ATTESTATION**

Je soussigné CHINAL Donat, Maire de la Commune d'ORELLE,

Certifie que la photocopie de l'ordonnance d'expropriation rendue par le Juge de l'expropriation à l'encontre de MM. PONCE Joseph et PONCE Vincent du hameau des Basillières et concernant le terrain dont ils sont propriétaires à l'intérieur du périmètre de compensation d'ORELLE a été affichée à la porte de la Mairie le 29 SEPTEMBRE 1962.

ORELLE, le 30 septembre 1962

Le Maire,

*Attestation de Donat Chinal, maire d'Orelle, concernant le déplacement d'habitants des Basilières vers le « périmètre de compensation d'Orelle » (30 septembre 1962).*

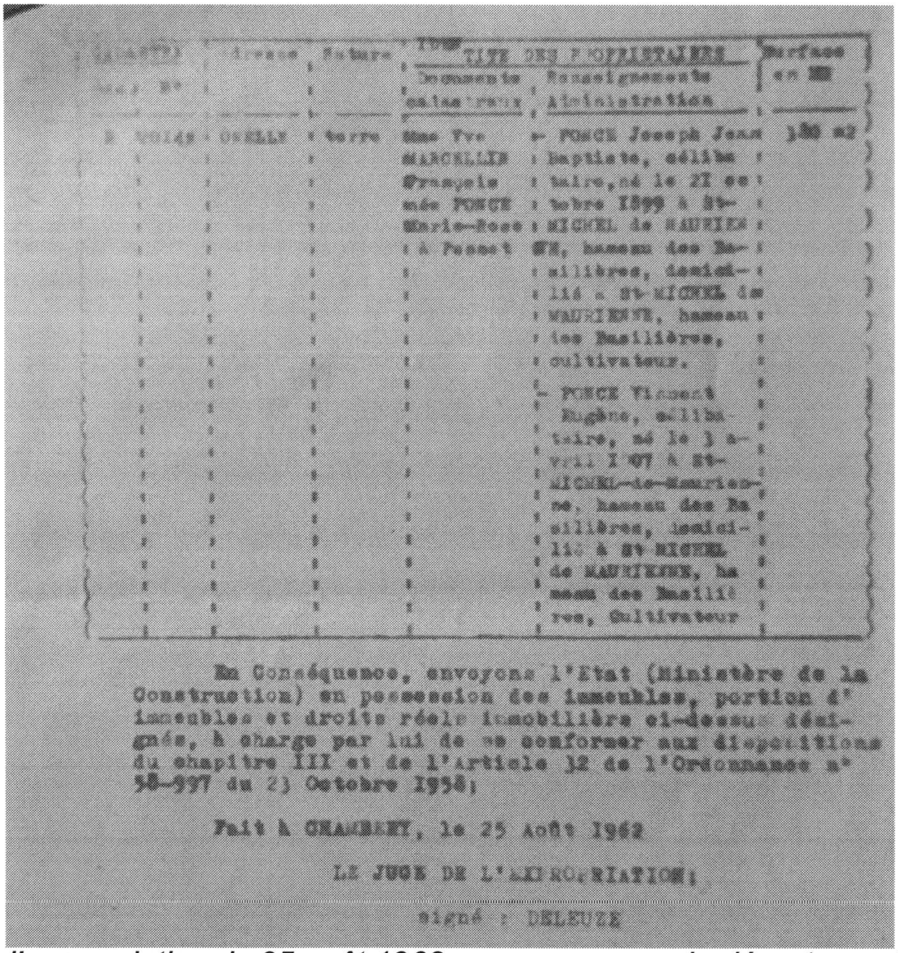

| CADASTRE | | Adresse | Nature | IDENTITE DES PROPRIETAIRES | | Surface en M2 |
|---|---|---|---|---|---|---|
| Sec. | N° | | | Documents cadastraux | Renseignements Administration | |
| B | 2014p | ORELLE | terre | Mme Vve MARCELLIN Françoise née PONCE Marie-Rose à Poncet | – PONCE Joseph Jean Baptiste, célibataire, né le 21 octobre 1899 à St-MICHEL de MAURIENNE, hameau des Basillières, domicilié à St-MICHEL de MAURIENNE, hameau des Basillières, cultivateur.<br>– PONCE Vincent Eugène, célibataire, né le 3 avril 1907 à St-MICHEL-de-Maurienne, hameau des Basillières, domicilié à St MICHEL de MAURIENNE, hameau des Basillières, Cultivateur | 300 m2 |

En Conséquence, envoyons l'Etat (Ministère de la Construction) en possession des immeubles, portion d'immeubles et droits réels immobilière ci-dessus désignés, à charge par lui de se conformer aux dispositions du chapitre III et de l'Article 12 de l'Ordonnance n° 58-997 du 23 Octobre 1958;

Fait à CHAMBERY, le 25 Août 1962

LE JUGE DE L'EXPROPRIATION;

signé : DELEUZE

*Ordonnance d'expropriation du 25 août 1962 en provenance du département de la Savoie envers des propriétaires saint-michelains.*

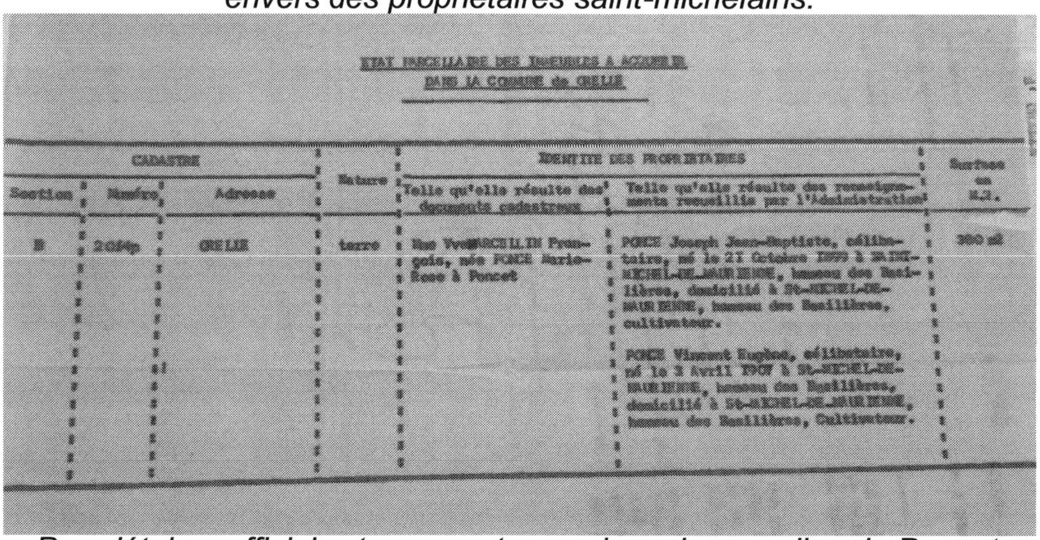

ETAT PARCELLAIRE DES IMMEUBLES A ACQUERIR
DANS LA COMMUNE de ORELLE

| CADASTRE | | | Nature | IDENTITE DES PROPRIETAIRES | | Surface en M2. |
|---|---|---|---|---|---|---|
| Section | Numéro | Adresse | | Telle qu'elle résulte des documents cadastraux | Telle qu'elle résulte des renseignements recueillis par l'Administration | |
| B | 2014p | ORELLE | terre | Mme Vve MARCELLIN Françoise, née PONCE Marie-Rose à Poncet | PONCE Joseph Jean-Baptiste, célibataire, né le 21 Octobre 1899 à SAINT-MICHEL-DE-MAURIENNE, hameau des Basilibres, domicilié à St-MICHEL-DE-MAURIENNE, hameau des Basilibres, cultivateur.<br>PONCE Vincent Eugène, célibataire, né le 3 Avril 1907 à St-MICHEL-DE-MAURIENNE, hameau des Basilibres, domicilié à St-MICHEL-DE-MAURIENNE, hameau des Basilibres, Cultivateur. | 300 m² |

*Propriétaires officiels et occupants sur place de parcelles du Poucet.*

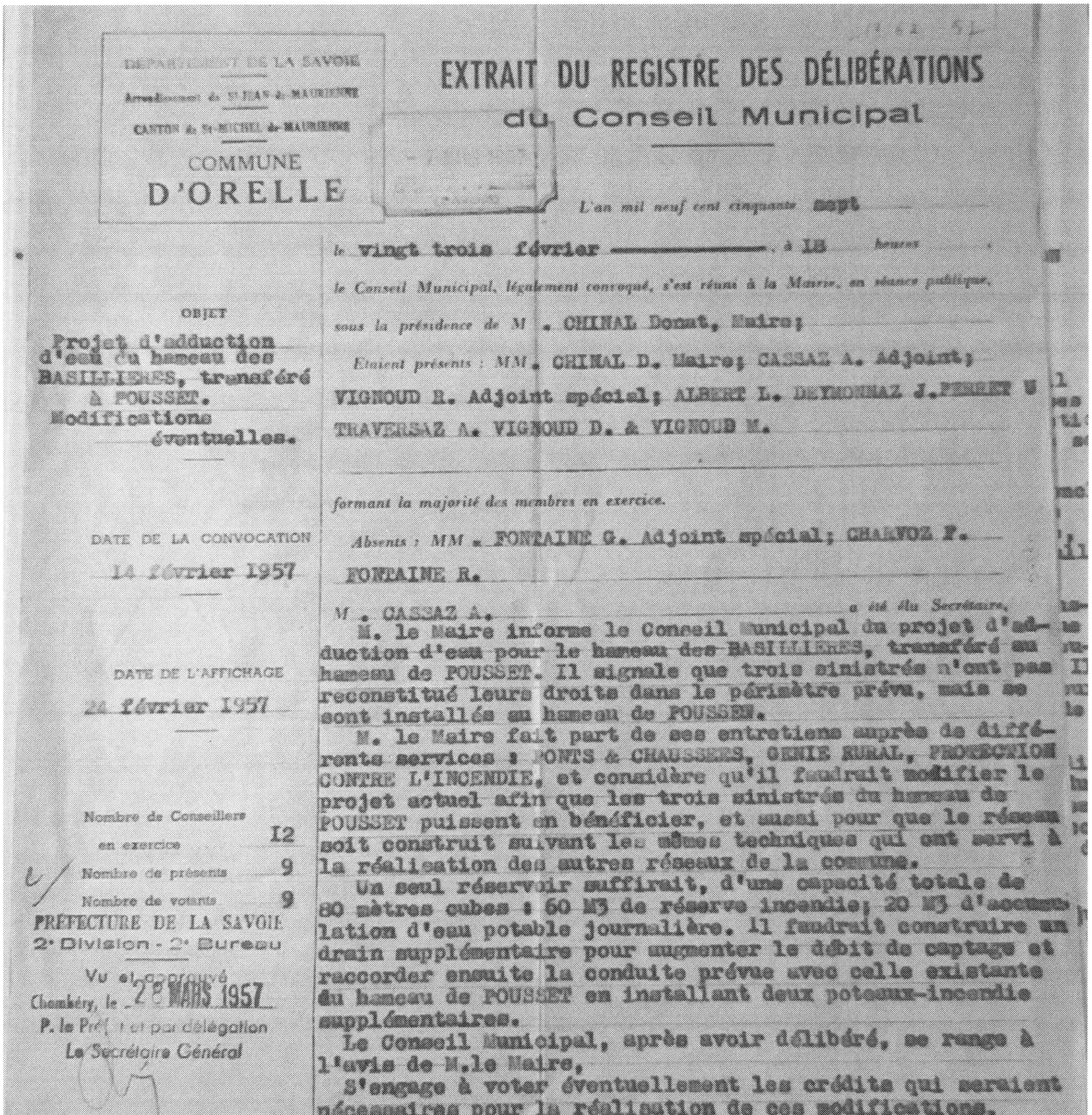

DÉPARTEMENT DE LA SAVOIE

Arrondissement de St-JEAN-de-MAURIENNE

CANTON de St-MICHEL de-MAURIENNE

COMMUNE

D'ORELLE

# EXTRAIT DU REGISTRE DES DÉLIBÉRATIONS

## du Conseil Municipal

L'an mil neuf cent cinquante sept

le vingt trois février ——————, à 18 heures

le Conseil Municipal, légalement convoqué, s'est réuni à la Mairie, en séance publique,

sous la présidence de M . CHINAL Donat, Maire;

Etaient présents : MM. CHINAL D. Maire; CASSAZ A. Adjoint; VIGNOUD R. Adjoint spécial; ALBERT L. DEYMONNAZ J.PERRET U TRAVERSAZ A. VIGNOUD D. & VIGNOUD M.

formant la majorité des membres en exercice.

Absents : MM . FONTAINE G. Adjoint spécial; CHARVOZ F. FONTAINE R.

M . CASSAZ A. a été élu Secrétaire.

OBJET

Projet d'adduction d'eau du hameau des BASILLIERES, transféré à POUSSET. Modifications éventuelles.

DATE DE LA CONVOCATION

14 février 1957

DATE DE L'AFFICHAGE

24 février 1957

M. le Maire informe le Conseil Municipal du projet d'adduction d'eau pour le hameau des BASILLIERES, transféré au hameau de POUSSET. Il signale que trois sinistrés n'ont pas reconstitué leurs droits dans le périmètre prévu, mais se sont installés au hameau de POUSSEN.

M. le Maire fait part de ses entretiens auprès de différents services : PONTS & CHAUSSEES, GENIE RURAL, PROTECTION CONTRE L'INCENDIE, et considère qu'il faudrait modifier le projet actuel afin que les trois sinistrés du hameau de POUSSET puissent en bénéficier, et aussi pour que le réseau soit construit suivant les mêmes techniques qui ont servi à la réalisation des autres réseaux de la commune.

Un seul réservoir suffirait, d'une capacité totale de 80 mètres cubes : 60 M3 de réserve incendie; 20 M3 d'accumulation d'eau potable journalière. Il faudrait construire un drain supplémentaire pour augmenter le débit de captage et raccorder ensuite la conduite prévue avec celle existante du hameau de POUSSET en installant deux poteaux-incendie supplémentaires.

Le Conseil Municipal, après avoir délibéré, se range à l'avis de M.le Maire,

S'engage à voter éventuellement les crédits qui seraient nécessaires pour la réalisation de ces modifications,

et relève le Service des Ponts et Chaussées des responsabilités pécuniaires et décennales imposées par le Code Civil

Fait en séance les jour, mois et an que dessus.

Pour copie conforme,

Le Maire,

Nombre de Conseillers en exercice 12

Nombre de présents 9

Nombre de votants 9

PRÉFECTURE DE LA SAVOIE
2e Division - 2e Bureau

Vu et approuvé

Chambéry, le 28 MARS 1957

P. le Préfet et par délégation

Le Secrétaire Général

*Extrait du procès-verbal établi par le conseil municipal d'Orelle délibérant le 23 février 1957 sur des travaux d'adduction en eau potable pour le hameau du Poucet.*

LE DIRECTEUR des SERVICES DEPARTEMENTAUX

à

Monsieur le SECRETAIRE d'ETAT à la
RECONSTRUCTION ET AU LOGEMENT

<u>OBJET</u>: Alimentation en eau potable d'ORELLE
Hameau des Basilières
Décision Ministérielle du 5 Juillet I956 -

La décision citée en référence portait autorisation de programme pour une somme ramenée à 2.000.000, sous réserve notamment de substituer au réservoir de distribution de I20 m3 primitivement prévu, un réservoir de 30 m3 et une citerne incendie de 60 m3.

Le projet a été revu dans ce sens et a fait l'objet le 7 Septembre I956 d'un Appel d'Offres infructueux.

Après cette consultation qui n'a intéressé aucune entreprise en raison de l'état des lieux, l'Entreprise VIGNOUD de Saint Michel-de-Maurienne a été contactée.

Cette dernière consent à exécuter les travaux pour le prix de 4.28I.009 Francs. Les prix fournis par cet Entrepreneur sont dans l'ensemble supérieurs à ceux qui ont servi de base à l'estimation de l'avant projet pour tenir compte, ce qui est légitime des difficultés d'accès et d'installation du chantier.

D'autre part, la construction de deux réservoirs au lieu d'un de I20 m3 n'entraîne aucune diminution de l'estimation du projet.

Il était peut-être contestable de reconstruire le hameau des Basilières. Mais cette décision ayant été prise et les reconstructions étant faites, il n'est pas possible de laisser en attente la question de l'alimentation en eau potable. Pour notre part, nous sommes prêts à accueillir toutes suggestions permettant de régler cette question à un moindre prix, mais de notre côté nous ne voyons pas d'autres solutions.

En conséquence, j'ai l'honneur de solliciter une revalorisation d'autorisation de programme pour une somme de 4.300.000 - 2.000.000 soit 2.300.000 Francs.

LE DIRECTEUR DES SERVICES DEPARTEMENTAUX,
P$^{r}$ le Directeur des Services Départementaux,
L'Adjoint au Directeur délégué,
Signé : illisible.

*Demande du département de la Savoie aux services de l'État français concernant la réserve d'eau à destination des habitants (1956)…*

20 NOVEMBRE 1956

AT/GV/4 N° 4-3476

LE SECRETAIRE d'ETAT
à la Reconstruction et au Logement
à
Monsieur le DIRECTEUR des SERVICES
DEPARTEMENTAUX de la SAVOIE

OBJET : Alimentation en eau potable d'ORELLE
Revalorisation.

Par décision 4-2825 du 5 Juillet 1956, j'ai donné mon accord à la prise en charge des travaux d'alimentation en eau potable du périmètre de compensation de la Commune d'ORELLE, pour un montant de 2.000.000 de Frs.

Par lettre DD 57.066 du II Octobre 1956, vous m'avez fait part des difficultés rencontrées lors de l'Appel d'Offres lancé le 7 Septembre 1956 et de l'acceptation d'une entreprise de SAINT MICHEL-de-MAURIENNE de réaliser les travaux ci-dessus pour un montant de : 4.281.000 Frs.

Vous exposez que, compte tenu des difficultés d'accès et d'installation du chantier, cette estimation vous semble normale.

Je vous informe que, dans ces conditions, je donne mon accord à la prise en charge par l'Etat d'un complément de 2.300.000 Frs portant à 4.300.000 frs la dépense autorisée par imputation sur le compte spécial 15-51, titre I, chapitre II.

Il est entendu que ce sont les ouvrages préconisés dans ma décision du 5 Juillet 1956 : réservoir de 30 m3 et citerne d'incendie de 60 m3 qui devront être réalisés.

L'autorisation de programme complémentaire vous sera notifiée sans autre demande de votre part.

Pour le Secrétaire d'Etat
et par délégation
par empêchement du Directeur Général
de l'Aménagement du Territoire
Le Contrôleur Général
E. BOSANO.

*…et la réponse favorable du Secrétariat à la Reconstruction et au Logement (20 novembre 1956).*

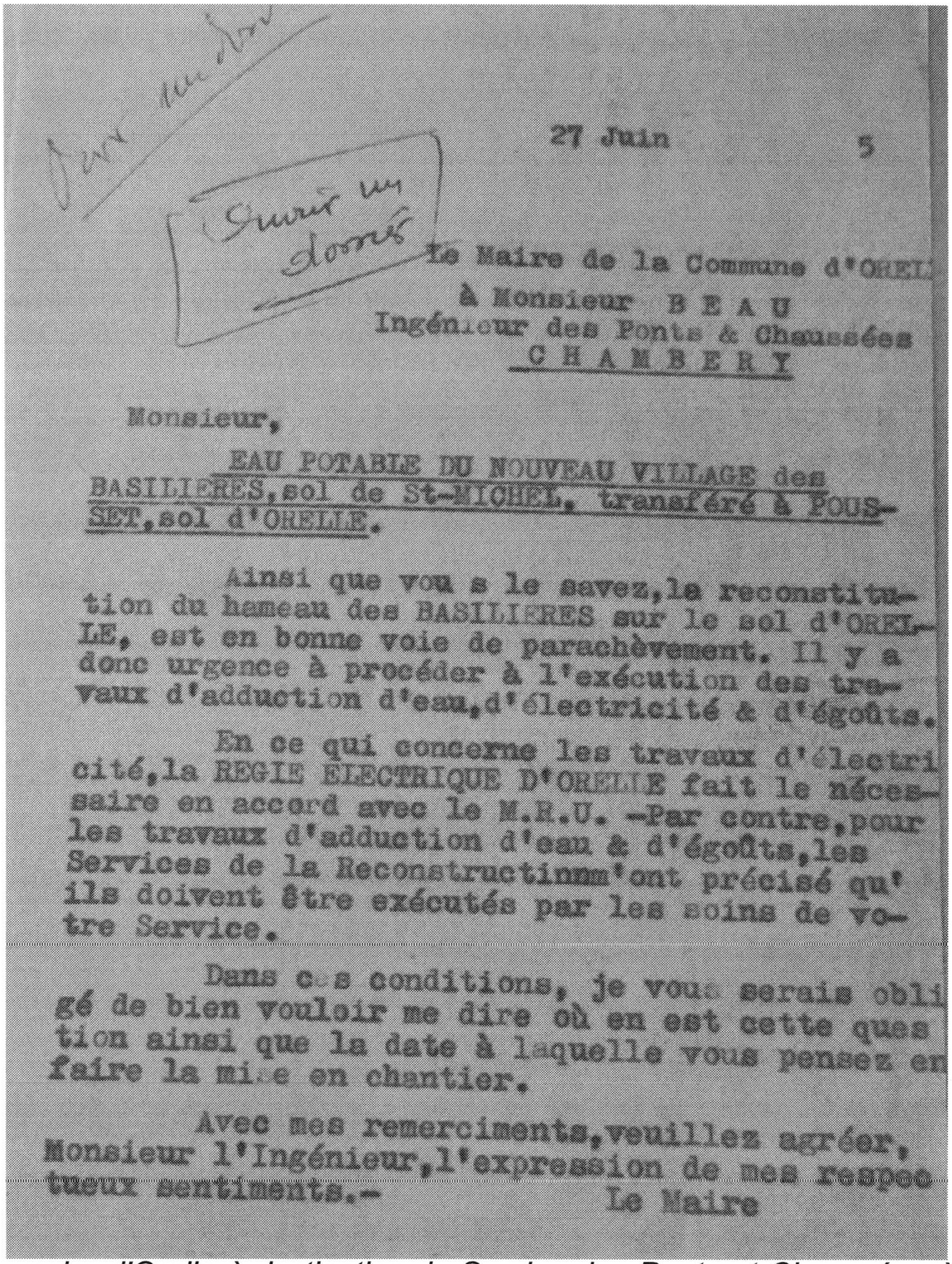

27 Juin 5

Le Maire de la Commune d'ORELLE

à Monsieur B E A U

Ingénieur des Ponts & Chaussées

C H A M B E R Y

Monsieur,

EAU POTABLE DU NOUVEAU VILLAGE des BASILIERES, sol de St-MICHEL, transféré à POUSSET, sol d'ORELLE.

Ainsi que vous le savez, la reconstitution du hameau des BASILIERES sur le sol d'ORELLE, est en bonne voie de parachèvement. Il y a donc urgence à procéder à l'exécution des travaux d'adduction d'eau, d'électricité & d'égoûts.

En ce qui concerne les travaux d'électricité, la REGIE ELECTRIQUE D'ORELLE fait le nécessaire en accord avec le M.R.U. -Par contre, pour les travaux d'adduction d'eau & d'égoûts, les Services de la Reconstructinm'ont précisé qu'ils doivent être exécutés par les soins de votre Service.

Dans ces conditions, je vous serais obligé de bien vouloir me dire où en est cette question ainsi que la date à laquelle vous pensez en faire la mise en chantier.

Avec mes remerciments, veuillez agréer, Monsieur l'Ingénieur, l'expression de mes respectueux sentiments.-

Le Maire

*Courrier du maire d'Orelle à destination du Service des Ponts et Chaussées à propos du réseau électrique, des égouts et des adductions d'eau potable dans le « nouveau village des Basilières [...] transféré à Pousset ».*

Les destructions occasionnées par les troupes allemandes dans le secteur de Prémont et son usine ont entraîné la refabrication des ouvrages hydroélectriques (finalisée le 4 avril 1946) pour une reconstruction totale le 25 mars 1948.

# Chapitre III : Bilan des Français victimes nés ou en lien avec Orelle

*Mémorial de la Denise le 5 septembre 2023.*

## Victimes civiles du 5 septembre 1944

— André Aimé Bard est né le 20 avril 1916 au Thyl, il était ouvrier et habitait Saint-Michel-de-Maurienne ; il était célibataire. Il est reconnu mort pour la France le 2 novembre 1945 et obtient le titre d'interné politique en 1953. Lors de sa mort en 1944, il avait 28 ans. Il est probable qu'il s'agisse du même homme mentionné sur la stèle des ouvriers de la Saussaz.

— Marcel Henri Bard est né le 10 mars 1904 à Orelle, il était cheminot. Marcel Bard était le fils de Joseph Bard et de Rose Grange. Il se marie en 1932 avec Pauline Joet, dont il a deux filles, Aimée, née en 1934, et Paulette, née en 1943. Il était domicilié à Saint-Jean-de-Maurienne. Il est entré aux chemins de fer en novembre 1930 et exerçait sous l'Occupation la fonction de manœuvre à Modane. Il obtient la mention « Mort pour la France » transcrite sur l'acte de décès le 20 août 1945 et le titre d'interné politique en 1953. Lors de sa mort à la suite de la prise d'otages du 5 septembre 1944, il avait 40 ans.

— Roger Bard est né le 4 septembre 1924 à Modane. Il habitait Chambéry où il était ouvrier métallurgiste. Il est reconnu mort pour la France le 2 novembre 1945 ; lors de sa mort à la suite de la prise d'otages du 5 septembre 1944, il fêtait à peine ses 20 ans.

— Jérôme Émilien Bochu est né le 18 mars 1897 à Saint-Michel-de-Maurienne. Marié à Alice Fessemaz, le couple habitait Orelle dans le village du Poucet. Il était chef d'équipe à l'usine de Prémont et exploitait aussi une ferme. Il est reconnu mort pour la France le 2 novembre 1945. Lors de sa mort à la suite de la prise d'otages du 5 septembre 1944, il avait 47 ans.

— Joseph Victor Dughera est né le 7 septembre 1923 à Saint-Michel-de-Maurienne, il était ouvrier serrurier et habitait la Buffaz. Célibataire, fils de Victor Dughera et Eugénie Bard, il appartenait à une fratrie de onze enfants. Il travaillait avec son père et son frère, Louis Dughera, dans l'atelier de serrurerie familial à Saint-Michel. Joseph Victor Dughera est reconnu mort pour la France le 2 novembre 1945. Lors de sa mort à la suite de la prise d'otages du 5 septembre 1944, il fêtait tout juste ses 21 ans.

— Louis Dughera est né le 30 novembre 1902 à Saint-Michel-de-Maurienne et est mort à la suite de ses blessures le 21 septembre 1944 à Lyon (Rhône). Il faisait partie d'une fratrie de onze enfants et travaillait avec son frère, Joseph Dughera, dans l'atelier de serrurerie paternel. En septembre 1944, les familles Dughera et Rey habitant à la Buffaz étaient réfugiées au hameau du Bois-Dessous, dans la commune du Thyl. Le 5 septembre 1944, les Allemands perquisitionnent à plusieurs reprises la maison de la famille Dughera et, lors d'une des intrusions, Louis Dughera est battu à coup de crosse et de pieds. Sa sœur est également violemment frappée au ventre. Tous les adultes sont mis en joue. Gravement touché à la tête lors de l'explosion de la Denise, il est transporté par ses trois sœurs au hameau de la Buffaz qu'ils croyaient libéré. Cependant, sur place les Allemands sont encore là et en interdisent l'accès. Resté sans soin pendant près de deux jours, il est par la suite transféré à l'hôpital de Grange-Blanche de Lyon (Rhône) où il meurt à la suite de ses blessures le 21 septembre 1944 à l'âge de 41 ans.

— Frédéric Séverin Fessemaz est né le 30 juillet 1925 à Saint-Michel-de-Maurienne. Fils de Victorine Bochu et de Jérémie Fessemaz, il travaillait comme ouvrier manœuvre à Saint-Michel-de Maurienne et habitait au Poucet. Il est reconnu mort pour la France le 20 août 1945. Lors de sa mort à la suite de la prise d'otages du 5 septembre 1944, il avait 19 ans.

— Jean Joseph Francoz est né le 1er octobre 1914 à Orelle ; marié à Georgette Bochu, il habitait à Orelle et travaillait comme monteur électricien. Il est reconnu « Mort pour la France » le 20 août 1945. Lors de sa mort à la suite de la prise d'otages du 5 septembre 1944, il avait presque 30 ans.

— Constantin Pellegrini est né le 10 juin 1903 à Rive d'Arcano (en Italie), il était chauffeur de camion et marié à Marie Bard. Le couple habitait Saint-Michel-de-Maurienne. Il est reconnu mort pour la France le 2 novembre 1945. Lors de sa mort à la suite de la prise d'otages du 5 septembre 1944, il avait 41 ans.

— Alexis Joseph Plan est né le 15 février 1894 à Saint-Michel-de-Maurienne, il était chaudronnier. Fils de Séraphin Plan (né en 1857) et de Catherine Francoz (née en 1860), Alexis Plan se marie le 4 février 1922 avec Marthe Bard au Thyl. Il habitait à Orelle (la Denise) et il est reconnu « Mort pour la France » le 20 août 1945. Lors de sa mort à la suite de la prise d'otages du 5 septembre 1944, il avait 50 ans.

*Marcel Bard.*

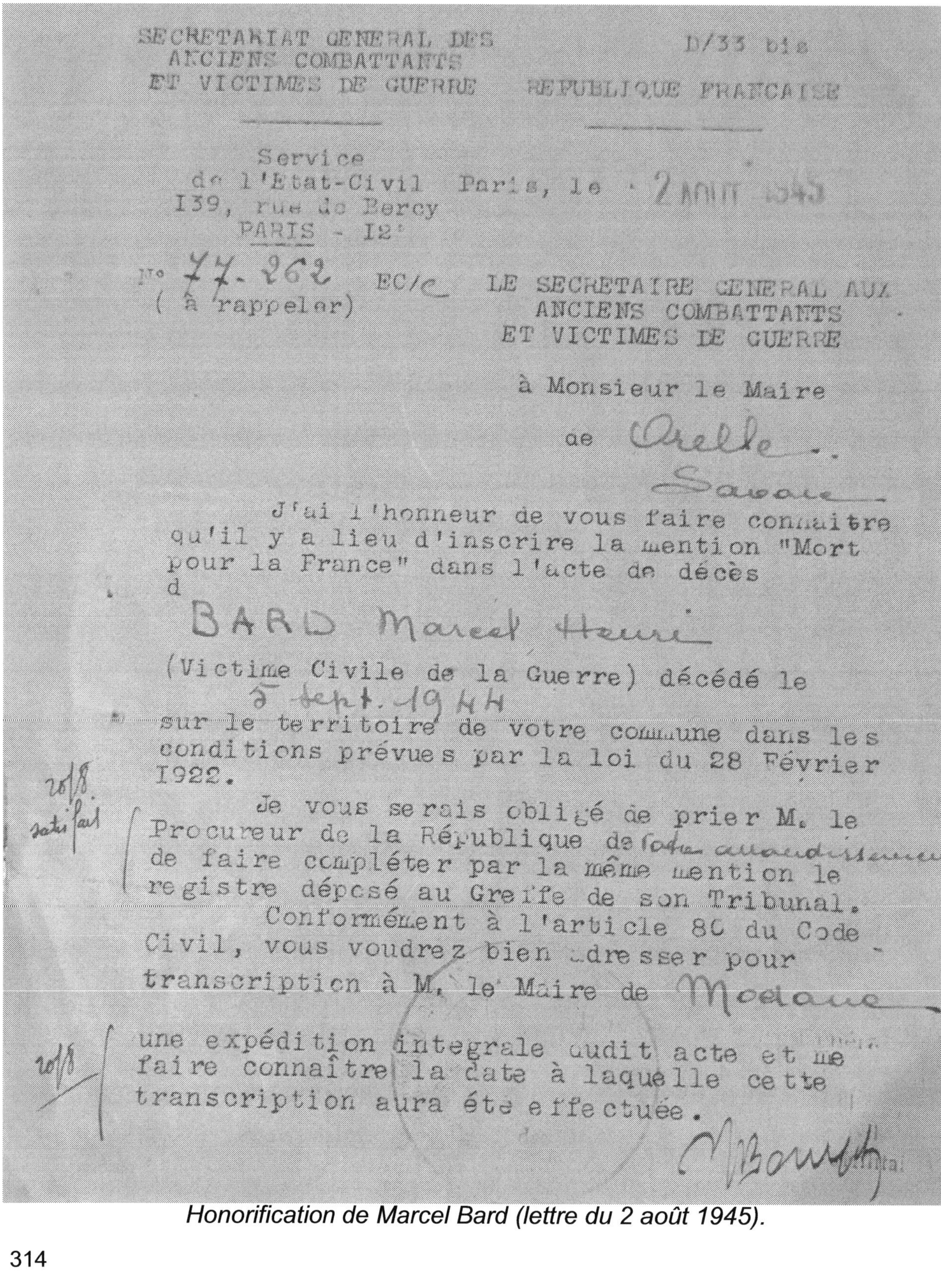

SECRETARIAT GENERAL DES ANCIENS COMBATTANTS ET VICTIMES DE GUERRE

D/33 bis

REPUBLIQUE FRANCAISE

Service de l'Etat-Civil
I39, rue de Bercy
PARIS - I2e

Paris, le 2 AOUT 1945

No 77.262 EC/c
( à rappeler)

LE SECRETAIRE GENERAL AUX ANCIENS COMBATTANTS ET VICTIMES DE GUERRE

à Monsieur le Maire
de Orelle
Savoie

J'ai l'honneur de vous faire connaitre qu'il y a lieu d'inscrire la mention "Mort pour la France" dans l'acte de décès d

BARD Marcel Henri

(Victime Civile de la Guerre) décédé le 5 sept. 1944 sur le territoire de votre commune dans les conditions prévues par la loi du 28 Février I922.

Je vous serais obligé de prier M. le Procureur de la République de l'arrondissement de faire compléter par la même mention le registre déposé au Greffe de son Tribunal.

Conformément à l'article 80 du Code Civil, vous voudrez bien adresser pour transcription à M. le Maire de Modane une expédition integrale audit acte et me faire connaître la date à laquelle cette transcription aura été effectuée.

20/8 satisfait

20/8

*Honorification de Marcel Bard (lettre du 2 août 1945).*

*Roger Bard.*

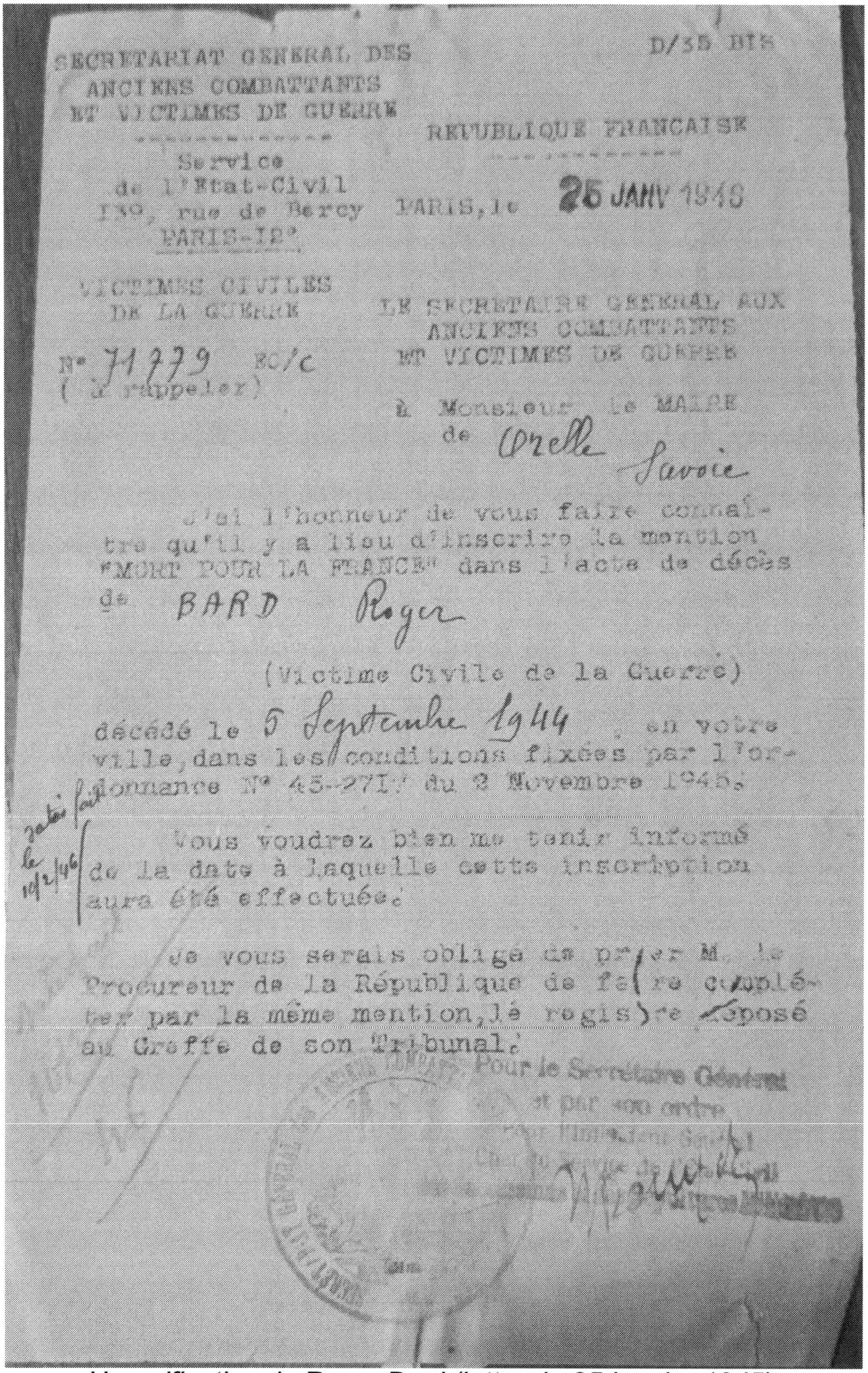

SECRETARIAT GENERAL DES
ANCIENS COMBATTANTS
ET VICTIMES DE GUERRE

D/35 BIS

REPUBLIQUE FRANCAISE

Service
de l'Etat-Civil
139, rue de Bercy
PARIS-12°

PARIS, le 25 JANV 1946

VICTIMES CIVILES
DE LA GUERRE

N° 71779 BC/C
( à rappeler )

LE SECRETAIRE GENERAL AUX
ANCIENS COMBATTANTS
ET VICTIMES DE GUERRE

à Monsieur le MAIRE
de Orelle
Savoie

J'ai l'honneur de vous faire connaître qu'il y a lieu d'inscrire la mention "MORT POUR LA FRANCE" dans l'acte de décès de BARD Roger

(Victime Civile de la Guerre)

décédé le 5 Septembre 1944 en votre ville, dans les conditions fixées par l'ordonnance N° 45-2717 du 2 Novembre 1945.

Vous voudrez bien me tenir informé de la date à laquelle cette inscription aura été effectuée.

Mention faite le 10/2/46

Je vous serais obligé de prier M. le Procureur de la République de faire compléter par la même mention, le registre déposé au Greffe de son Tribunal.

Pour le Secrétaire Général
et par son ordre

*Honorification de Roger Bard (lettre du 25 janvier 1945).*

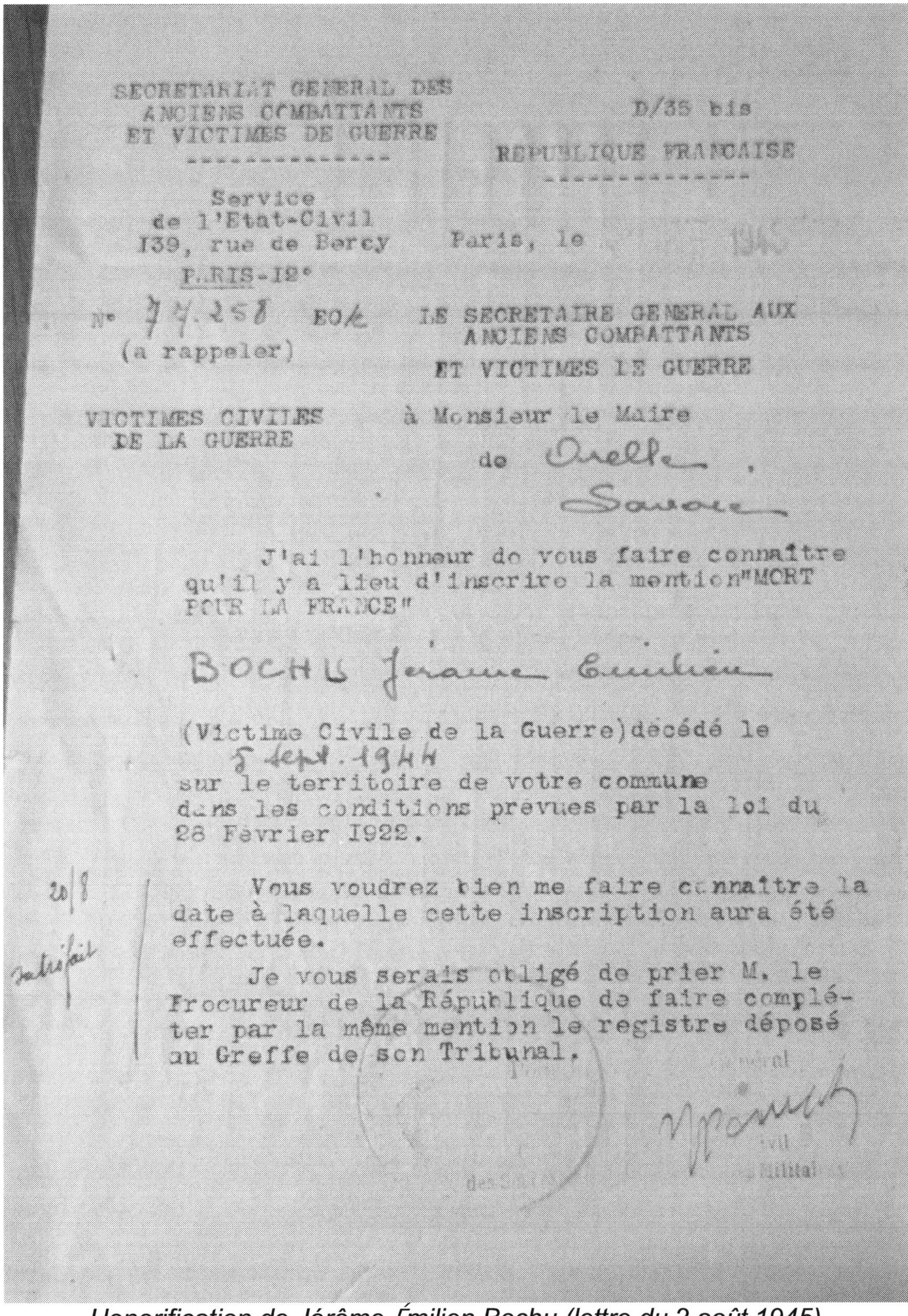

SECRETARIAT GENERAL DES
ANCIENS COMBATTANTS
ET VICTIMES DE GUERRE

D/35 bis

REPUBLIQUE FRANCAISE

Service
de l'Etat-Civil
I39, rue de Bercy
PARIS-I2e

Paris, le ... 1945

N° 77.258 EO/k
(a rappeler)

LE SECRETAIRE GENERAL AUX
ANCIENS COMBATTANTS
ET VICTIMES DE GUERRE

VICTIMES CIVILES
DE LA GUERRE

à Monsieur le Maire
de Orelle .
Savoie

J'ai l'honneur de vous faire connaître qu'il y a lieu d'inscrire la mention "MORT POUR LA FRANCE"

BOCHU Jérome Emilien

(Victime Civile de la Guerre) décédé le
5 sept. 1944
sur le territoire de votre commune dans les conditions prevues par la loi du 28 Février I922.

20/8
satisfait

Vous voudrez bien me faire connaître la date à laquelle cette inscription aura été effectuée.

Je vous serais obligé de prier M. le Procureur de la République de faire compléter par la même mention le registre déposé au Greffe de son Tribunal.

*Honorification de Jérôme Émilien Bochu (lettre du 2 août 1945).*

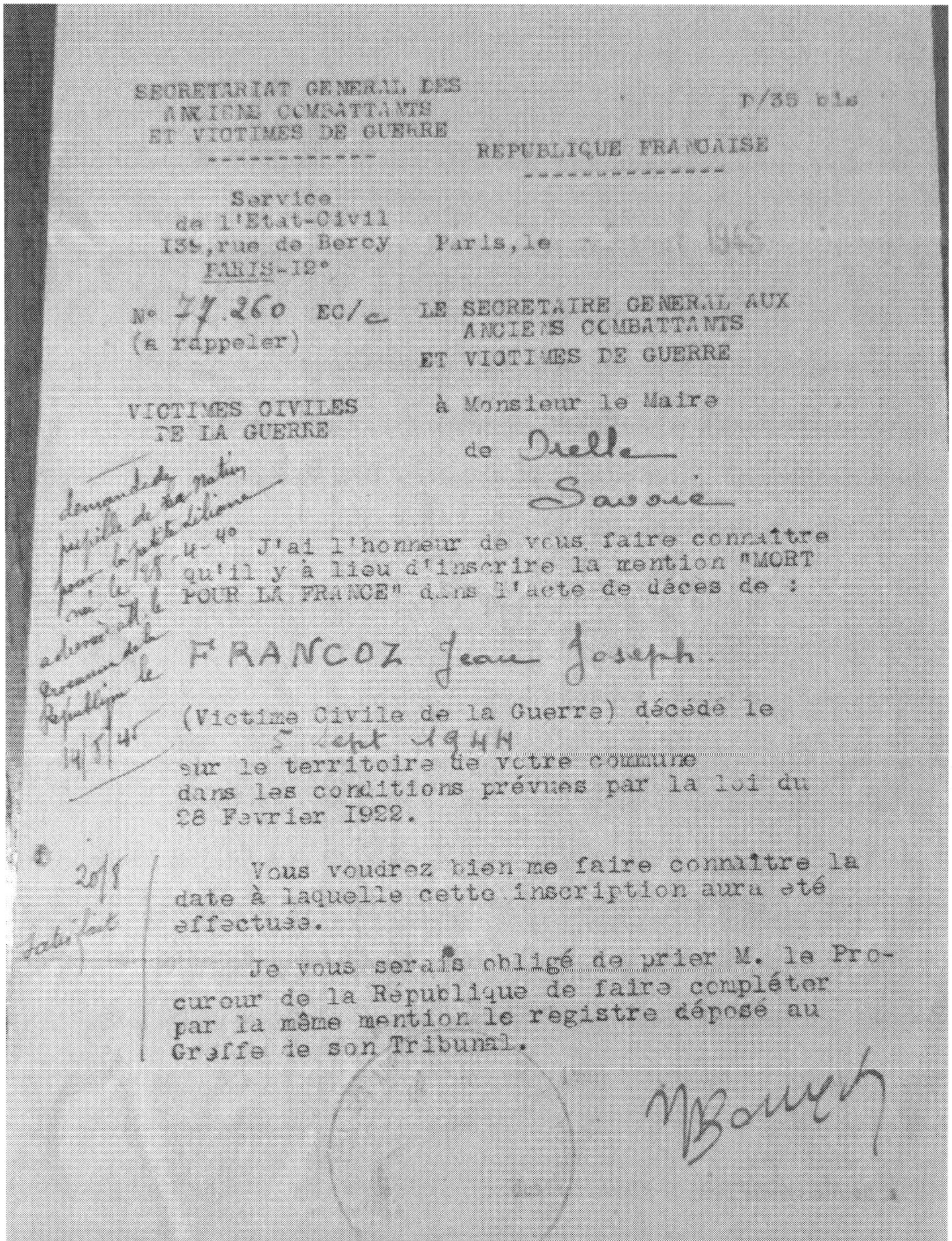

SECRETARIAT GENERAL DES ANCIENS COMBATTANTS ET VICTIMES DE GUERRE

D/35 bis

REPUBLIQUE FRANCAISE

Service de l'Etat-Civil
139, rue de Bercy
PARIS-12°

Paris, le 1945

N° 77.260 EC/c
(a rappeler)

LE SECRETAIRE GENERAL AUX ANCIENS COMBATTANTS ET VICTIMES DE GUERRE

VICTIMES CIVILES DE LA GUERRE

à Monsieur le Maire de Orelle Savoie

demande de pupille de la nation pour la petite Liliane née le 28-4-40 adressé à M. le Procureur de la République le 14/5/45

J'ai l'honneur de vous faire connaître qu'il y a lieu d'inscrire la mention "MORT POUR LA FRANCE" dans l'acte de déces de :

FRANCOZ Jean Joseph.

(Victime Civile de la Guerre) décédé le 5 Sept 1944 sur le territoire de votre commune dans les conditions prévues par la loi du 28 Fevrier 1922.

20/8 Satisfait

Vous voudrez bien me faire connaître la date à laquelle cette inscription aura été effectuée.

Je vous serais obligé de prier M. le Procureur de la République de faire compléter par la même mention le registre déposé au Greffe de son Tribunal.

Bouch

*Honorification de Jean Joseph Francoz (lettre du 2 août 1945) ; une demande est effectuée le 14 mai 1945 pour que le Procureur de la République reconnaisse Liliane Francoz, née le 28 avril 1940, comme pupille de la Nation.*

SECRETARIAT GENERAL DES
ANCIENS COMBATTANTS
ET VICTIMES DE GUERRE
-------------

D/35 bis

REPUBLIQUE FRANCAISE
-------------

Service
de l'Etat-Civil
I39, rue de Bercy
PARIS-I2°

Paris, le 2 AOUT 1945

N° 77.256 EO/c
(a rappeler)

LE SECRETAIRE GENERAL AUX
ANCIENS COMBATTANTS
ET VICTIMES DE GUERRE

VICTIMES CIVILES
DE LA GUERRE

à Monsieur le Maire
de Orelle
Savoie

J'ai l'honneur de vous faire connaître qu'il y a lieu d'inscrire la mention "MORT POUR LA FRANCE"

PLAN Alexis Joseph.

(Victime Civile de la Guerre) décédé le 5 Sept. 1944 sur le territoire de votre commune dans les conditions prevues par la loi du 28 Février I922.

2018
satisfait

Vous voudrez bien me faire connaître la date à laquelle cette inscription aura été effectuée.

Je vous serais obligé de prier M. le Procureur de la République de faire compléter par la même mention le registre déposé au Greffe de son Tribunal.

P... Général
des ... Militaires

*Honorification d'Alexis Joseph Plan (lettre du 2 août 1945).*

*Alexis Plan.*

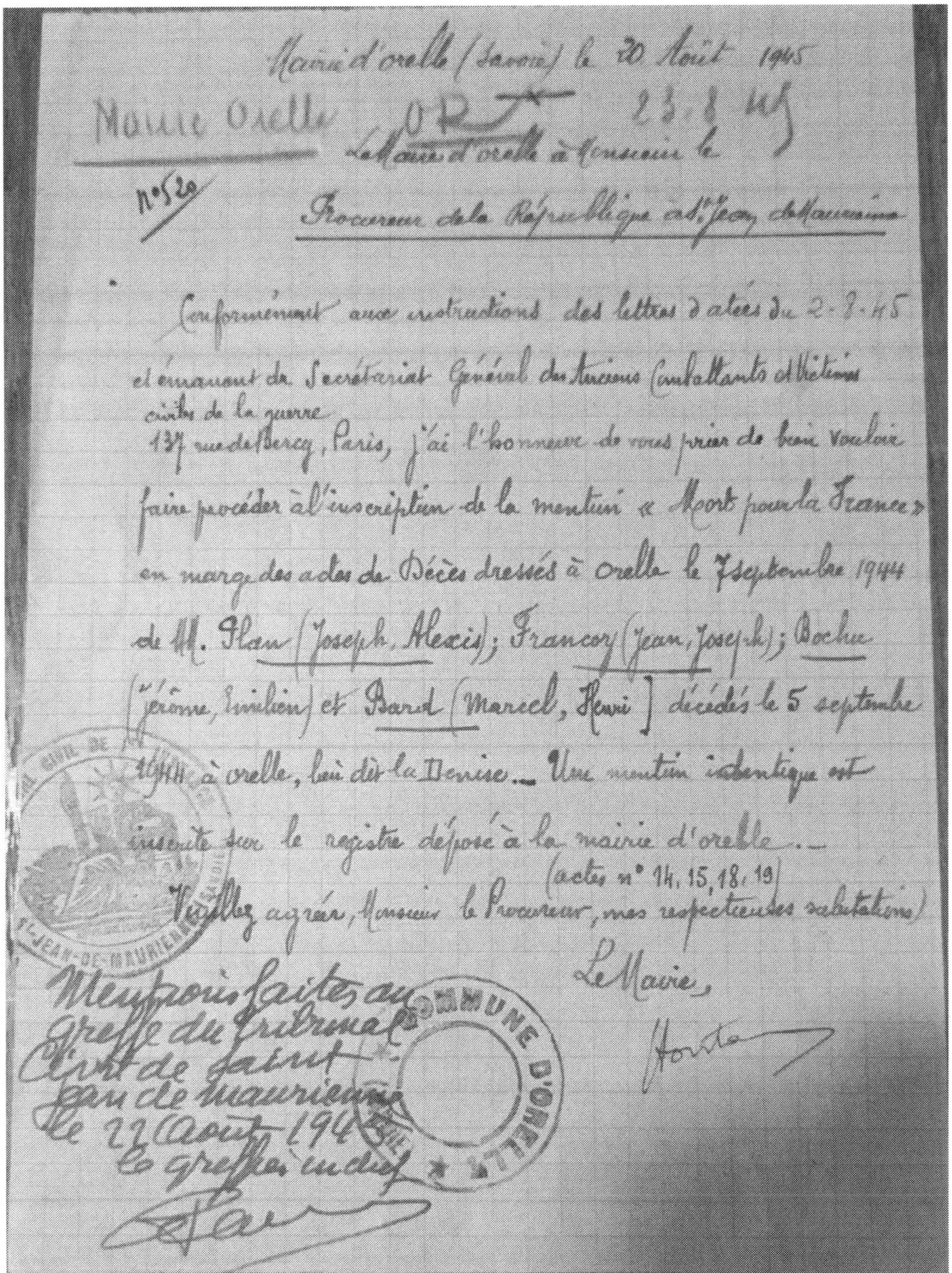

Mairie d'Orelle (Savoie) le 20 Août 1945

Mairie Orelle ORT 23.8.45

N°520

Le Maire d'Orelle à Monsieur le Procureur de la République à St Jean de Maurienne

Conformément aux instructions des lettres datées du 2-8-45 et émanant du Secrétariat Général des Anciens Combattants et Victimes civiles de la guerre 137 rue de Bercy, Paris, j'ai l'honneur de vous prier de bien vouloir faire procéder à l'inscription de la mention « Mort pour la France » en marge des actes de Décès dressés à Orelle le 7 septembre 1944 de M. Plan (Joseph, Alexis) ; Francoz (Jean, Joseph) ; Bochu (Jérôme, Emilien) et Bard (Marcel, Henri) décédés le 5 septembre 1944 à Orelle, lieu dit la Denise.— Une mention identique est inscrite sur le registre déposé à la mairie d'Orelle.—
(actes n° 14, 15, 18, 19)

Veuillez agréer, Monsieur le Procureur, mes respectueuses salutations.

Le Maire,

Fontaine

Mentions faites au Greffe du Tribunal Civil de Saint Jean de Maurienne le 22 Août 1945

Le greffier en chef

COMMUNE D'ORELLE

ST-JEAN-DE-MAURIENNE

*Demande du maire d'Orelle, Gaston Fontaine, à destination du Procureur de la République de Saint-Jean-de-Maurienne afin d'établir une mention honorifique auprès des décédés orellins du 5 septembre 1944 (23 août 1945).*

*Sommet du mémorial de la Denise (29 mai 2024).*

*L'impact dans le mur à droite de la stèle, place du Souvenir français, 2568 route de Saint-Michel, à la Denise (29 mai 2024).*

PRÉFECTURE DE LA SAVOIE

OFFICE DÉPARTEMENTAL
DES ANCIENS COMBATTANTS
ET VICTIMES DE GUERRE

TÉLÉPHONE : . ET 6-60

SERVICE DES
DÉPORTÉS INTERNÉS
POLITIQUES
Référence N° 106/MR /D.I.P.

Chambéry, le 10 SEPTEMBRE 1953

Le SECRETAIRE GENERAL de l'OFFICE

à

Monsieur le MAIRE
d'ORELLE

Monsieur le Maire,

Pour complément du dossier d'Interné Politique de M. BARD André, arrêté par les Allemands le 5.9.44 et fusillé le même jour, il m'est demandé un rapport détaillé sur les circonstances de l'internement et du décès.

Je vous serais obligé de bien vouloir établir, ou faire établir cette pièce, certifiée sur l'honneur, relatant les faits tels qu'ils se sont passés.

Je vous remercie et vous prie de croire, Monsieur le Maire, à l'assurance de ma considération distinguée.

P/Le Secrétaire Gén[illegible] l'Office,
Le Secrétaire de [illegible] I.P.

Voir au verso copie de n/réponse

*Question du 10 septembre 1953 au maire d'Orelle de la part de l'Office départemental des Anciens combattants et Victimes de la guerre portant sur le statut d'André Bard…*

Mairie d'ORELLE (Savoie), le 29 septembre 1953

=====

Le Maire de la Commune d'ORELLE

à Monsieur le Secrétaire de l'Office
Départemental des Pupilles & Victimes de la guerre
Préfecture de la Savoie, CHAMBERY

Je fais suite à votre lettre MR 106 du 10 septembre.

J'ai consulté M.BARD Henri, frère de la victime du 5 septembre 1944, qui m'a exposé ce qui suit :

Son frère, habitait, à l'époque, St-Michel de Maurienne où il était ouvrier d'usine. Cette ville étant occupée par l'ennemi, ainsi que ORELLE, le THYL d'ailleurs, il avait cru bien faire en allant se réfugier au Bois dessous, sol du THYL, où il se trouvait, me dit son frère, depuis une huitaine de jours. Il n'avait jamais fait partie du maquis, mais il fut compris dans une râfle opérée par les troupes allemandes, qui le contraignirent avec dix autres civils de la région (ORELLE, le THYL, St-MICHEL) à descendre du dit village jusqu'en fond de la vallée, dans la cour de l'école communale de la DENISE, sol d'ORELLE, où ils arrivèrent le 5 septembre 1944 vers 17 h.30, encadrés par des Allemands.

Au même moment, une salve tirée du Fort du Télégraphe, qui domine St-MICHEL, en tua 9 d'entr'eux et en blessa grièvement, M. FONTAINE Marcel, Emilien, réfugié du THYL, qui fut longtemps hospitalisé.

M.BARD Henri ajoute que c'est au moment où le maquis circulait aux alentours du village du BOIS DESOUS que son frère André fut pris, et l'ennemi, croyant à faire à un maquisard, le fit descendre sur la DENISE.

Il ne semble donc pas y avoir eu d'internement. M.FONTAINE Marcel qui est barragiste E.D.F. pourrait certainement vous confirmer ce qui précède.

Veuillez agréer, Monsieur, l'assurance de ma considération distinguée.

Le Maire,

*… et la réponse du maire, Donat Chinal, le 29 septembre 1953.*

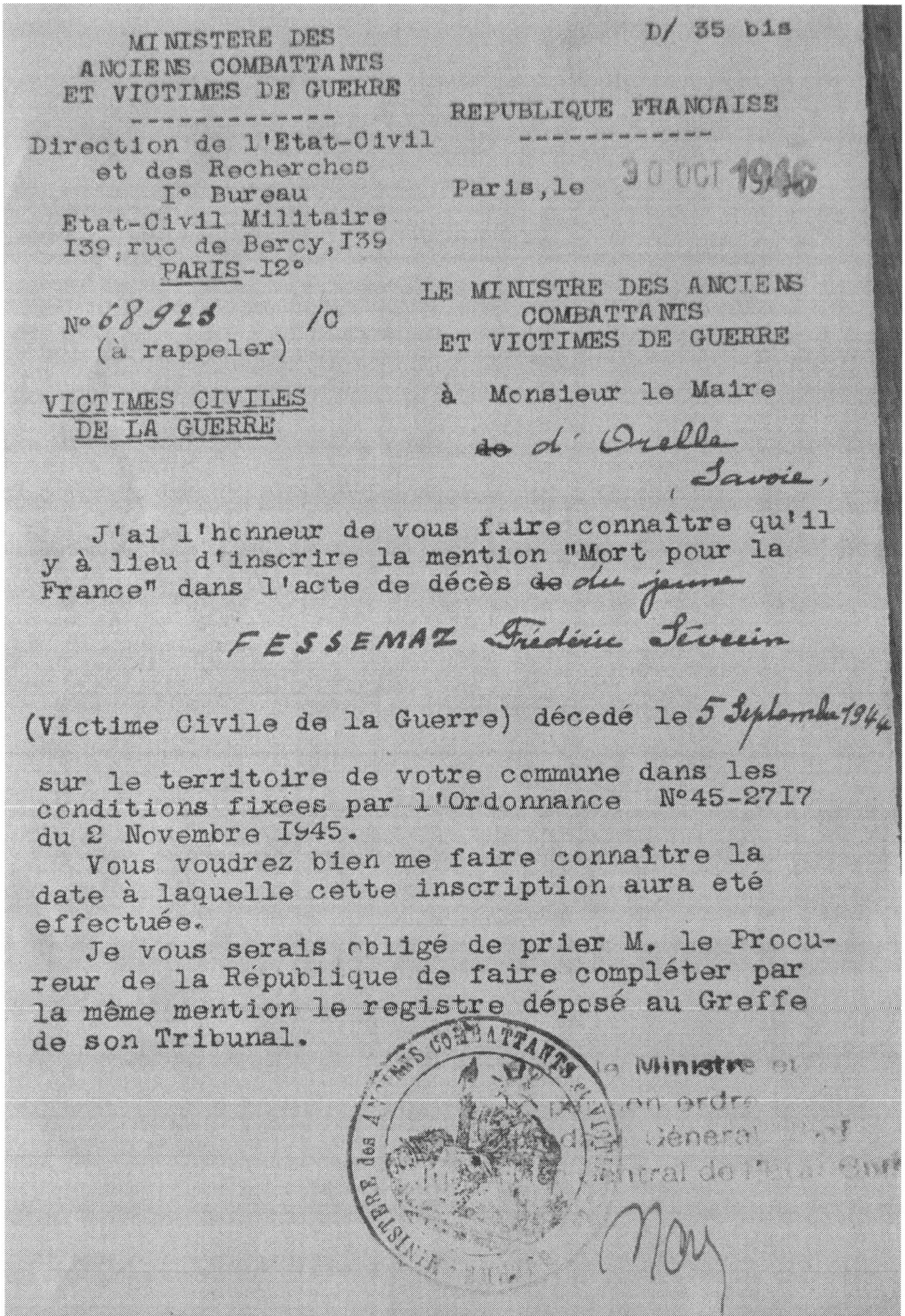

D/ 35 bis

MINISTERE DES
ANCIENS COMBATTANTS
ET VICTIMES DE GUERRE
------------
Direction de l'Etat-Civil
et des Recherches
I° Bureau
Etat-Civil Militaire
I39, rue de Bercy, I39
PARIS-I2°

N° 68923 /C
(à rappeler)

VICTIMES CIVILES
DE LA GUERRE

REPUBLIQUE FRANCAISE
------------
Paris, le 30 OCT 1946

LE MINISTRE DES ANCIENS
COMBATTANTS
ET VICTIMES DE GUERRE

à Monsieur le Maire

~~de~~ d'Orelle
Savoie.

J'ai l'honneur de vous faire connaître qu'il y à lieu d'inscrire la mention "Mort pour la France" dans l'acte de décès ~~de~~ du jeune

FESSEMAZ Frédéric Séverin

(Victime Civile de la Guerre) décedé le 5 Septembre 1944

sur le territoire de votre commune dans les conditions fixées par l'Ordonnance N°45-2717 du 2 Novembre 1945.

Vous voudrez bien me faire connaître la date à laquelle cette inscription aura eté effectuée.

Je vous serais obligé de prier M. le Procureur de la République de faire compléter par la même mention le registre déposé au Greffe de son Tribunal.

Le Ministre et par ordre
... Général
... Central de l'Etat Civil

Nay

*Honorification de Frédéric Séverin Fessemaz (lettre du 30 octobre 1946).*

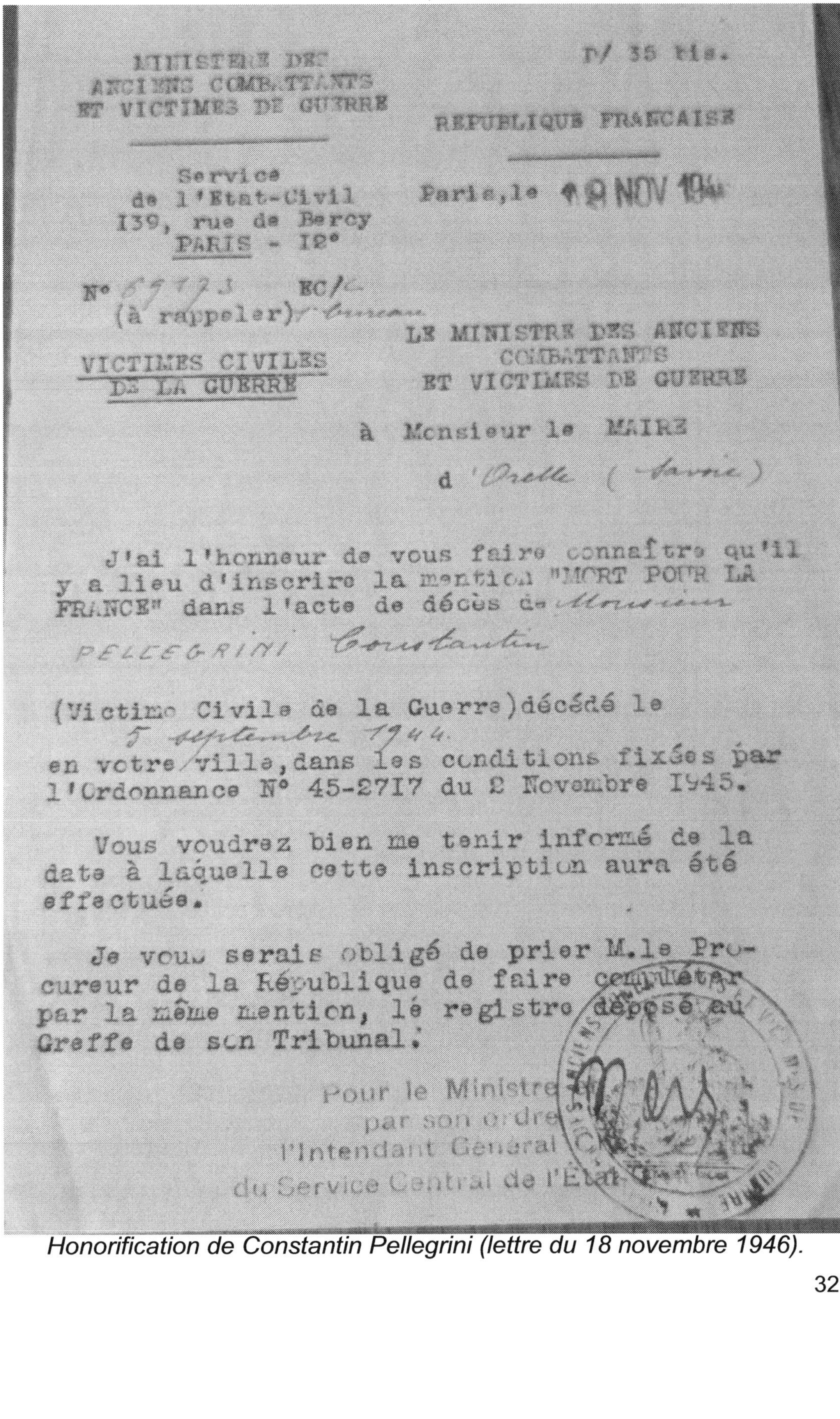

MINISTERE DES
ANCIENS COMBATTANTS
ET VICTIMES DE GUERRE

D/ 35 bis.

REPUBLIQUE FRANCAISE

Service
de l'Etat-Civil
139, rue de Bercy
PARIS - 12e

Paris, le 18 NOV 1946

N° 69773 EC/1
(à rappeler) 1er bureau

VICTIMES CIVILES
DE LA GUERRE

LE MINISTRE DES ANCIENS
COMBATTANTS
ET VICTIMES DE GUERRE

à Monsieur le MAIRE

d'Orelle (Savoie)

J'ai l'honneur de vous faire connaître qu'il y a lieu d'inscrire la mention "MORT POUR LA FRANCE" dans l'acte de décès de Monsieur

PELLEGRINI Constantin

(Victime Civile de la Guerre) décédé le
5 septembre 1944.
en votre ville, dans les conditions fixées par l'Ordonnance N° 45-2717 du 2 Novembre 1945.

Vous voudrez bien me tenir informé de la date à laquelle cette inscription aura été effectuée.

Je vous serais obligé de prier M. le Procureur de la République de faire compléter par la même mention, le registre déposé au Greffe de son Tribunal.

Pour le Ministre
par son ordre
l'Intendant Général Chef
du Service Central de l'État Civil

*Honorification de Constantin Pellegrini (lettre du 18 novembre 1946).*

*Joseph Dughera.*

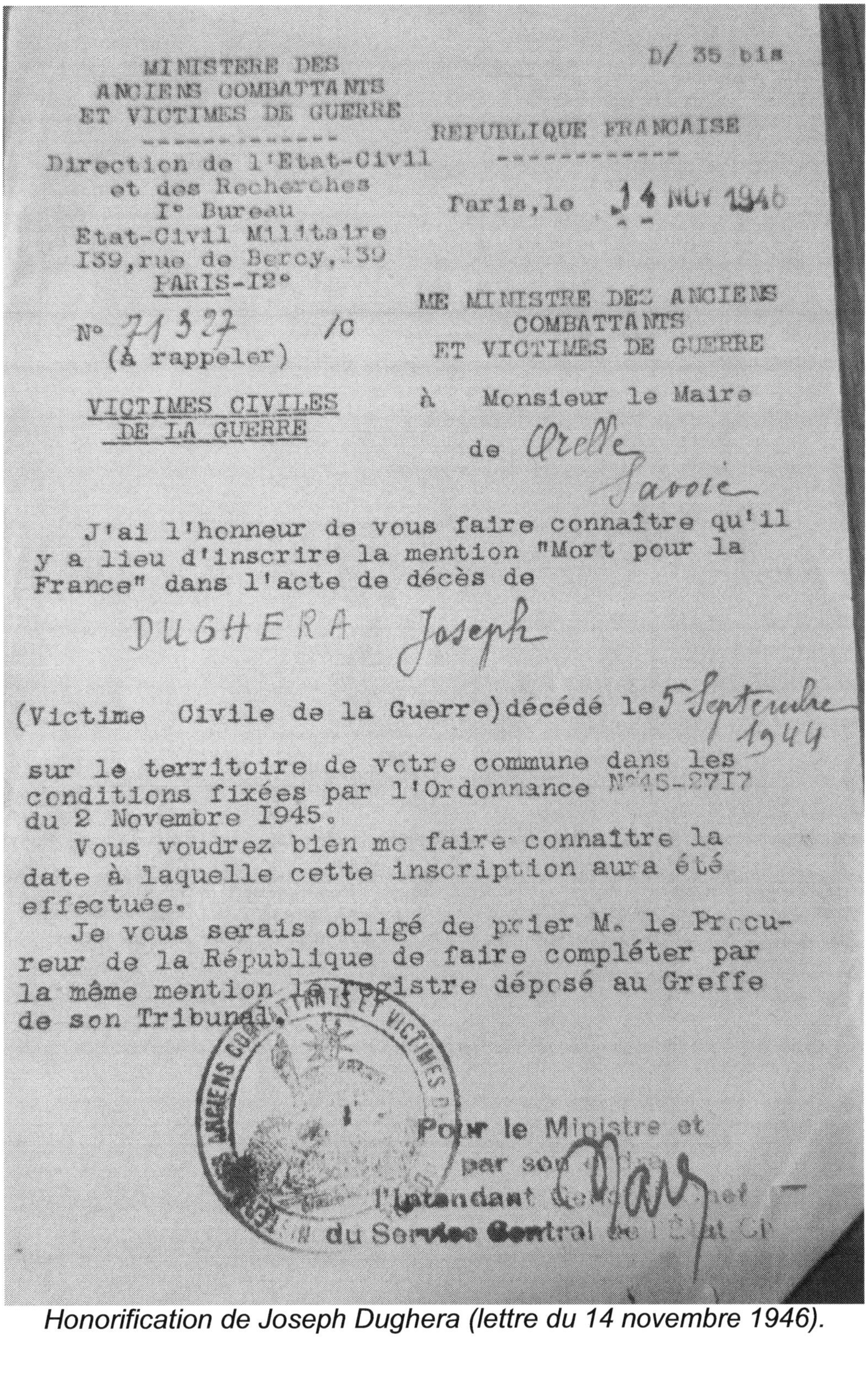

MINISTERE DES
ANCIENS COMBATTANTS
ET VICTIMES DE GUERRE
-----------
Direction de l'Etat-Civil
et des Recherches
I° Bureau
Etat-Civil Militaire
I39, rue de Bercy, I39
PARIS-I2°

N° 71327 /C
(à rappeler)

VICTIMES CIVILES
DE LA GUERRE

D/ 35 bis

REPUBLIQUE FRANCAISE
-----------

Paris, le 14 NOV 1946

LE MINISTRE DES ANCIENS
COMBATTANTS
ET VICTIMES DE GUERRE

à Monsieur le Maire
de Orelle
Savoie

J'ai l'honneur de vous faire connaître qu'il y a lieu d'inscrire la mention "Mort pour la France" dans l'acte de décès de

DUGHERA Joseph

(Victime Civile de la Guerre) décédé le 5 Septembre 1944

sur le territoire de votre commune dans les conditions fixées par l'Ordonnance N°45-27I7 du 2 Novembre 1945.

Vous voudrez bien me faire connaître la date à laquelle cette inscription aura été effectuée.

Je vous serais obligé de prier M. le Procureur de la République de faire compléter par la même mention le registre déposé au Greffe de son Tribunal.

Pour le Ministre et
par son ordre
l'Intendant Général Chef
du Service Central de l'État Civil

*Honorification de Joseph Dughera (lettre du 14 novembre 1946).*

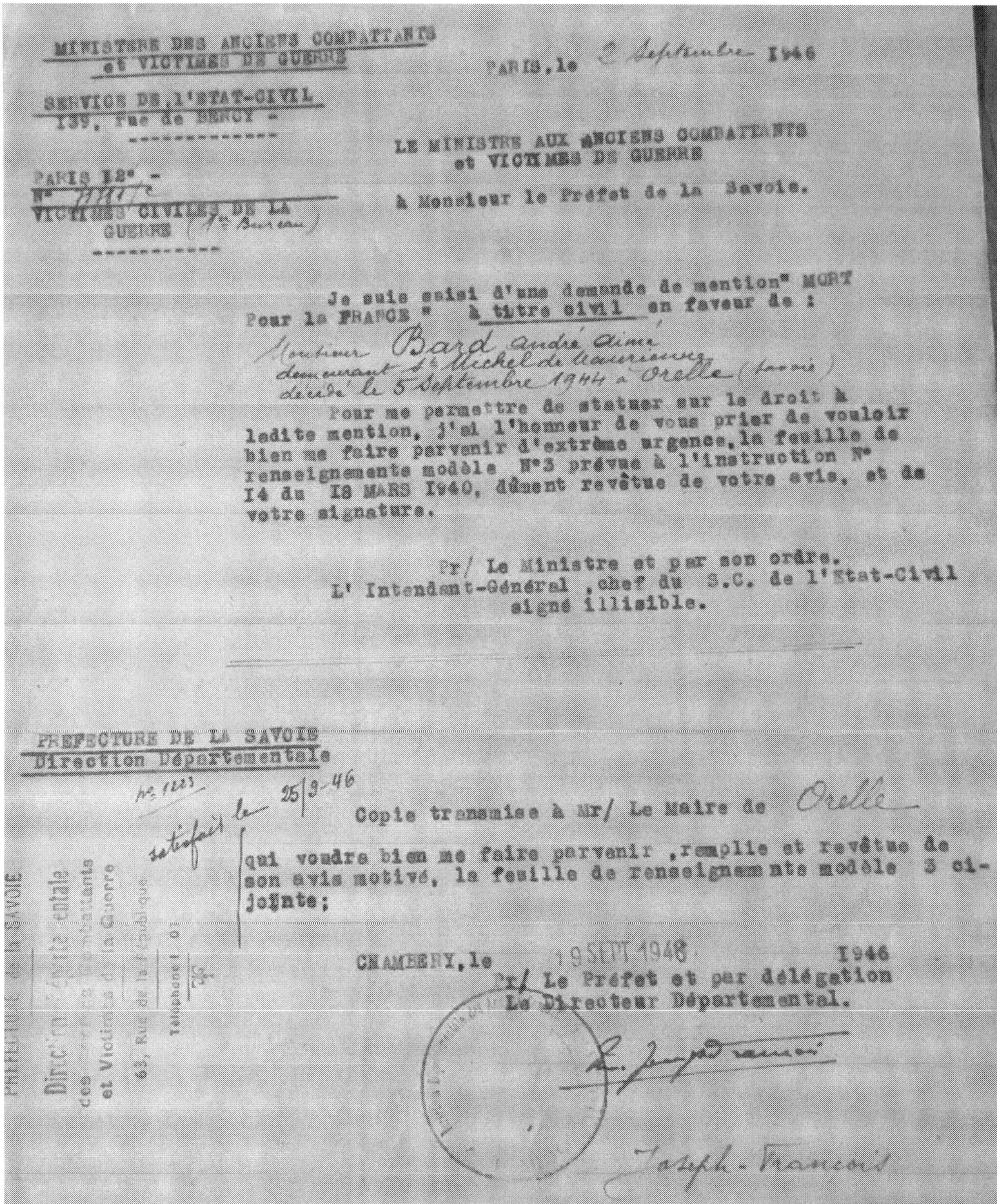

MINISTERE DES ANCIENS COMBATTANTS
et VICTIMES DE GUERRE

SERVICE DE l'ETAT-CIVIL
139, rue de BERCY -

PARIS 12e -
N° [illegible]
VICTIMES CIVILES DE LA
GUERRE (1er Bureau)

PARIS, le 2 Septembre 1946

LE MINISTRE AUX ANCIENS COMBATTANTS
et VICTIMES DE GUERRE

à Monsieur le Préfet de la Savoie.

Je suis saisi d'une demande de mention" MORT Pour la FRANCE " à titre civil en faveur de :

Monsieur Bard André Aimé
demeurant St Michel de Maurienne
décédé le 5 Septembre 1944 à Orelle (Savoie)

Pour me permettre de statuer sur le droit à ladite mention, j'ai l'honneur de vous prier de vouloir bien me faire parvenir d'extrême urgence, la feuille de renseignements modèle N°3 prévue à l'instruction N° 14 du 18 MARS 1940, dûment revêtue de votre avis, et de votre signature.

Pr/ Le Ministre et par son ordre.
L' Intendant-Général ,chef du S.C. de l'Etat-Civil
signé illisible.

PREFECTURE DE LA SAVOIE
Direction Départementale

N° 1223

satisfait le 25/9-46

Copie transmise à Mr/ Le Maire de Orelle

qui voudra bien me faire parvenir ,remplie et revêtue de son avis motivé, la feuille de renseignements modèle 3 ci-jointe;

CHAMBERY, le 19 SEPT 1946 1946

Pr/ Le Préfet et par délégation
Le Directeur Départemental.

Joseph-François

Honorification d'André Aimé Bard (demande municipale du 2 septembre 1946).

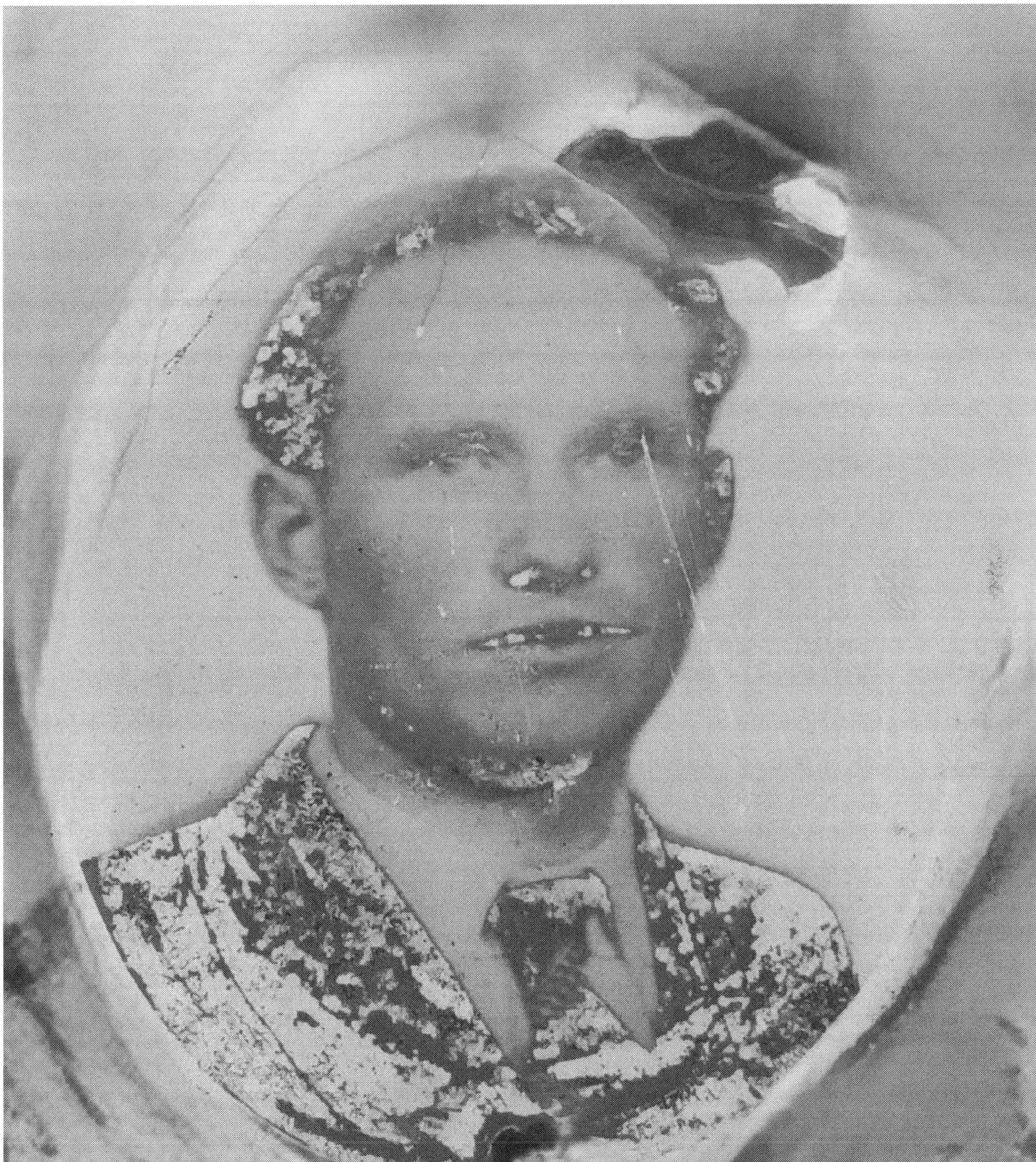

*Jean Joseph Francoz.*

Les victimes inhumées dans le cimetière d'Orelle, dans une parcelle cédée par Louis Marcellin, sont : Jean Joseph Francoz, Jérôme Émilien Bochu, Roger Bard, Alexis Joseph Plan, Marcel Henri Bard, Frédéric Séverin Fessemaz et Paul Raoul Perret.

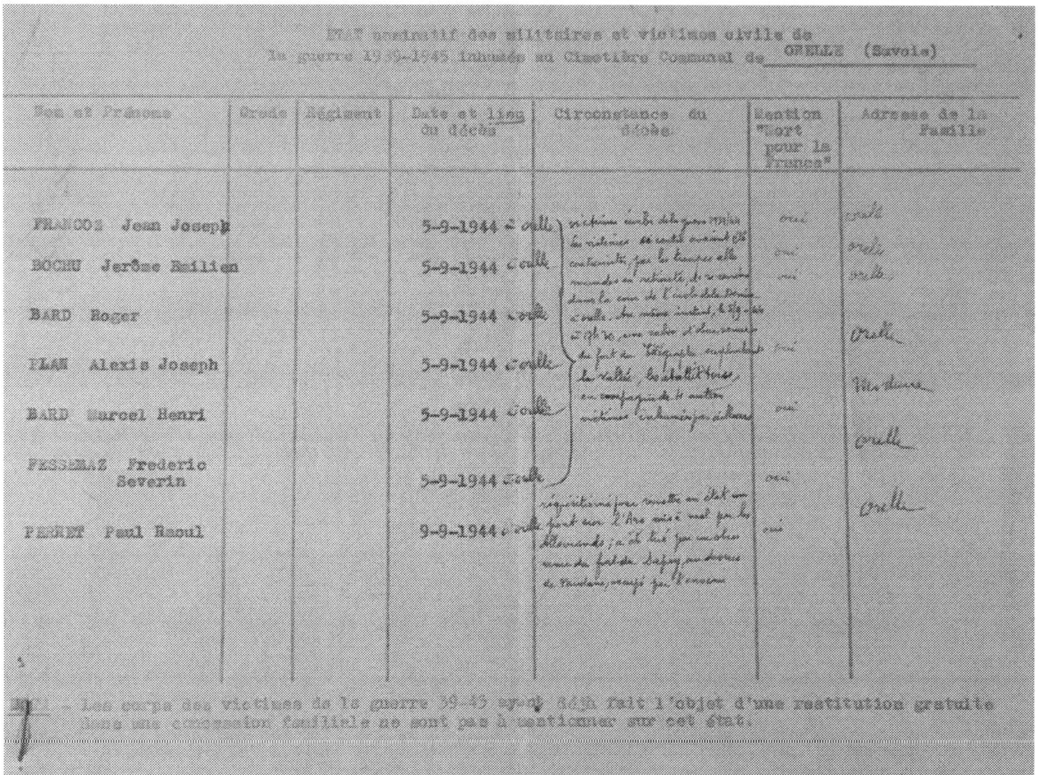

ETAT nominatif des militaires et victimes civils de la guerre 1939-1945 inhumés au Cimetière Communal de ORELLE (Savoie)

| Nom et Prénoms | Grade | Régiment | Date et lieu du décès | Circonstance du décès | Mention "Mort pour la France" | Adresse de la Famille |
|---|---|---|---|---|---|---|
| FRANCOZ Jean Joseph | | | 5-9-1944 à Orelle | [illegible] | oui | Orelle |
| BOCHU Jerôme Emilien | | | 5-9-1944 à Orelle | [illegible] | oui | Orelle |
| BARD Roger | | | 5-9-1944 à Orelle | [illegible] | oui | Orelle |
| PLAN Alexis Joseph | | | 5-9-1944 à Orelle | [illegible] | oui | [illegible] |
| BARD Marcel Henri | | | 5-9-1944 à Orelle | [illegible] | oui | Orelle |
| FESSEMAZ Frederic Severin | | | 5-9-1944 à Orelle | [illegible] | oui | Orelle |
| PERRET Paul Raoul | | | 9-9-1944 à Orelle | [illegible] | oui | |

NOTA - Les corps des victimes de la guerre 39-45 ayant déjà fait l'objet d'une restitution gratuite dans une concession familiale ne sont pas à mentionner sur cet état.

*Noms des hommes morts pour la France inhumés dans le cimetière d'Orelle.*

*Les deux panneaux explicatifs réalisés par l'association* Orelle Patrimoine*, financés et posés par la mairie d'Orelle en 2024 à la Denise.*

## Militaires décédés durant la guerre et nés à Orelle

— Pierre Angèle Bettinelli est mort pour la France le 23 mai 1940 près de Tammary (Ardennes). Il est né le 4 février 1908 à Orelle et avait donc 32 ans. Il était militaire et son unité était le groupe de reconnaissance de corps d'armée (GRCA).

— Robert Chigqieff est mort pour la France le 15 août 1944 à Tuscaloosa (États-Unis d'Amérique). Il est né le 23 novembre 1924 à Orelle et avait 19 ans. C'était un militaire de l'air au grade de soldat qui agissait au sein de l'unité du centre de formation du personnel navigant en Amérique (CFPNA).

— François Maurice Chinal est décédé le 26 juin 1940 à Ruffieux (Savoie). Il est né le 29 janvier 1896 à Orelle et avait 44 ans. Ce militaire œuvrait dans le 147$^{e}$ régiment d'infanterie.

— Ernest Julliard est mort pour la France le 29 novembre 1944 à Wiener Neustadt (Allemagne). Il est né le 10 octobre 1910 à Orelle et avait 34 ans lorsqu'il est mort d'une maladie contractée durant son service.

— Joseph Delphin Vimfles est décédé le 25 août 1942 à Fort-de-France dans un hôpital colonial en Martinique (France). Il est né le 6 octobre 1904 à Orelle et avait presque 38 ans. Ce militaire était engagé dans la Marine au grade de maître-chauffeur dans l'unité du porte-avions Béarn. Il est mort d'une maladie.

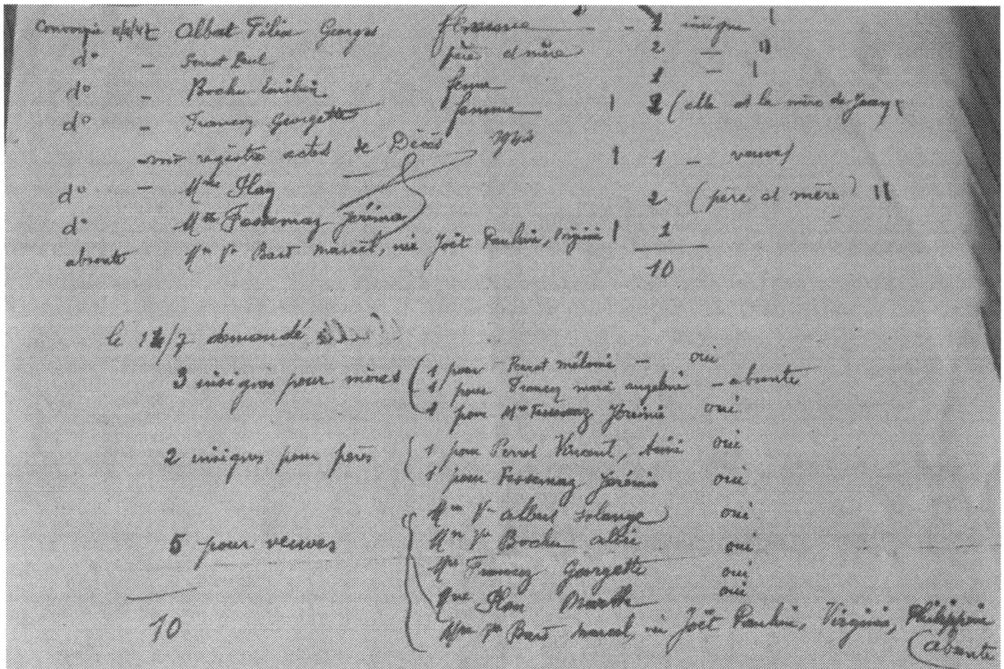
Albat Félix Georges — Florence — 2 insignes
d° — Perret Paul — père et mère — 2
d° — Broche Émilie — femme — 1
d° — Francey Georgette — femme — 1 (elle et la mère de Georges)
voir registre actes de Décès 1944 — 1 — veuve
d° — Mlle Hay — 2 (père et mère)
d° — Mlle Fassenay Jérémie
absente — Mme Vve Bart Marcel, née Joët Pauline, Virginie — 1
10

le 14/7 demandé

3 insignes pour mères
1 pour Perret Mélanie — oui
1 pour Francey Marie Angeline — absente
1 pour Mme Fassenay Jérémie — oui

2 insignes pour pères
1 pour Perret Vincent — oui
1 pour Fassenay Jérémie — oui

5 pour veuves
Mme Vve Albat Solange — oui
Mme Vve Broche Albert — oui
Mme Francey Georgette — oui
Mme Hay Marthe — oui
Mme Vve Bart Marcel, née Joët Pauline, Virginie, Philippine (absente)

10

Notes du 14 juillet 1947 au verso d'une déclaration de nouveauté touchant aux insignes honorifiques expédiée le 2 juillet 1947 (par la préfecture de la Savoie).

Le lieu commémoratif de la Denise en 1994
(le mémorial n'est pas encore édifié) dans la cour de l'école.

*La stèle en 1994.*

Consommations faites par la commune d'Orelle
pour l'inauguration de la plaque commémorative
de l'école de la Denise :
le 5 septembre 1945

| | | |
|---|---|---|
| 10 litres blanc | 450 f | payé par mandat n° 212 du 31/12/45 |
| 2 panachés | 10 f | |
| | 460 f | |

| | | | |
|---|---|---|---|
| M. | Location d'une salle de café pour école = | 1.000 f | payé par mandat n° 213 du 31/12/45 |
| matériel | 1 sommier métallique état neuf disparu dans l'école et 2 chaises de café en bois | 1.000 f | |
| | | 2.000 f | |

Mme Ferrando Marie, café au pont de la Denise
par Orelle

*Détail du prix des fournitures à l'occasion de l'inauguration de la fabrication de la plaque commémorative de la Denise.*

## Autres Français victimes civiles nés à Orelle

— Félix Georges Albert est mort le 23 août 1944 au stade de Saint-Michel-de-Maurienne, déporté par les nazis depuis Orelle où il résidait à Francoz. Il est reconnu « Mort pour la France » le 16 juillet 1945. Il est né le 12 mars 1901 à Orelle et était soudeur ; il avait 43 ans.

— Raymonde Bonda (Didier) est née le 11 avril 1912 à Orelle et décédée le 6 août 1944 à Entressen (Bouches-du-Rhône) à l'âge de 32 ans.

— Lucien Pierre Lelièvre est né le 9 octobre 1921 à Orelle ; il a été tué le 17 juin 1944 à La Saunière (Creuse) à l'âge de 22 ans.

— Edmond Jacquier est né le 6 décembre 1920 à Orelle et est décédé le 22 janvier 1944 (23 ans) à Nordhausen dans le camp de concentration allemand de Nordhausen-Dora où il a été déporté par les nazis. Il vivait à la Fusine.

— Paul Raoul Perret est né le 28 juin 1925 et est décédé le 9 septembre 1944 à Orelle ; il habitait au Noiray. Il est alors chargé de reconstruire le pont des Chèvres avec les ouvriers de l'usine de la Praz en service commandé entre Orelle, Saint-André et Freney. Le pont des Chèvres a été miné, ce qui empêche les passages ennemis, mais désormais bloque les Alliés. Il faut réédifier les piliers des anciens ponts : le directeur de l'usine ordonne la reconstruction dès le 8 septembre pour tous les hommes âgés de 18 à 60 ans. Les ouvriers sont au-dessous de la Teurre lorsqu'un obus, en provenance des alentours du fort du Sapey où les Allemands visent pour empêcher cette reconstruction, s'écrase dans la forêt des Essarts où il travaille. Il est mort à cause des éclats d'obus qu'il a reçu en plein cœur devant son père, Aimé, blessé, avec qui il travaillait du bois. Il est inhumé à l'église Saint-Maurice d'Orelle le 11 septembre et est reconnu mort pour la France en 1945. Il avait 19 ans.

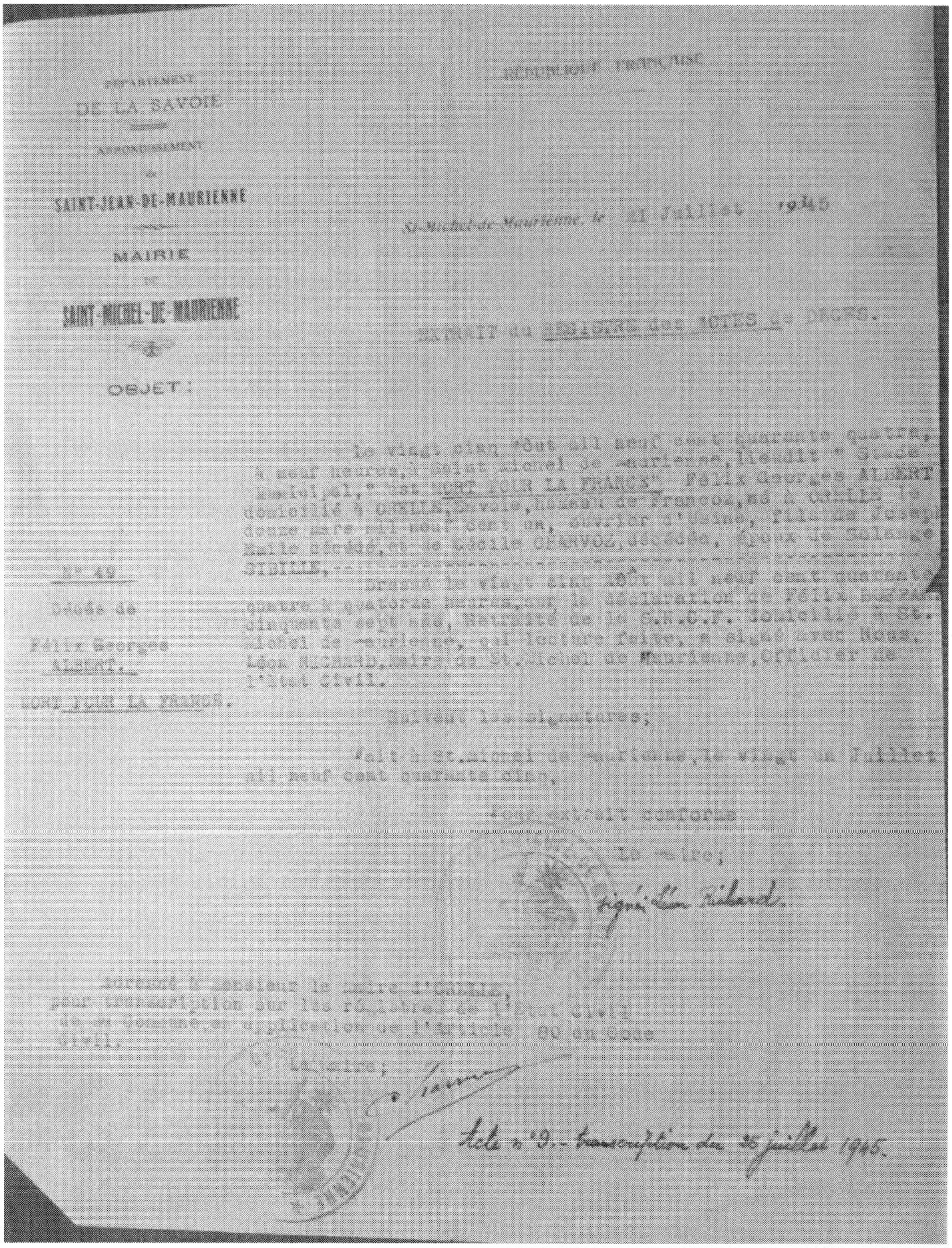

DÉPARTEMENT
DE LA SAVOIE

ARRONDISSEMENT
DE
SAINT-JEAN-DE-MAURIENNE

MAIRIE
DE
SAINT-MICHEL-DE-MAURIENNE

OBJET :

N° 49

Décès de

Félix Georges
ALBERT.

MORT POUR LA FRANCE.

RÉPUBLIQUE FRANÇAISE

St-Michel-de-Maurienne, le 21 Juillet 1945

EXTRAIT du REGISTRE des ACTES de DECES.

Le vingt cinq Août mil neuf cent quarante quatre, à neuf heures, à Saint Michel de Maurienne, lieudit " Stade Municipal, " est MORT POUR LA FRANCE" Félix Georges ALBERT domicilié à ORELLE, Savoie, hameau de Francoz, né à ORELLE le douze Mars mil neuf cent un, ouvrier d'Usine, fils de Joseph Emile décédé, et de Cécile CHARVOZ, décédée, époux de Solange SIBILLE,---

Dressé le vingt cinq AOÛT mil neuf cent quarante quatre à quatorze heures, sur la déclaration de Félix BUFFA, cinquante sept ans, Retraité de la S.N.C.F. domicilié à St. Michel de Maurienne, qui lecture faite, a signé avec Nous, Léon RICHARD, Maire de St. Michel de Maurienne, Officier de l'Etat Civil.

Suivent les signatures;

Fait à St. Michel de Maurienne, le vingt un Juillet mil neuf cent quarante cinq,

Pour extrait conforme

Le Maire;

signé Léon Richard.

Adressé à Monsieur le Maire d'ORELLE, pour transcription sur les régistres de l'Etat Civil de sa Commune, en application de l'Article 80 du Code Civil.

Le Maire;

Acte n° 9. - transcription du 25 juillet 1945.

*Lettre du maire de Saint-Michel-de-Maurienne, Léon Richard, en date du 21 juillet 1945, au maire d'Orelle concernant l'honorification de Félix Georges Albert.*

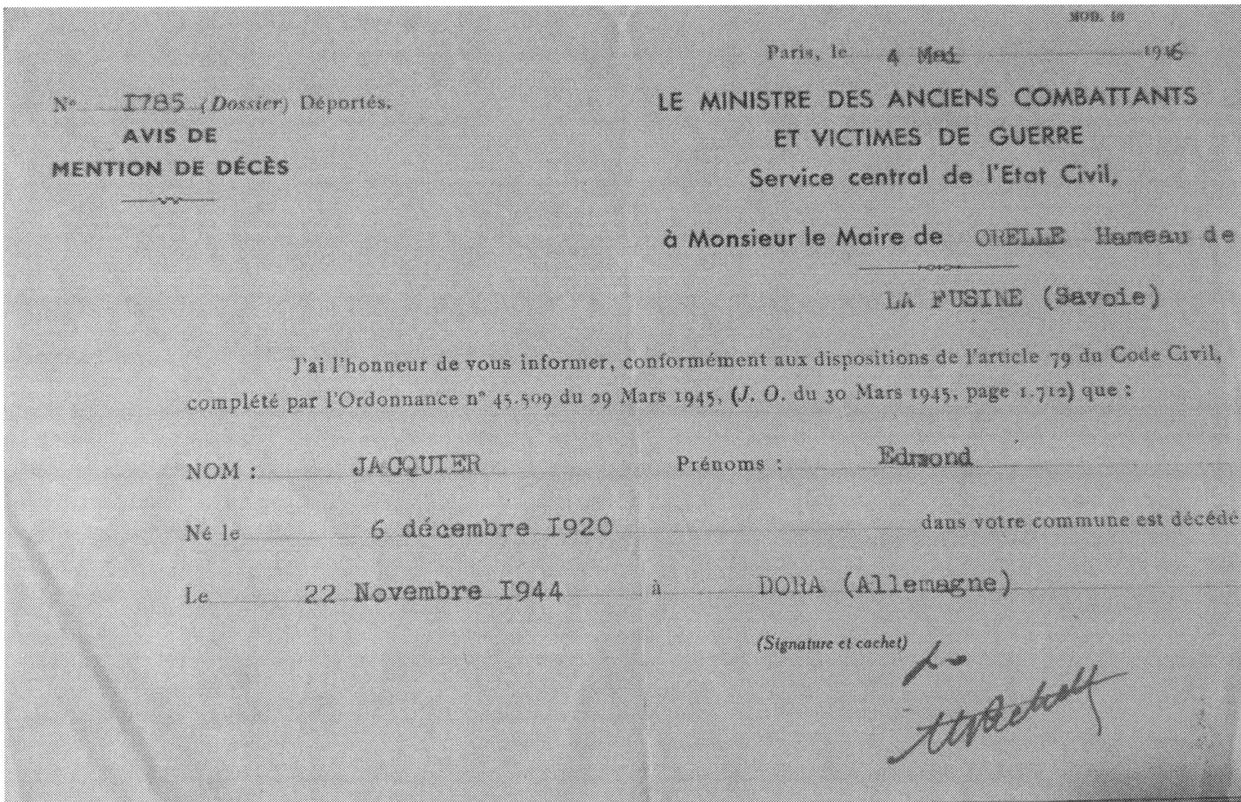

MOD. 10

Paris, le 4 Mai 1946

N° I785 (Dossier) Déportés.

**AVIS DE MENTION DE DÉCÈS**

LE MINISTRE DES ANCIENS COMBATTANTS ET VICTIMES DE GUERRE

Service central de l'Etat Civil,

à Monsieur le Maire de ORELLE Hameau de LA FUSINE (Savoie)

J'ai l'honneur de vous informer, conformément aux dispositions de l'article 79 du Code Civil, complété par l'Ordonnance n° 45.509 du 29 Mars 1945, (*J. O.* du 30 Mars 1945, page 1.712) que :

NOM : JACQUIER Prénoms : Edmond

Né le 6 décembre I920 dans votre commune est décédé

Le 22 Novembre I944 à DORA (Allemagne)

(*Signature et cachet*)

*Avis de décès du ministère des Anciens combattants et Victime de la guerre adressé au maire d'Orelle indiquant l'état-civil d'Edmond Jacquier, déporté en Allemagne (4 mai 1946)...*

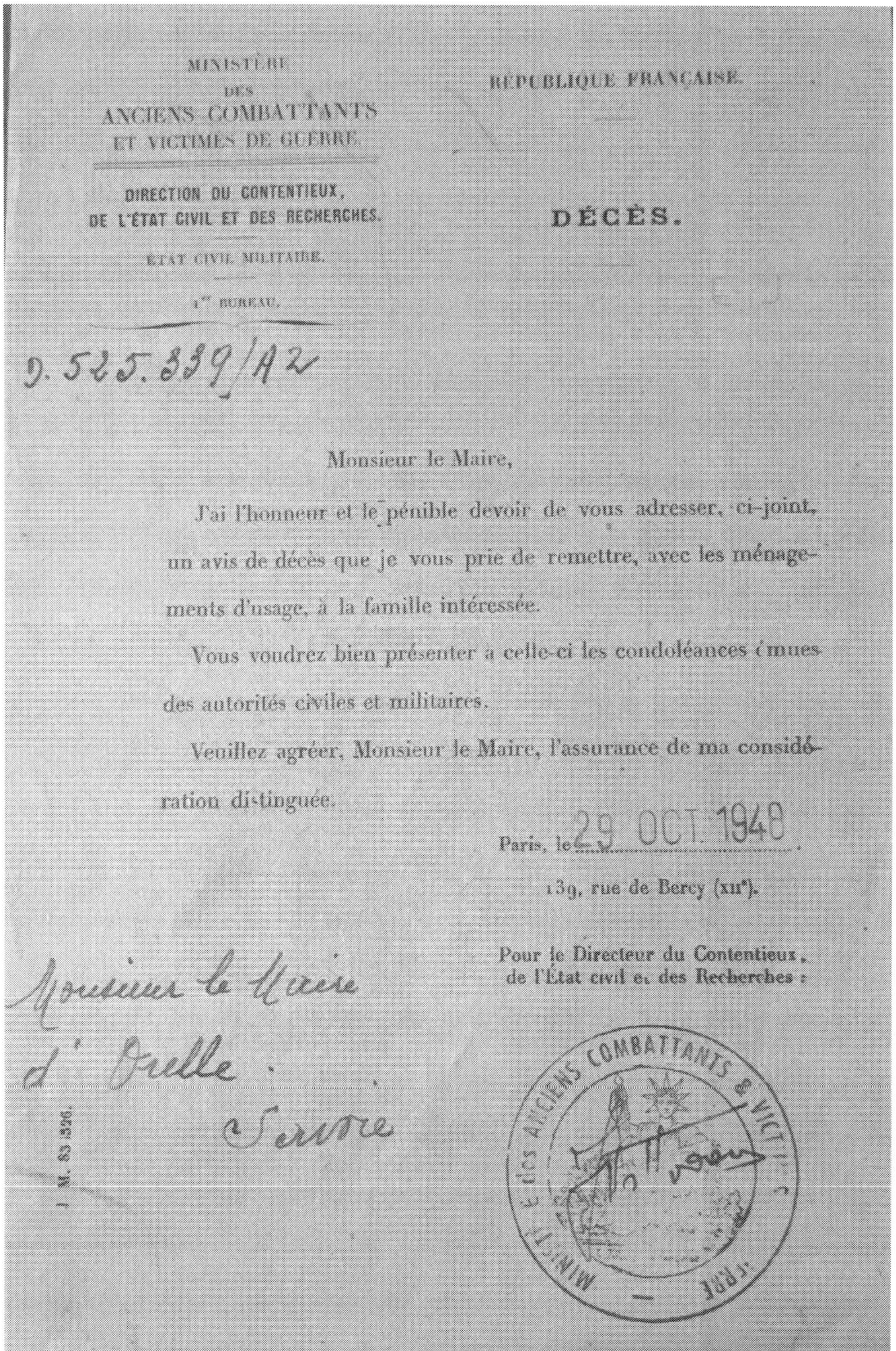

MINISTÈRE
DES
ANCIENS COMBATTANTS
ET VICTIMES DE GUERRE.

DIRECTION DU CONTENTIEUX,
DE L'ÉTAT CIVIL ET DES RECHERCHES.

ÉTAT CIVIL MILITAIRE.

1er BUREAU.

D. 525.339/A2

RÉPUBLIQUE FRANÇAISE.

DÉCÈS.

Monsieur le Maire,

J'ai l'honneur et le pénible devoir de vous adresser, ci-joint, un avis de décès que je vous prie de remettre, avec les ménagements d'usage, à la famille intéressée.

Vous voudrez bien présenter à celle-ci les condoléances émues des autorités civiles et militaires.

Veuillez agréer, Monsieur le Maire, l'assurance de ma considération distinguée.

Paris, le 29 OCT. 1948.

139, rue de Bercy (XIIe).

Pour le Directeur du Contentieux,
de l'État civil et des Recherches :

Monsieur le Maire
d'Orelle.
Serre

MINISTÈRE des ANCIENS COMBATTANTS & VICTIMES DE GUERRE

J. M. 83 326.

… joint à la lettre adressée à la mairie d'Orelle le 29 octobre 1948.

« *C'était en 44, les résistants avaient fait sauter le pont des Chèvres et les ouvriers de l'usine de la Praz étaient en service commandé. Je m'en souviens, c'était le 9 septembre. Dans les ouvriers, il y avait mon frère, Paul Perret. Il y avait aussi son père, et, avec eux, il y avait les autres ouvriers de l'usine. Ils étaient toute une délégation : des Italiens, des hommes d'Orelle et aussi ceux de la plaine de Berchette. C'était le directeur qui leur avait ordonné d'y aller. Il y a quelque temps, par hasard, à Saint-Jean-de-Maurienne, j'ai discuté avec une dame qui m'a appris qu'il y avait son père, son nom était Horace, avec mon frère. Ils étaient en train de travailler sous la Teurre ; le directeur leur avait demandé de couper du bois pour réparer le pont des Chèvres. Les Allemands étaient dans le secteur du fort du Sapey, et ils voulaient empêcher la reconstruction du pont. C'est à ce moment-là qu'ils ont tiré sur mon frère, qui a reçu un obus. Quand ils sont arrivés au Noiray, le père de la dame que j'ai rencontrée a dit à sa femme : « donne vite une couverture, il y a le fils Perret qui vient de se faire tuer ! ». C'était presque la fin de la guerre... C'était le 9 septembre, et cette date je ne l'oublierai jamais. Son nom est sur le monument aux morts.* »

*Mireille Perret, 18 mai 2024*

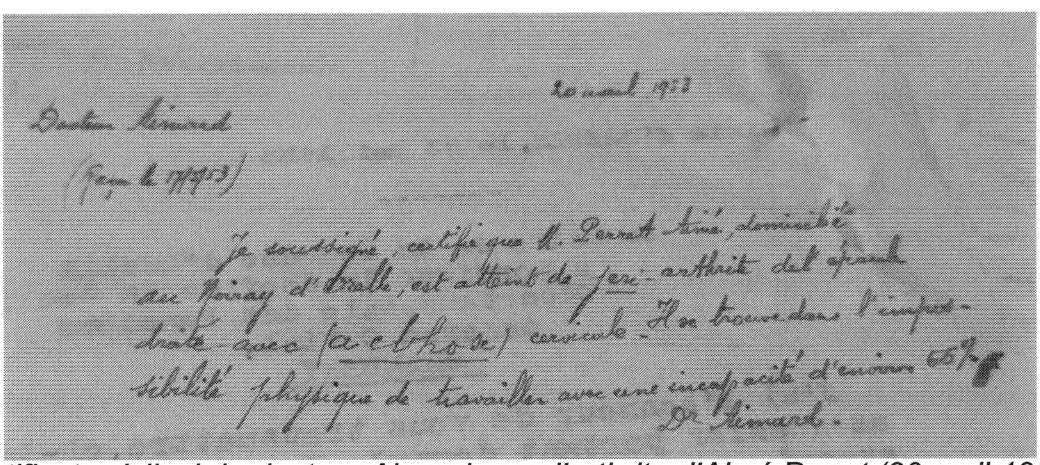

20 avril 1953

Docteur Aimard

(Reçu le 17/7/53)

Je soussigné, certifie que M. Perret Aimé, domicilié au Noiray d'Orelle, est atteint de péri-arthrite de l'épaule droite avec (arthrose) cervicale. Il se trouve dans l'impossibilité physique de travailler avec une incapacité d'environ 65%.

Dr Aimard.

*Certificat médical du docteur Aimard pour l'arthrite d'Aimé Perret (20 avril 1953).*

Mairie d'ORELLE, le 23 mai 1953

-------

Le Maire de la Commune d'ORELLE
à Monsieur le Chef de la Sectio
Départementale des Pensions
caserne Curial,
CHAMBERY

J'ai l'honneur de vous transmettre, ci-join un dossier portant demande de pension pour ascendant de militaire MORT POUR LA FRANCE à la date du 9 septembre 1944 à ORELLE, souscrite par M. PERRET Aimé, domicilié à ORELLE, hameau du Noiray.

Vous trouverez, à l'appui de la demande, un certificat médical de M. le Docteur AIMARD, attestant que M. PERRET est atteint d'une incapacité physique de travail évaluée à 65 % les bulletins de naissance des deux derniers enfants de M. PERRET, âgés de moins de 18 ans, un extrait de l'acte de naissance du postulan et un autre du de cujus, ainsi qu'un extrait de l'acte de décès de Paul, Raoul, portant la mention Mort pour la France -

En vous priant de bien vouloir donner à la présente la suite qu'elle comporte, je vous prie, Monsieur, d'agréer l'assurance de ma considération la plus distinguée.

Le Maire,

*Lettre du maire d'Orelle en date du 23 mai 1953 portant sur le drame du pont des Chèvres à propos d'Aimé et de Paul Raoul Perret.*

*Paul Raoul Perret.*

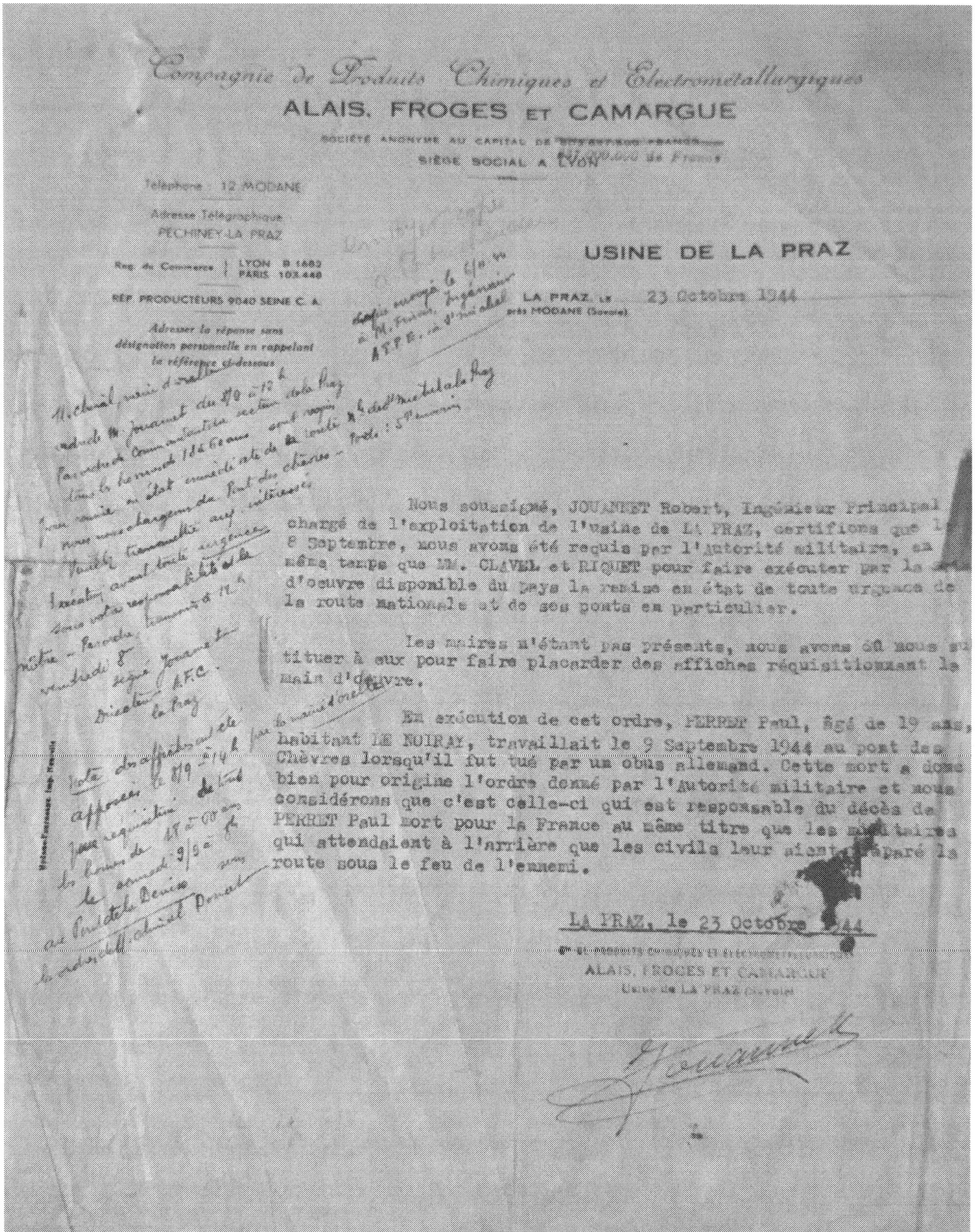

Compagnie de Produits Chimiques et Electrometallurgiques

ALAIS, FROGES ET CAMARGUE

SOCIÉTÉ ANONYME AU CAPITAL DE

SIÈGE SOCIAL A LYON

Téléphone : 12 MODANE

Adresse Télégraphique
PECHINEY-LA PRAZ

Reg. du Commerce | LYON B 1683
| PARIS 103.448

REP. PRODUCTEURS 9040 SEINE C. A.

*Adresser la réponse sans désignation personnelle en rappelant la référence ci-dessous*

USINE DE LA PRAZ

LA PRAZ, LE 23 Octobre 1944
près MODANE (Savoie)

Nous soussigné, JOUANNET Robert, Ingénieur Principal chargé de l'exploitation de l'usine de LA PRAZ, certifions que le 8 Septembre, nous avons été requis par l'Autorité militaire, en même temps que MM. CLAVEL et RIQUET pour faire exécuter par la main d'oeuvre disponible du pays la remise en état de toute urgence de la route nationale et de ses ponts en particulier.

Les maires n'étant pas présents, nous avons dû nous substituer à eux pour faire placarder des affiches réquisitionnant la main d'oeuvre.

En exécution de cet ordre, PERRET Paul, âgé de 19 ans, habitant LE NOIRAY, travaillait le 9 Septembre 1944 au pont des Chèvres lorsqu'il fut tué par un obus allemand. Cette mort a donc bien pour origine l'ordre donné par l'Autorité militaire et nous considérons que c'est celle-ci qui est responsable du décès de PERRET Paul mort pour la France au même titre que les militaires qui attendaient à l'arrière que les civils leur aient préparé la route sous le feu de l'ennemi.

LA PRAZ, le 23 Octobre 1944

ALAIS, FROGES ET CAMARGUE
Usine de LA PRAZ (Savoie)

*Déclaration de Robert Jouannet, ingénieur en chef de l'usine de la Praz sur les circonstances de la mort de Paul Raoul Perret (23 octobre 1944).*

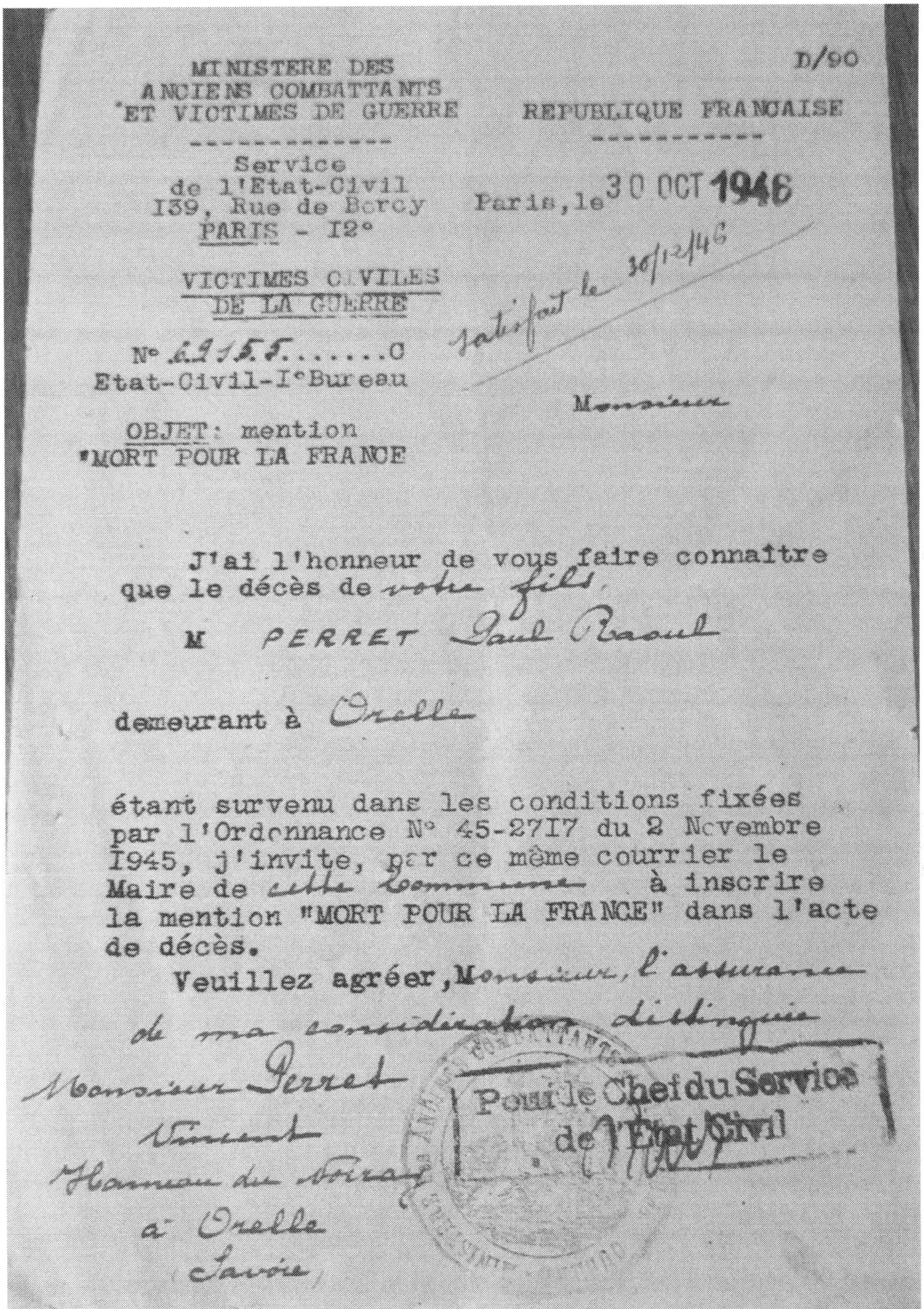

MINISTERE DES
ANCIENS COMBATTANTS
ET VICTIMES DE GUERRE

Service
de l'Etat-Civil
139, Rue de Bercy
PARIS - 12°

VICTIMES CIVILES
DE LA GUERRE

N° 62155.......C
Etat-Civil-1°Bureau

OBJET: mention
"MORT POUR LA FRANCE

D/90

REPUBLIQUE FRANCAISE

Paris, le 30 OCT 1946

satisfait le 30/12/46

Monsieur

J'ai l'honneur de vous faire connaître que le décès de votre fils,

M PERRET Paul Raoul

demeurant à Orelle

étant survenu dans les conditions fixées par l'Ordonnance N° 45-2717 du 2 Novembre 1945, j'invite, par ce même courrier le Maire de cette Commune à inscrire la mention "MORT POUR LA FRANCE" dans l'acte de décès.

Veuillez agréer, Monsieur, l'assurance de ma considération distinguée

Pour le Chef du Service
de l'Etat Civil

Monsieur Perret
Vincent
Hameau du Noiray
à Orelle
(Savoie)

*Honorification de Paul Raoul Perret (30 octobre 1946).*

*Le pont de la Ville au-dessous de Francoz bien avant sa destruction en 1944.*

Plusieurs enfants nés à Orelle sont devenus pupilles de la Nation, c'est-à-dire recueillis par la France, parmi lesquels sont comptés : Jacqueline Marinette Albert, née le 12 décembre 1942, fille de Félix Georges Albert et Sibille Francine Solange, adoptée le 12 mai 1947 ; Jean Robert Albert, né le 9 mars 1931, fils de Félix Georges Albert et Sibille Francine Solange, adopté le 12 mai 1947 ; Marie-Rose Madeleine Albert, née le 17 décembre 1934, fille de Félix Georges Albert et Sibille Francine Solange, adoptée le 19 novembre 1946 ; André Louis Albert, né le 10 mai 1938, fils de Félix Georges Albert et Sibille Francine Solange, adopté le 19 novembre 1946 ; Lucette Marguerite Albert, née le 11 mars 1933, fille de Félix Georges Albert et Sibille Francine Solange, adoptée le 14 mai 1946 ; Liliane Francoz, née le 28 avril 1940, fille de Jean Joseph Francoz et Georgette Bochu ; Olga Pascal, née le 18 décembre 1937, fille de Robert Louis Théophile Pascal et Eugénie Kopteff ; Irène Pascal, née le 18 janvier 1936, fille de Robert Louis Théophile Pascal et Eugénie Kopteff ;

Yvette Marie Plan, née le 20 mai 1929, fille d'Alexis Joseph Plan et de Marthe Marie Bard, adoptée le 6 juin 1946.

*Le tombeau commun dans le cimetière du chef-lieu où reposent les corps des Orellins morts pour la France en septembre 1944 dans sept caveaux (2024).*

*La stèle aux morts pour la France dans le cimetière d'Orelle (2024).*

*Parfois, à la tombée du jour, par temps d'orage et depuis le hameau de la Buffaz, on peut voir un arc-en-ciel qui se dresse sur les falaises de la Falconnière, dominant les berges de l'Arc à Francoz et à la Denise : ce miracle de la nature est peut-être dédié aux victimes et aux sinistrés orellins de la barbarie allemande en 1944.*

## Français non nés à Orelle mais morts à Orelle ou à cause de leur présence à Orelle

— Marcel Borjon est né le 18 décembre 1899 et a été fusillé le 5 septembre 1944 (44 ans) entre Le Thyl et Orelle dans le secteur du ravin du Grand Golet. Il était employé de la Société nationale des chemins de fer français à la gare de Modane. Reconnu mort pour la France, il obtient le titre d'interné politique le 21 mai 1953.

— Gabriel Louis Curtet est né dans l'ancien département de la Seine, aujourd'hui le 4e arrondissement de Paris, le 20 février 1918. Il avait 26 ans lorsqu'il est mort le 5 septembre 1944 entre les Basilières et le Bois-Dessous, sur la limite entre Orelle et Le Thyl, après un affrontement contre les Allemands. Il était dans un groupe de membres des Francs-tireurs et partisans français (Forces françaises de l'intérieur).

— Henri Dellapina est né le 1er août 1925 à Publier, en Haute-Savoie. Il avait 19 ans lorsqu'il est mort le 5 septembre 1944 entre les Basilières et le Bois-Dessous, sur la limite entre Orelle et Le Thyl, après un affrontement contre les Allemands. Il était dans un groupe de membres des Francs-tireurs et partisans français (Forces françaises de l'intérieur).

— Madaci Djabari est né en 1892 à Constantine en Algérie française et est mort le 23 août 1944 à Saint-Michel-de-Maurienne (à environ 52 ans). Il vivait à la Denise sur Orelle où il a été capturé avant d'être exécuté au stade de Saint-Michel.

— Ahmed Fellalhi est né le 23 juin 1905 à Coligny en Algérie française et est mort le 23 août 1944 fusillé au stade de Saint-Michel. Il habitait à la Denise où il a été capturé. Il est mort à l'âge de 39 ans.

— Alphonse Prévent (ou Prévand) est né le 30 mai 1922 à Thonons-les-Bains, en Haute-Savoie. Il avait 22 ans lorsqu'il est mort le 5 septembre 1944 entre les Basilières et le Bois-Dessous, sur la limite entre Orelle et Le Thyl, après un affrontement contre les Allemands. Il était dans un groupe de membres des Francs-tireurs et partisans français (Forces françaises de l'intérieur), dans lequel il était surnommé *Roger Bonnet*.

— Robert Louis Théophile Pascal est né le 18 septembre 1911 à Saint-Michel-de-Maurienne et est mort le 23 août 1944 au stade de Saint-Michel car déporté par les nazis depuis Orelle où il a été capturé au hameau de la Denise. Il est reconnu mort pour la France en 1945. Il avait 32 ans.

— Alexandre Zunine (ou *Zrunine* voire *Zarmine*) est né le 17 juillet 1896 à Wradimir (Russie) et est décédé le 23 août 1944 à Saint-Michel-de-Maurienne car déporté par les nazis ; il avait 48 ans. Il résidait au hameau de la Denise à Orelle et travaillait en tant que chimiste à l'usine de la Saussaz.

*Robert Louis Théophile Pascal.*

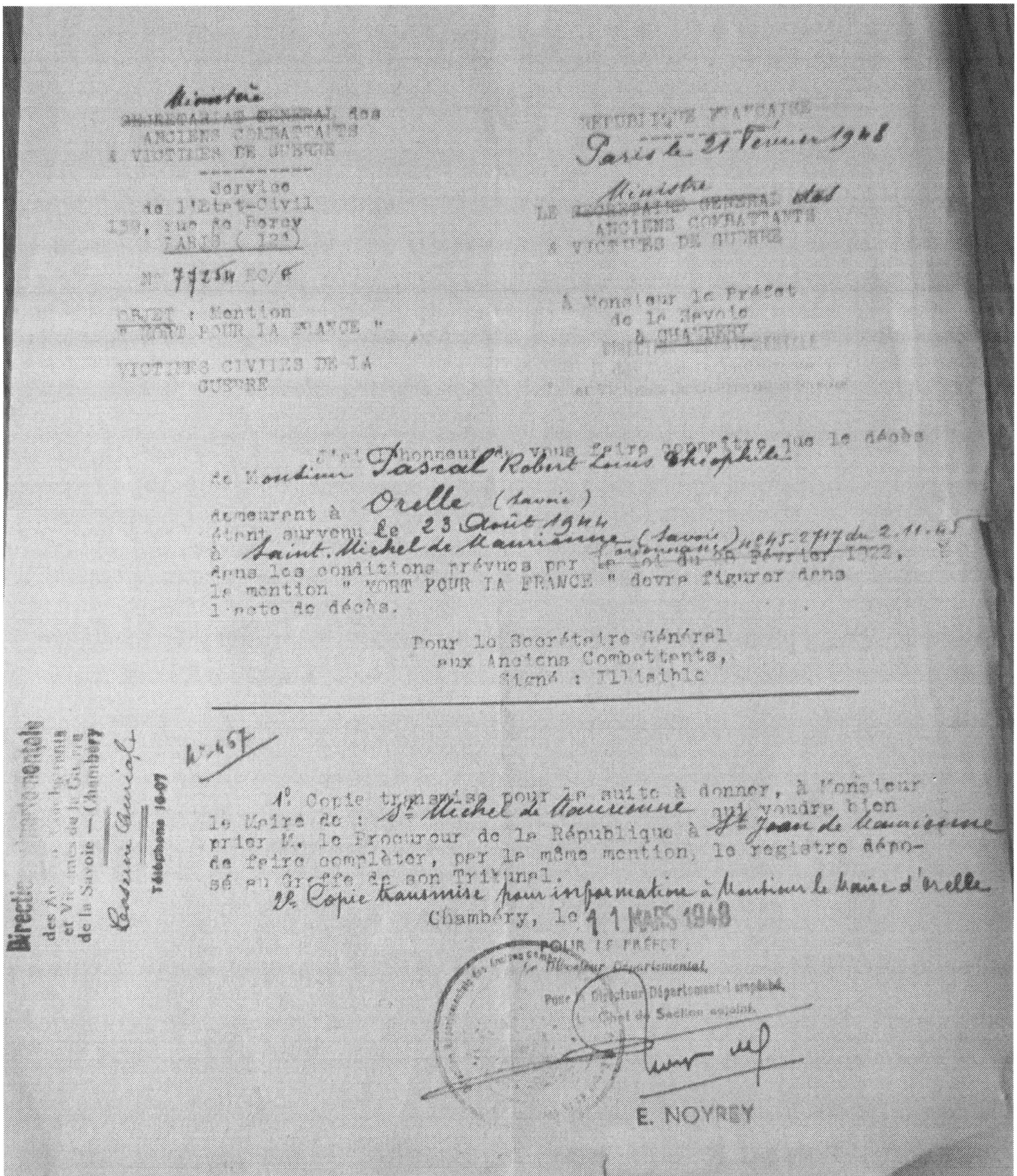

Ministère ~~Commissariat Général~~ des
Anciens Combattants
& Victimes de Guerre

Service
de l'Etat-Civil
139, rue de Bercy
PARIS (12e)

N° 77254 EC/F

OBJET : Mention
" MORT POUR LA FRANCE "

VICTIMES CIVILES DE LA
GUERRE

REPUBLIQUE FRANCAISE
Paris le 21 Février 1948

Le Ministre ~~Secrétaire Général~~ des
Anciens Combattants
& Victimes de Guerre

A Monsieur le Préfet
de la Savoie
à CHAMBERY

J'ai l'honneur de vous faire connaître que le décès
de Monsieur Pascal Robert Louis Théophile
demeurant à Orelle (Savoie)
étant survenu le 23 Août 1944
à Saint Michel de Maurienne (Savoie) ordonnance n°45-2717 du 2.11.45
dans les conditions prévues par la loi du 28 Février 1922,
la mention " MORT POUR LA FRANCE " devra figurer dans
l'acte de décès.

Pour le Secrétaire Général
aux Anciens Combattants,
Signé : Illisible

Direction Départementale
des Anciens Combattants
et Victimes de la Guerre
de la Savoie – Chambéry
Caserne Curial
Téléphone 16-07

N° 457

1° Copie transmise pour la suite à donner, à Monsieur
le Maire de : St Michel de Maurienne qui voudra bien
prier M. le Procureur de la République à St Jean de Maurienne
de faire compléter, par la même mention, le registre dépo-
sé au Greffe de son Tribunal.
2e Copie transmise pour information à Monsieur le Maire d'Orelle
Chambéry, le 11 MARS 1948
POUR LE PRÉFET :
Le Directeur Départemental,
Pour le Directeur Départemental empêché,
Le Chef de Section adjoint,
E. NOYREY

*Honorification de Robert Louis Théophile Pascal (21 février 1948).*

La commune d'Orelle a bien souffert de cette période noire. Cependant, il faut révéler une vérité, bien méconnue : approximativement 3 000 membres des Forces françaises de l'intérieur de la Haute-Savoie doivent entrer par le col d'Aussois en Maurienne. Le commandement est formel : les partisans s'apprêtent à prendre en étau les Allemands à un endroit resserré de la vallée.

L'endroit où les maquisards auraient entamé cette bataille d'envergure aurait été le lieu-dit de la Denise, au niveau du pont des Chèvres. Postés à Orellette et à Bonvillard, ces maquisards auraient ouvert le feu sur le champ de bataille formé par la zone de la Denise-Prémont-Francoz, dans le but de stopper définitivement la fuite des troupes allemandes vers l'Italie en les détruisant à cet endroit-là.

Mais, ceci est un projet, un projet qui est abandonné.

En effet, la compagnie *Ribel* de Bissorte, après en avoir été informée, engage une discussion très difficile contre les résistants-officiers des Forces françaises de l'intérieur. Avec le gardien du barrage, un Orellin de 56 ans (proche parent du père Albanel), ils stoppent ce projet. Quelles conséquences positives et négatives aurait-il découlé de ce projet ? Combien de vies civiles y aurait-il eu de sauvées et combien d'autres de sacrifiées ? L'Histoire en a choisi ainsi.

En Savoie, au total, les combats et les bombardements coûtent la vie à 1 632 individus ; 4 070 sont sinistrés suite aux incendies ; 7 200 sont sinistrés suite aux bombardements des Alliés. Au total, ce sont approximativement 900 bicyclettes, 75 camions et voitures, 70 motos, 380 charrettes, 400 bovidés, 150 cochons, 1 200 moutons, 120 chèvres et 160 chevaux, ânes ou mulets qui ont disparu.

Depuis 2024 à Orelle, à l'initiative de l'association locale *Orelle Patrimoine*, le projet « Dans les pas de la Résistance à Orelle » permet aux randonneurs d'emprunter les mêmes sentiers que ceux des gens du pays qui ont résisté durant la Seconde Guerre mondiale ainsi que de découvrir les champs de bataille orellins de l'armée des Alpes. Ces sentiers, longs d'un peu plus de 80 km et divisés en 20 sections, forment des itinéraires accessibles par plusieurs entrées, de tous les niveaux et permettent de cheminer à travers les sites qui sont mis en valeur.

*Vue des « Sentiers de la Résistance » dans le secteur de Genevret (carte 6).*

À la découverte des patrimoines d'Orelle avec la

**Carte Orelle Patrimoine**

Des plaques historiques éditées par l'association *Orelle Patrimoine* et la mairie d'Orelle ont été inaugurées en présence de la population civile et des autorités municipales le 5 septembre 2024 à l'occasion du 80^e^ anniversaire de la libération d'Orelle et au souvenir des victimes du massacre de la Denise.

Les Mauriennais n'oublient rien et se souviennent de leurs héros.

## Bibliographie


• Charles Planche, *Combats en Maurienne : août-septembre 1944*, Histoire générale, 1945

• Germaine Veyret-Verner, *Revue de Géographie Alpine*, « La Maurienne industrielle : destructions et reconstructions (août 1944-avril 1945) », 1945

• Henri Azeau, *La lutte pour les Alpes : 1 – Les deux Savoies*, Presses de la Cité, 1968

• André Mollard, *La Résistance en Savoie : 1940-1944*, Fenixx, 1980

• Étienne Plan et Éric Lefèvre, *La bataille des Alpes, 10-25 juin 1940 : L'armée invaincue*, Charles-Lavauzelle, 1982

• Roger More, *Totor chez les FTP : la Résistance vécue*, Réunies, 1973

• Étienne Albanel, *Orelle : 1938-1945*, Notice imprimée, fin du XX^e^ siècle

• E. Martin, *Valloire en 1939-1945*, Notice imprimée, fin du XX^e^ siècle

• Rosine Perrier, *J'appartiens au silence : Maurienne, vallée rebelle, vallée martyre*, La Fontaine de Siloé, 1991

• Daniel Déquier, *Maurienne : la vallée de l'aluminium*, La Fontaine de Siloé, 1992

• Rose-Marie Ponce, *Le soleil en cendres : Sur le chemin des villages brûlés, Les carnets d'une jeune fille pendant la guerre*, La Fontaine de Siloé, 1994

• Jean-Pierre Deléglise, *Orelle autrefois : 1860-1960*, La Fontaine de Siloé, 1995

• Christian Sorrel, *La Savoie des ombres : 1939-1945, les Savoyards, Vichy, l'occupant*, La Fontaine de Siloé, 2005

• François Boulet, *Les Alpes françaises, 1940-1944 des montagnes-refuges aux montagnes-maquis*, Presses franciliennes, 2008

• Laurent Demouzon et François Filliol, *Champs de bataille 1939-1945 et fortifications de Savoie : 2 – La Maurienne*, Demouzon Laurent, 2017

• Laurent Demouzon, *Maurienne 1940*, Demouzon Laurent, 2020

• Laurent Demouzon, *Savoie 1944-1945 : Une longue Libération*, Demouzon Laurent, 2024

• Archives municipales et paroissiales d'Orelle

• Archives municipales de Saint-Michel-de-Maurienne

• Archives communautaires de Saint-Jean-de-Maurienne

• Archives départementales de la Savoie

• Archives départementales du Rhône

• Division des archives des victimes des conflits contemporains, Service historique de la Défense

## Cartographie

• Carte 1 : « Historicair », licence « CC BY-SA 3.0 », https://commons.wikimedia.org/w/index.php?curid=2483314, 2007

• Carte 2 : Anonyme, licence libre « CC BY-SA 3.0 », https://commons.wikimedia.org/w/index.php?curid=1707855, 2007

• Carte 3 : « Vallon de Bissorte », Institut national de l'information géographique et forestière, cartographie issue du *Scan 25 ® IGN 2024*, 2024 (modifications de Baptiste Chamberod)

• Carte 4 : « Rama », « Sting » et « Spiridon Manoliu », licence libre « CC0 », https://commons.wikimedia.org/w/index.php?curid=12632137, 2011

• Carte 5 : « Canton de Saint-Michel-de-Maurienne », Institut national de l'information géographique et forestière, cartographie issue du *Scan 25 ® IGN 2024*, 2024 (modifications de Baptiste Chamberod)

• Carte 6 : Baptiste Chamberod, *Carte Orelle Patrimoine*, 2024, capture d'écran sur Google Maps, une marque commerciale de Google LLC (Google est une marque commerciale de Google LLC et ce livre n'est en aucun cas approuvé par Google ou affilié à Google).

## Références

Département de la Savoie, Archives départementales :

• Cote 1 : 74F 74/59 (Colonel Jean Pochard)

• Cote 2 : 29Fi 24

• Cote 9 : 7M TR 0210 (Service de restauration des terrains en montagne, Charles Kuss)

• Cote 10 : 7M TR 4235 (Service de restauration des terrains en montagne, Pierre Fèvre)

• Cote 11 : 7M TR 4233 (Service de restauration des terrains en montagne, Pierre Fèvre)

• Cote 12 : 15Fi 429 (François Montaz)

• Cote 13 : 74F 75/51 (Colonel Jean Pochard)

• Cote 14 : 74F 75/50 (Colonel Jean Pochard)

• Cote 15 : 74F 75/52 (Colonel Jean Pochard)

• Cote 16 : 74F 75/53 (Colonel Jean Pochard)

(patrimoines.savoie.fr/web/dsp_6165)

Département du Rhône, Archives départementales et métropolitaines :

• Cote 3 : 3808 W 1194

• Cote 4 : 3808 W 1234

• Cote 5 : 3808 W 1248

• Cote 6 : 3808 W 1273

• Cote 7 : 3808 W 1285

(archives.rhone.fr)

Fondation pour l'action culturelle internationale en montagne :

• Cote 8 : Denis Vidalie

(fondation-facim.fr)

## Liens externes

• Orelle d'Antan, *À la découverte du passé des villages et hameaux de la commune d'Orelle* (facebook.com/delegjp)
• Rail Savoie : *La libération de la vallée de la Maurienne*, « La destruction des ouvrages ferroviaires » : Les ponts de Prémont (railsavoie.fr)
• Wikimaginot (wikimaginot.eu)
• Armée des Alpes Juin 1940, armée invaincue (labatailledesalpes.fr)
• Maitron des fusillés-exécutés, *Orelle - Le Thyl (Savoie), 5 septembre 1944* et *Saint-Michel-de-Maurienne (Savoie) : 23 août 1944* (maitron.fr)
• Valloire Randos (valloire-randos.fr)
• Mémoires des hommes, portail culturel du ministère des Armées (www.memoiredeshommes.sga.defense.gouv.fr)
• Musée de la Résistance en ligne (museedelaresistanceenligne.org)
• Muséobar de la Frontière à Modane (modane.org/museobar2)

## Iconographie

Les photographies de cet ouvrage proviennent des collections privées appartenant à de nombreuses personnes citées dans les remerciements, des fonds imagiers publics, des recherches associatives et des fonds personnels de l'auteur.

Les illustrations de la couverture proviennent des collections privées ou publiques de Jean-Pierre Deléglise, d'Aimé Traversaz, de Laurent Demouzon, de Pauline Chamberod, du département de la Savoie (cotes 2 et 12), de la Société nationale des chemins de fer français-Auvergne-Rhône-Alpes et de Baptiste Chamberod.

# Droits moral et d'exploitation de l'auteur

L'article L. 111-1 du code de la propriété intellectuelle dispose que « l'auteur d'une œuvre de l'esprit jouit sur cette œuvre, du seul fait de sa création, d'un droit de propriété incorporelle exclusif et opposable à tous. Ce droit comporte des attributs d'ordre intellectuel et moral ainsi que des attributs d'ordre patrimonial ». L'ensemble de ces droits figure dans la première partie du code de la propriété intellectuelle qui codifie notamment les lois du 11 mars 1957, du 3 juillet 1985, du 1er août 2006, du 12 juin 2009 et du 28 octobre 2009. Dans sa décision n° 2006-540 DC du 27 juillet 2006, le Conseil constitutionnel de la République française a considéré que les droits de propriété intellectuelle, et notamment le droit d'auteur et les droits voisins, relèvent du droit de propriété qui figure parmi les droits de l'homme consacrés par l'article 2 de la *Déclaration des droits de l'homme et du citoyen de 1789*. Le droit d'auteur confère à son titulaire une propriété privative lui permettant de déterminer les conditions d'exploitation de son œuvre. Les droits accordés aux auteurs se décomposent en deux séries de prérogatives aux régimes juridiques distincts. Les droits patrimoniaux (art. L. 122-1 s.) qui permettent à l'auteur d'autoriser les différents modes d'utilisation de son œuvre et de percevoir en contrepartie une rémunération ; ainsi que les droits moraux (art. L. 121-1 s.) dont la finalité est de protéger la personnalité de l'auteur exprimée au travers son œuvre. Cette propriété est de nature incorporelle. Ainsi, il convient de dissocier le sort des droits d'auteur relatifs à une œuvre de l'esprit de celui du support matériel dans lequel l'œuvre est incorporée. À ce titre, la vente du support matériel de l'œuvre n'emporte pas la cession des droits d'auteur afférents à cette œuvre (art. L. 131-3). Les infractions aux droits d'auteur sont sanctionnées pénalement (art. L. 335-1 à L. 335-10). La violation des droits d'auteur est constitutive du délit de contrefaçon puni d'une peine de 300 000 euros d'amende et de 3 ans d'emprisonnement (art. L. 335-2 s.). Des peines complémentaires (fermeture d'établissement, confiscation, publication par voie d'affichage de la décision judiciaire) peuvent en outre être prononcées. Le code de la propriété intellectuelle entend par « contrefaçon » tous les actes d'utilisation non autorisée de l'œuvre. En cas de reprise partielle de cette dernière, elle s'apprécie en fonction des ressemblances entre les œuvres. La loi incrimine au titre du délit de contrefaçon : « toute reproduction, représentation ou diffusion, par quelque moyen que ce soit, d'une œuvre de l'esprit en violation des droits de l'auteur, tels qu'ils sont définis et réglementés par la loi » (art. L. 335-3). Sont punis par la loi « le débit, l'exportation et l'importation des ouvrages contrefaisants » (art. L. 335.2 al. 3).

© 2024 Baptiste Chamberod et Kindle Direct Publishing - publication indépendante

Dépôt légal : octobre 2024

Achevé d'imprimer par Kindle Direct Publishing

Code ISBN : 9798340994066

Tous droits réservés.

Printed by Amazon Italia Logistica S.r.l.
Torrazza Piemonte (TO), Italy

74740753R00204